성경과 함께 보는 지도

사이몬 젠킨스 지음
박현덕 옮김

BIBLE MAPBOOK

Simon Jenkins

Lion publishing
peter's Way, Sandy Lane West,
Littlemore, Oxford Ox4 5NG, England

ISBN 0-85648-887-9
Translated into Korean
by Pastoral Resource Press
with permission of
Lion publishing England.

Pastoral Resource Press
48-11 Donam 1 Dong
SungBookKu
Seoul Korea

성경과 함께 보는 지도

지은이 : **사이몬 젠킨스**
옮긴이 : 박현덕
발행인 : 임세일

초판 1쇄 발행 2004년 5월 20일
재판 2쇄 발행 2018년 9월 30일

펴낸곳 **목회자료사**
경기도 용인시 수지구 문정로 55 한성아파트 106동 1403호
전화 031-307-9125 (등록 제 6-13호)
보급처 **비전북** 전화 031-907-3927 팩스 080-403-1004

값 15,000원
89-7216-102-0 03230

〉머리말〈

성경은 실제의 삶을 다룬 책입니다. 성경은 이 세상을 초월해 계시지만 동시에 이 세상에 적극적으로 개입하시는 하나님에 대하여 말해줍니다. 그렇기 때문에 성경은 실제로 일어났던 사건들을 이야기함으로써 우리에게 하나님을 보여줄 수 있는 것입니다.

이스라엘 백성은 홍해가 갈라진 이야기, 애굽의 군사들이 전멸당한 이야기 등을 마음에 깊이 아로새겼습니다. 그 까닭은 그들이 향수에 젖어 있거나 단순히 스릴을 즐겼기 때문이 아닙니다. 오히려 그 이야기들을 통해 그들을 구원하신 하나님을 알 수 있었기 때문입니다.

성경의 많은 이야기들은 누구의 아버지가 누구였고, 그 도성이 언덕의 어느 쪽에 자리잡고 있었으며, 가에서 나까지 가는 데에는 몇 일이나 걸렸는가 하는 등의 실생활과 관련된 내용들로 꾸며져 있습니다. 성경의 저자들은 이러한 속사정들을 분명하게 알고 있었습니다.

이러한 모든 사실들은 다양한 지역 사정과 성경 이야기의 세부 사항들을 더욱 상세히 알려줍니다. 물론 우리는 이런 지역 사정을 모르기 때문에 이를 간과해 버리기가 쉽습니다. 예컨대 어떤 사람들은 베들레헴으로 가기 위해 좌회전을 해야 할지 우회전을 해야 할지 알지 못합니다. 따라서 이런 사람들에게는 도움이 될만한 일종의 관광 안내서가 필요할 것입니다.

바로 이 점이 필자가 이 책을 쓰게 된 목적입니다. 이 책에 나오는 각 지도는 하나의 사건이나 개념을 집중적으로 다룸으로써 과거에 일어났던 사건의 의미와 감동을 재현시켜 줍니다. 따라서 그 동안 애매모호하다고 생각되었던 세부 사정들이 이제는 성경 이야기가 인간들에게 실제로 일어났던 사건임을 깨닫도록 하는데 큰 도움을 주게 된 것입니다.

본서는 지도뿐만 아니라 컴퓨터로 제작한 도면을 사용하기도 하여 성경에 나오는 지역의 높고 낮음을 정확하게 파악하도록 해줍니다. 일반 지도는 말 그대로 평평하게 그려져 있는데 반해, 이 도면들에는 높낮이가 생생하게 표시되어 있기 때문에 본서는 여행과 전쟁의 현장으로 우리를 안내할 수 있습니다.

이 지도는 혼자 성경을 읽을 때나 그룹으로 성경을 공부할 때, 성경과 함께보며 성경 지도를 공부할 수 있도록 짜여져 있습니다. 또한 각 지도에는 성경 본문이 표시되어 있어서 해당되는 이야기들을 찾아볼 수 있습니다. 본서는 성경의 순서에 따라 구성되었고, 각 장마다 거기서 다른 시대 상황을 소개하는 식으로 지도를 설명하고 있습니다.

성경을 다룬 책이라면 주석을 한 흔적들을 찾아볼 수 있겠지만, 이 책은 성경의 사건이나 내용에 대한 그리스도인들의 여러가지 관점을 소개할 목적으로 쓰여지지는 않았습니다. 예를 들면, 이 책에서는 출애굽의 또 다른 여정은 거론하지 않았습니다. 고린도교회에서 일어난 일(114p)은 성경이 증거하는 내용을 재구성해 본, 가능성 있는 해석입니다. 여리고(28p)나 사마리아(61p)나 제2의 성전(79p)에 대한 묘사는 제 느낌에 기초한 것입니다.

본서, 〈성경과 함께보는 지도〉는 성경에 기록된 사건들은 매우 중요한 것이라는 확신을 바탕으로 하여 작성되었습니다. 그 사건들은 단순히 유익한 이야기에 그치지 않고, 이 세상에서 활동하시는 하나님을 우리에게 가르쳐줍니다. 아무쪼록 이 책이 하나님을 알려주는 본래의 사명을 잘 감당하기를 빕니다.

사이몬 젠킨스

목 차

1 **성경의 세계** · 7
팔래스틴에 영향을 미친 세력들 · 8
구약시대의 이스라엘 · 10
신약시대의 이스라엘 · 11
지정학적 요충지 · 12
팔래스틴의 도로망 · 13
팔래스틴의 지형 · 14

2 **아브라함의 자손** · 15
이스라엘의 조상 · 17
아브람의 롯 구출작전 · 18
야곱의 귀향 · 19
요셉의 생애 · 20
노예로 전락한 이스라엘 자손 · 21
출애굽 · 22
시혼과 옥을 쳐부순 모세 · 24

3 **젖과 꿀이 흐르는 땅** · 25
요단강 도하 · 27
여리고 함락 작전 · 28
아이성 공격 · 29
구출된 기브온 · 30
여호수아의 정복 전쟁 · 31
영토 확정 · 32
도피성 · 33
해양 침략자 블레셋 족속 · 34
사면초가의 이스라엘 · 35
드보라의 승리 · 36
기드온의 야간 기습공격 · 37
빼앗긴 언약궤 · 38

4 **우리에게 왕을 주소서!** · 39
암나귀를 찾아다니는 사울 · 41
블레셋 군사들의 대패 · 42
요나단의 모험 · 43
왕이 잠든 사이에 · 44
사울의 마지막 전투 · 45
함락된 예루살렘 · 46
무력화된 블레셋 사람들 · 47
적들을 정복한 다윗 · 48
우리아가 죽은 내막 · 49
다윗에 대한 반역 · 50
권모술수에 능한 솔로몬 · 51
솔로몬의 지출 경비 · 52
솔로몬의 정략결혼 · 53
왕국의 지경 · 54

5 **분열왕국** · 55
왕국분열 · 57
도망치는 엘리야 · 58
아합과 빗나간 화살 · 59
나아만의 치유 · 60
황폐해진 포위 진영 · 61
초강대국들의 진출 상황 · 62
제국들의 영토 야욕 · 63
앗수르를 불러들인 아하스 · 64
앗수르의 위력과시 · 65
포로로 끌려간 이스라엘 · 66
선지자들의 예언 · 67
남북왕국의 영토 · 68

6 새출발 · 69
새장에 갇힌 새처럼 · 71
요시야의 우상 척결 · 72
요시야의 모험 · 73
포위된 예루살렘 · 74
예루살렘의 멸망 · 75
애굽으로 납치된 예레미야 · 76
포로 생활을 한 사람들 · 77
귀향 · 78
내 전을 재건하라! · 79
검과 흙손 · 80

7 예수님의 생애와 교훈 · 81
예수님의 탄생 · 83
세례 요한 · 84
헤롯의 생일 · 85
예수님의 공생애 시작 · 86
북쪽 지방으로의 여행 · 87
잠잠해진 폭풍 · 88
이방 지역 활동 · 89
너희는 나를 누구라고 하느냐? · 90
가버나움과 베다니 · 91
나사로야 일어나라! · 92
예수님의 예루살렘 입성 · 93
최후의 24시간 · 94
우리는 그의 증인이라 · 95
예수님의 추종자들 · 96

8 제자들의 길 · 97
예루살렘의 신도들 · 99
퍼져나가는 복음 · 100
빌립의 전도 활동 · 102
이방교회 안디옥 · 103
로마 세계의 여행로 · 104
베드로의 선교 여행 · 106

9 바울의 선교 여행 · 107
정오에 다메섹 외곽에서 · 109
이방인의 사도 · 110
갈라디아 지방 선교 · 111
희랍 선교 · 112
고린도 교회에서 일어난 일 · 114
예루살렘행 · 116
내가 가이사께 호소하노라 · 117
광풍과 파선 · 118
로마에 온 바울 · 119
교회들에게 보내는 편지 · 120
바울의 분쟁 해결사 · 121
바울의 마지막 발자취 · 122

색인 · 113

1

성경의 세계

팔레스틴에 영향을 미친 세력들

해
그루지아
트빌리시
카스피해
헷족속
헷 제국은 이스라엘 백성이 애굽에 있을 때 가장 강했다가(블레셋 등과 같은)해양 민족에게 멸망 되었다.
앗수르 족속
앗수르 제국은 분열 왕국시대에 막강한 힘을 미쳤고 이스라엘 백성을 추방시켰다.
다소
하란
니느웨
테헤란
이 란
안디옥
구부로
시 리 아
유브라데강
티그리스강
바벨론인들
앗수르를 물려 받은 바벨론 제국은 유다 백성을 포로로 끌고 왔다.
베이루트
레 바 논
바그다드
이 라 크
다마스커스
텔아비브
예루살렘
바벨론
수사
암만
이스라엘
요 르 단
우르
쿠 웨 이 트
메대와 바사
메대와 바사는 바벨론 제국의 통치권을 빼앗고 포로들을 풀어 주어 고향으로 돌려 보냈다.
사 우 디 아 라 비 아
홍 해
리야드

구약시대의 이스라엘

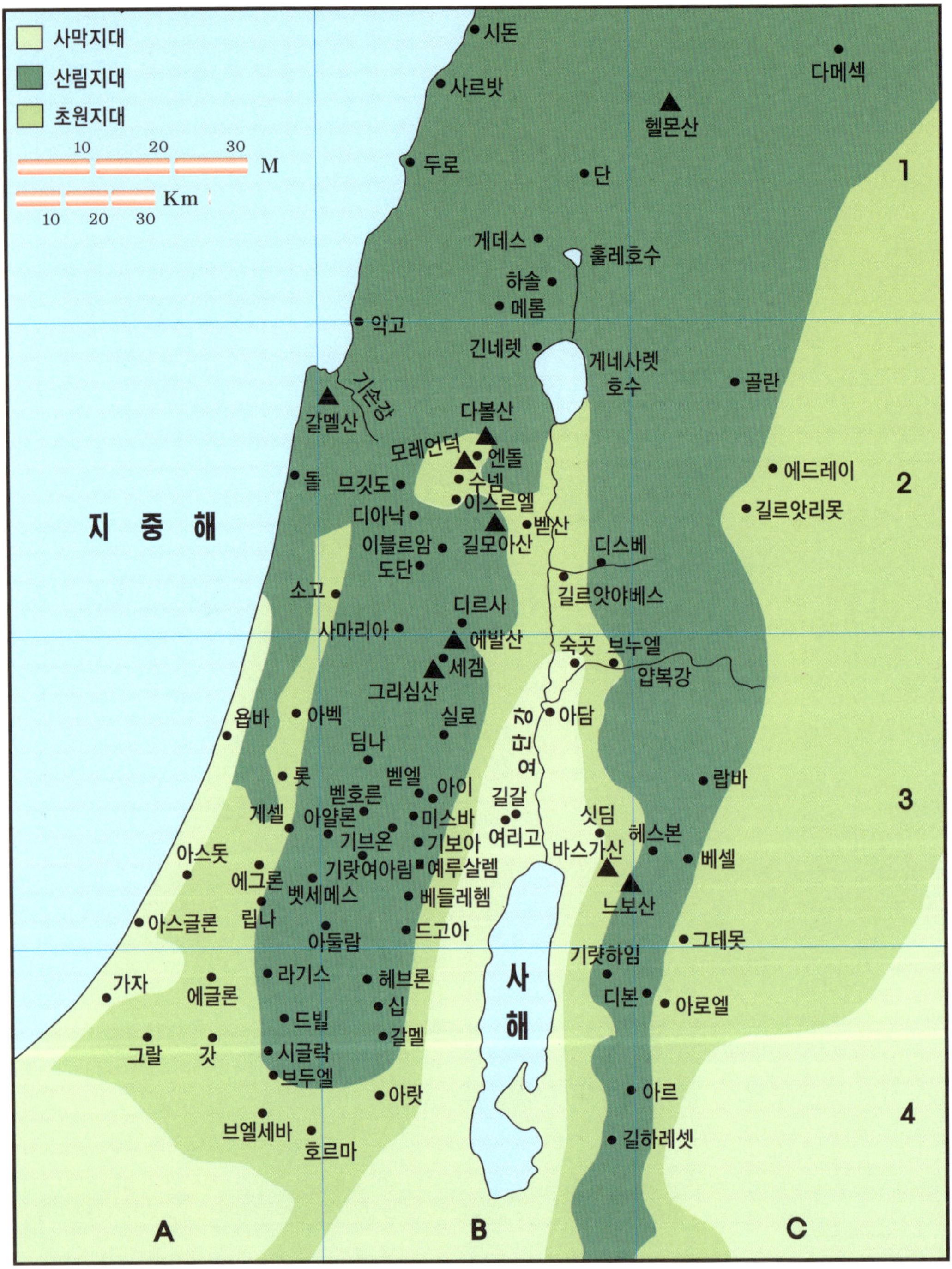
사막지대
산림지대
초원지대
10 20 30 M
Km
10 20 30
지 중 해
시돈
사르밧
두로
다메섹
헬몬산
단
게데스
훌레호수
하솔
메롬
악고
긴네렛
게네사렛 호수
골란
기손강
갈멜산
다볼산
모레언덕
엔돌
수넴
이스르엘
돌
므깃도
디아낙
길모아산
벧산
에드레이
길르앗리못
이블르암
도단
디스베
길르앗야베스
소고
디르사
사마리아
에발산
세겜
그리심산
숙곳
브누엘
얍복강
욥바
아벡
실로
아담
요단강
딤나
롯
벧엘
아이
길갈
랍바
벧호론
게셀
아얄론
미스바
기브온
기보아
여리고
싯딤
헤스본
바스가산
아스돗
에그론
기럇여아림
예루살렘
베셀
벳세메스
베들레헴
느보산
아스글론
립나
아둘람
드고아
그테못
기랴하임
가자
라기스
헤브론
사
해
에글론
디본
십
아로엘
드빌
그랄
갓
시글락
갈멜
브두엘
아랏
아르
브엘세바
호르마
길하레셋
1
2
3
4
A
B
C

신약시대의 이스라엘

로마령
헤롯 안디바의 왕국
빌립의 영지
10 20 30 M
Km 10 20 30
시돈
이두래
다메섹
헬멜산
수리아
두로
가이사랴 빌립보
수리아
갈릴리
고라신
가버나움
벳세다
빌립의 영지
돌레마이
게네사렛
갈릴리바다
마가단
가나
디베랴
힙보
갈멜산
나사렛
다볼산
나인
가다라
지중해
데가볼리
가이사랴
펠라
애논
세바스테
에발산
거라사
그리심산
안디바드리
베뢰아
요단강
사마리아
욥바
리따
여리고
요단강 건너편 베다니
예루살렘
아조투스
유대
베다니
베들레헴
마개루스
가자
사해
이두메
마사다
나바테왕국
A
B
C
1
2
3
4

지정학적 요충지

팔래스틴은 바다와 사막 사이에 끼어있는 좁은 지역이다. 그러나 작기는 하지만 3개의 대륙을 잇는 요충지이다. 유럽과 아시아는 이 지역을 통해서만 아프라카와 연결된다.

성경시대에 대륙 간의 주요 무역과 전쟁은 폭이 90km/56마일 밖에 안되는 이 좁은 지역에서 이루어졌다. 이처럼 왕래가 잦은 요충지에서 국가를 세우고 보전하려면 초인적인 활동이 필요했을 것이다. 그러나 이스라엘 백성은 잠시 동안의 예외는 있었지만 거의 1300년동안 나라를 보전하였다.

팔레스틴의 도로망

국도
지방도
시돈
다메섹
두로
하솔
악고
돌
므깃도
지 중 해
길르앗 라몬
벧산
사마리아
세겜
요단강
마하나임
욥바
아벡
실로
벧엘
길갈
랍바
아스돗
헤스본
예루살렘
라기스
가자
헤브론
사해
해변길
브엘세바
왕의 대로
왕의 대로

팔레스틴의 지형

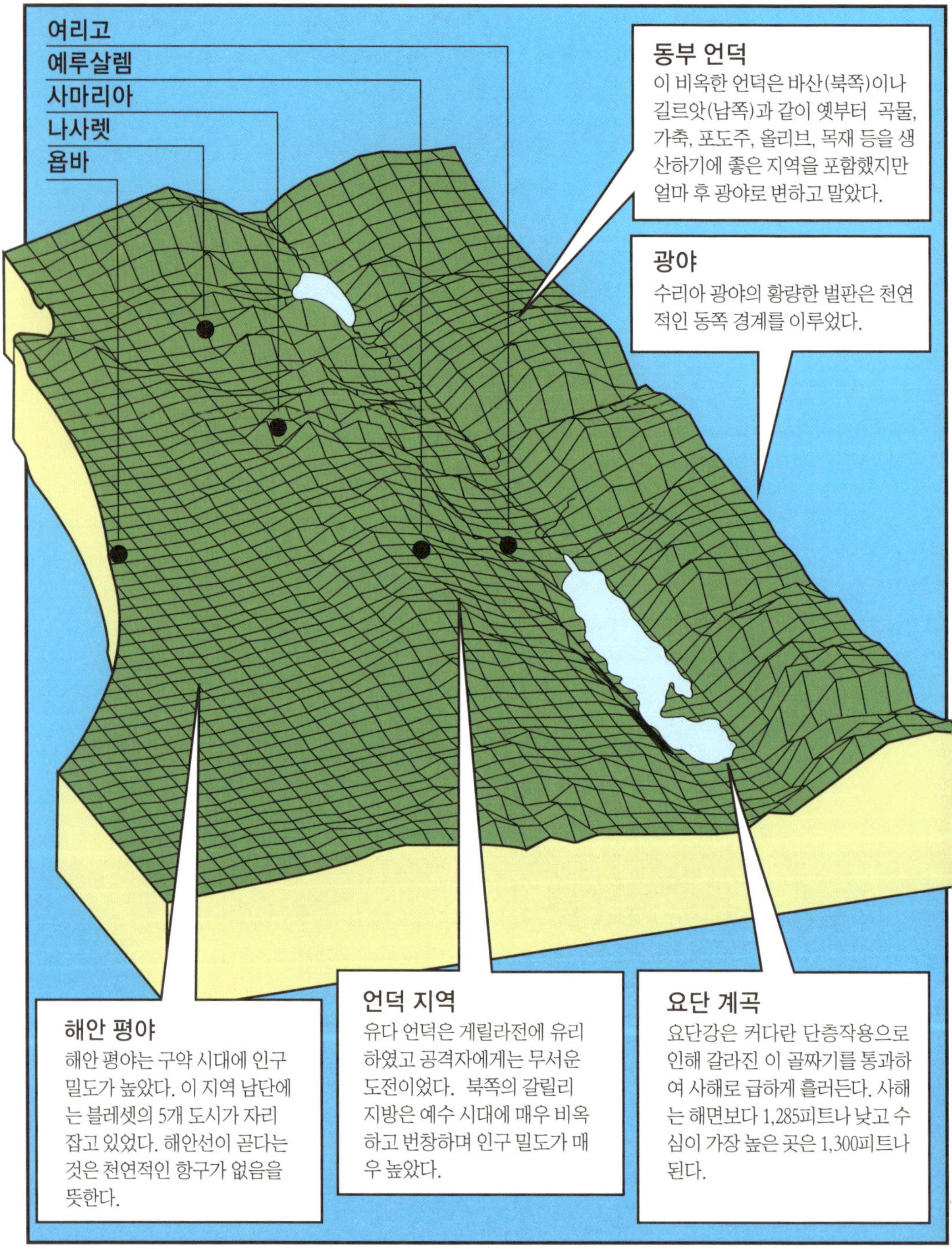

동부 언덕

이 비옥한 언덕은 바산(북쪽)이나 길르앗(남쪽)과 같이 옛부터 곡물, 가축, 포도주, 올리브, 목재 등을 생산하기에 좋은 지역을 포함했지만 얼마 후 광야로 변하고 말았다.

광야

수리아 광야의 황량한 벌판은 천연적인 동쪽 경계를 이루었다.

해안 평야

해안 평야는 구약 시대에 인구 밀도가 높았다. 이 지역 남단에는 블레셋의 5개 도시가 자리 잡고 있었다. 해안선이 곧다는 것은 천연적인 항구가 없음을 뜻한다.

언덕 지역

유다 언덕은 게릴라전에 유리하였고 공격자에게는 무서운 도전이었다. 북쪽의 갈릴리 지방은 예수 시대에 매우 비옥하고 번창하며 인구 밀도가 매우 높았다.

요단 계곡

요단강은 커다란 단층작용으로 인해 갈라진 이 골짜기를 통과하여 사해로 급하게 흘러든다. 사해는 해면보다 1,285피트나 낮고 수심이 가장 높은 곳은 1,300피트나 된다.

2

아브라함의 자손

이스라엘 민족의 이야기는 예수 그리스도께서 나시기 2000년 전에 살았던 아브람(후일 아브라함으로 불리움)의 이야기로 시작됩니다. 그는 하나님의 부르심에 응답하면서 아득한 옛날 메소포타미아에서 등장하여 가나안으로 이주하였습니다. 그러나 그는 여행 가방만을 들고 오지는 않았습니다. 그는 양떼와 소떼, 종들과 가축을 돌보는 사람들, 그의 가족들 그리고 그들이 항상 치고 살았던 천막들을 가지고 왔습니다.

하나님은 아브람에게 그가 수 많은 후손을 얻게 되고 항상 유목민으로 머물러 있지는 않을 것이라고 약속하셨습니다. 그들은 가나안을 점령하고 고향으로 삼았습니다. 그들은 마침내 천막을 벗겨내고 집을 지으며 국가로 정착하였습니다.

아브라함의 자손

제2장의 개요

◆ **이스라엘의 조상**(17면).
아브람과 그 일행은 주전 약1900년 경 가나안으로 여행한다. 그의 자손들은 가나안 땅에서 살 것이라는 약속을 받는다. 그러나 아브람 자신은 유랑생활을 계속 한다.

◆ **아브람의 롯 구출작전**(18면).
아브람은 침공한 적들에게 사로잡혀 갔던 롯을 구출한다.

◆ **야곱의 귀향**(19면).
야곱은 아브람의 손자이다. 그는 스스로 자초한 유배생활을 끝내고 가나안으로 돌아온다. 그는 유배지에서 열 두 아들과 한 딸을 낳았다.

◆ **요셉의 생애**(20면).
야곱의 열 한 번째 아들 요셉은 형들에게 미움을 산다. 형들은 그를 애굽 대상들에게 노예로 판다. 그러나 기근이 7년간 계속되는 동안 요셉이 총리가 되자 요셉과 형들의 역할은 뒤바뀐다.

◆ **노예로 전락한 이스라엘 자손**(21면).
아브라함의 자손들은 그들 소유의 땅을 약속 받았다. 그러나 아브라함이 죽은 지 600년 후에 그들은 애굽 백성을 섬기는 노예로 전락한다.

◆ **출애굽**(22면).
이스라엘 백성은 주전 1440년이나 1270년 경 모세의 인도 아래 노예 생활로부터 극적으로 벗어난다. 그들은 시내산에서 하나님의 율법을 받는다.

◆ **시혼과 옥을 쳐부순 모세**(24면).
이스라엘 백성은 하나님께 불평한 벌로 40년 동안 광야에서 유랑한다. 마침내 그들은 약속의 땅 가나안에 이른다.

"내가 네 자손으로 땅의 티끌 같게 하리니 사람이 땅의 티끌을 능히 셀 수 있을진대 네 자손도 세리라" (창 13:16)
아브라함에게 주신 하나님의 약속

"내가 내려와서 그들을 애굽인의 손에서 건져 내고 그들을 그 땅에서 인도하여 아름답고 광대한 땅, 젖과 꿀이 흐르는 땅으로 이르려 하노라" (출 3:8)
하나님이 모세를 부르심

"내가 여호와를 찬송하리니 그는 높고 영화로우심이요 말과 그 탄자를 바다에 던지셨음이로다" (출 15:1)
홍해에서 애굽인들을 쳐부순 후에 한 모세의 노래

"어찌하여 우리를 애굽에서 인도하여 내어서 아무것도 자라지 못하는 이 비참한 곳에서 죽게 하는고, 이 곳에는 식물도 없고, 무화과도 없고, 포도 열매도 없고, 석류도 없고 마실 물조차 없도다"
이스라엘 백성이 광야에서 불평함

"그 후에는 이스라엘에 모세와 같은 선지자가 일어나지 못하였나니 모세는 여호와께서 대면하여 아시던 자라" (신 34:10)
모세가 죽었을 때

이스라엘의 조상

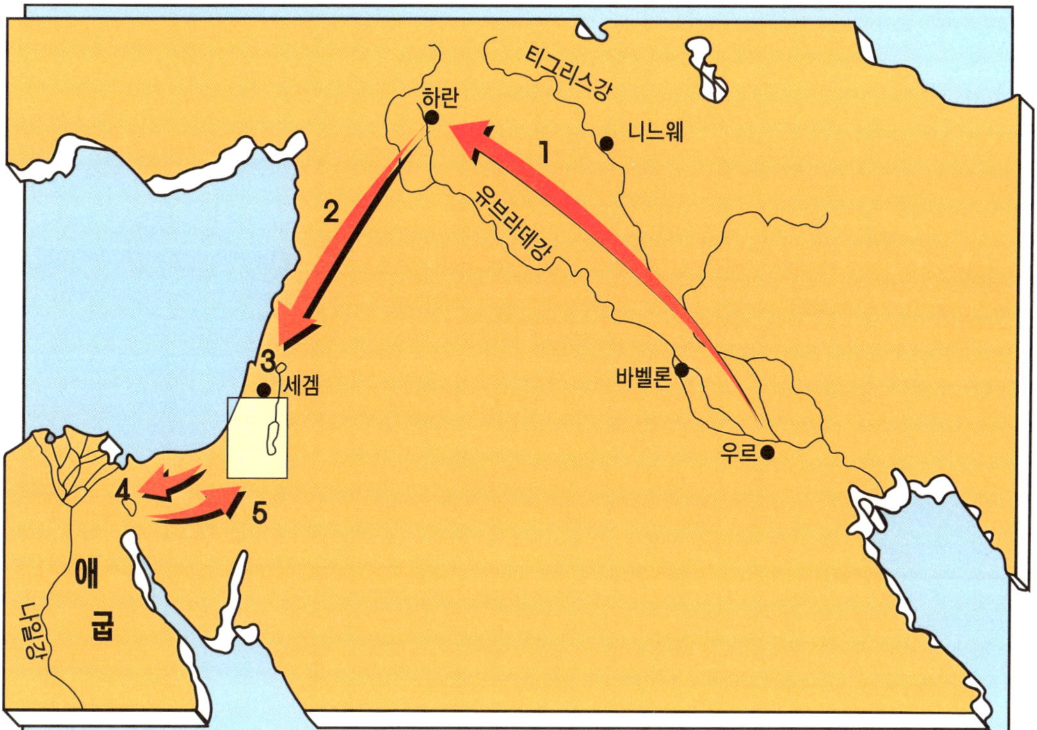

아브람(후일 아브라함)은 하나님으로부터 가나안으로 가라는 부르심을 들었다.

1. 아브람의 부친 데라는 그의 가족들을 이끌고 우르를 떠나 가나안으로 가다가 하란에 머문다.
2. 데라가 죽자 아브람은 하나님으로부터 가나안으로 가라는 지시를 받았다. 그는 그의 아내 사래와 조카 롯과 양떼와 일꾼들을 거느리고 여행한다. 하나님은 아브람에게 많은 후손을 약속하시며 그들이 하나님에게 쓰임받는 민족이 될 것이라고 약속하신다.
3. 가나안에서 아브람은 세겜과 벧엘 사이에서 하나님께 단을 쌓는다. 하나님은 이것을 아브람의 후손에게 주실 땅과 동일시한다.
4. 기근으로 인해 아브람은 할 수 없이 얼마동안 애굽에서 산다.
5. 그들은 가나안으로 돌아온다. 가축을 방목하기 위한 좋은 목초지가 부족하여 아브람의 목자들과 롯의 목자들 사이에 다툼이 생긴다. 그리하여 그들은 갈라서기로 결심한다.
6. **오른쪽 소지도** 롯은 비옥한 요단 골짜기를 선택하고 아브람은 언덕 지역에 남는다.
7. 하나님은 아브람이 헤브론에서 단을 쌓자, 그에게 주신 약속을 갱신하신다.

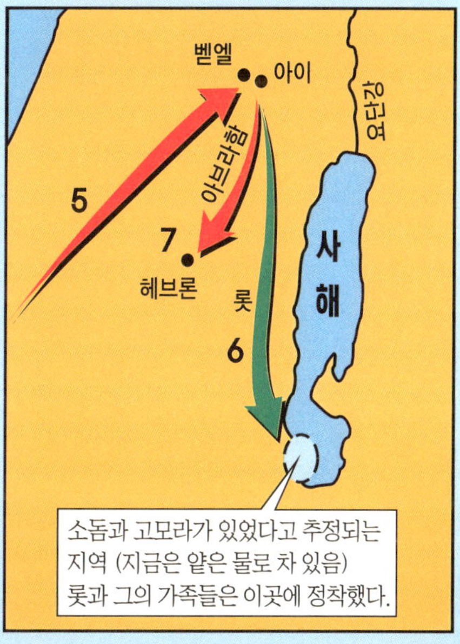

아브람의 롯 구출작전

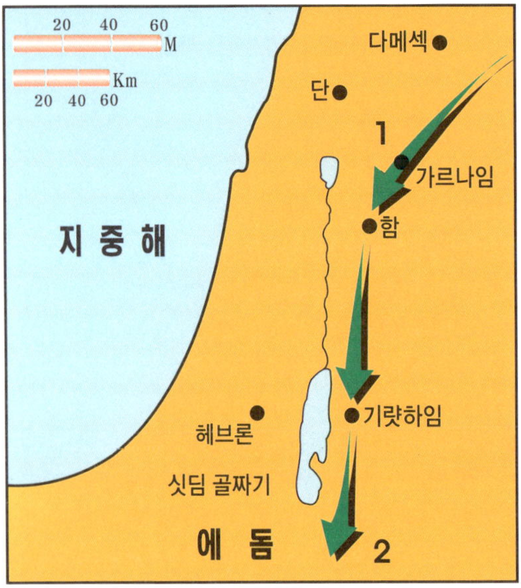

1. 싯딤 골짜기에 있는 네 지역의 왕들은 멀리 떨어져 있는 바벨론과 엘람의 대군주들에 대항하여 반란을 일으킨다. 그 대군주들(다섯 왕들)은 도중에 다른 사람들을 무찌르면서 그들의 통치권을 회복시키기 위하여 남쪽으로 진군한다.
2. 그들은 에돔 산으로 기습 공격을 가한다.

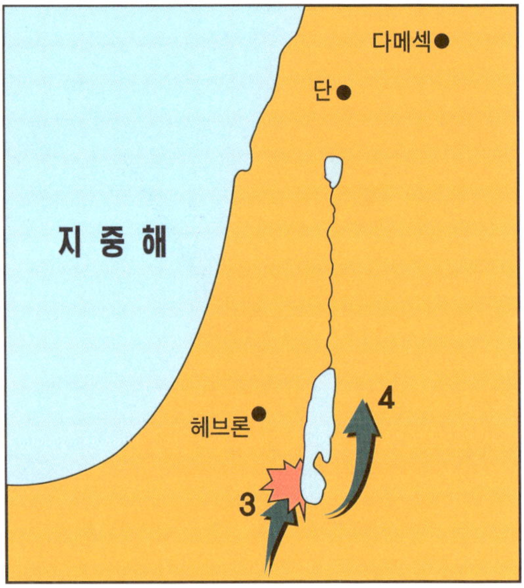

3. 다섯 왕들은 반란을 일으킨 네 왕들을 쳐부수었다.
4. 그들은 소돔과 고모라에서 백성과 전리품을 빼앗아 갔다. 이들 가운데 아브람의 조카 롯도 포함되었다.

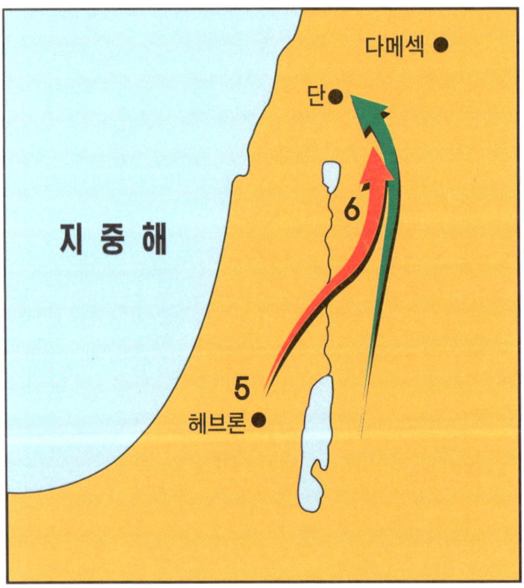

5. 롯이 사로잡혀 갔다는 소식을 아브람이 듣는다.
6. 아브람이 왕의 대로를 따라 북쪽의 단까지 그 왕들을 추격한다.

7. 아브람의 가신들이 밤을 이용하여 적을 공격하고 그들을 무찌른다.
8. 그들은 도망치는 군사들을 뒤쫓아 롯을 구출하고 다른 포로들을 풀어준다.

야곱의 귀향

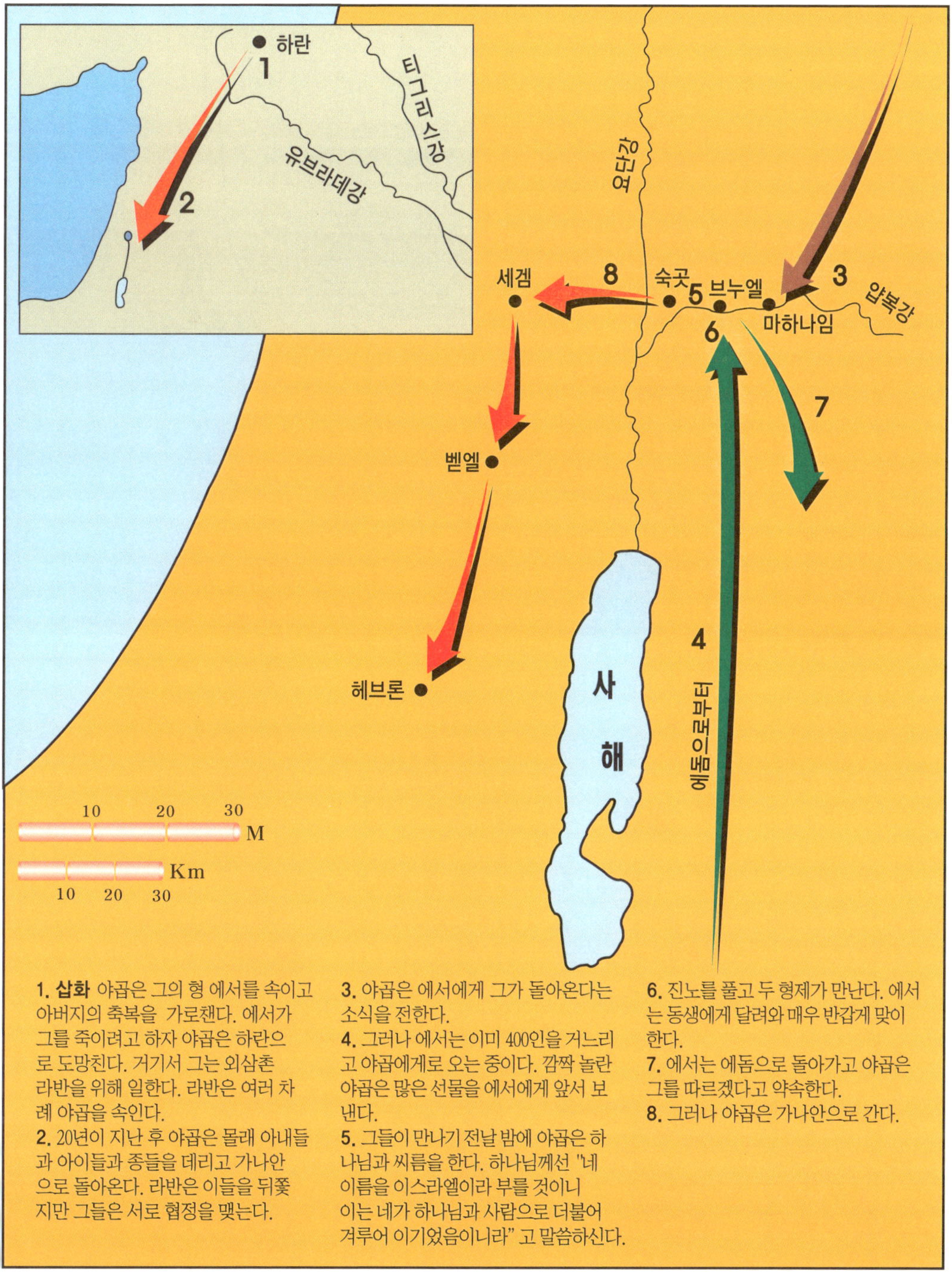

1. 삽화 야곱은 그의 형 에서를 속이고 아버지의 축복을 가로챈다. 에서가 그를 죽이려고 하자 야곱은 하란으로 도망친다. 거기서 그는 외삼촌 라반을 위해 일한다. 라반은 여러 차례 야곱을 속인다.

2. 20년이 지난 후 야곱은 몰래 아내들과 아이들과 종들을 데리고 가나안으로 돌아온다. 라반은 이들을 뒤쫓지만 그들은 서로 협정을 맺는다.

3. 야곱은 에서에게 그가 돌아온다는 소식을 전한다.

4. 그러나 에서는 이미 400인을 거느리고 야곱에게로 오는 중이다. 깜짝 놀란 야곱은 많은 선물을 에서에게 앞서 보낸다.

5. 그들이 만나기 전날 밤에 야곱은 하나님과 씨름을 한다. 하나님께선 "네 이름을 이스라엘이라 부를 것이니 이는 네가 하나님과 사람으로 더불어 겨루어 이기었음이니라" 고 말씀하신다.

6. 진노를 풀고 두 형제가 만난다. 에서는 동생에게 달려와 매우 반갑게 맞이한다.

7. 에서는 에돔으로 돌아가고 야곱은 그를 따르겠다고 약속한다.

8. 그러나 야곱은 가나안으로 간다.

요셉의 생애

요셉은 그의 형들에 의해 애굽에 노예로 팔렸지만 지금은 총리가 되어 밀어닥치는 기근에 대비하여 비축해 둔 식량을 관리한다.

1. 야곱은 식량을 얻기 위하여 요셉의 형 10명을 애굽으로 보낸다. 그러나 자신의 귀염둥이인 막내 아들 베냐민은 안전하게 자신과 함께 있도록 한다.

2. 형들은 요셉을 알아보지 못한다. 요셉도 형들을 아는 체하지 않는다. 그는 형들을 스파이로 본다. 그는 시몬을 인질로 잡아두고 나머지 형들에게는 식량을 주어 고향으로 돌려보낸다. 그러나 그들은 자신들이 스파이가 아님을 입증하기 위해서 베냐민을 데려오지 않으면 안된다.
3. 집으로 가는 도중에 그들은 자루속에서 돈을 발견하고는 기겁을 한다.
4. 야곱은 베냐민이 애굽으로 가도록 허락하지 않는다. 이미 요셉과 시므온을 잃었기 때문이다. 그는 기근이 심해져 굶어죽게 되자 비로소 마음을 바꾼다.

5. 9명의 형들과 베냐민이 요셉에게 줄 선물을 가지고 애굽으로 간다.
6. 시므온이 풀려나고 요셉은 대연을 배설한다.
7. 그는 형들에게 식량을 주어 다시 고향으로 돌려보낸다. 그러나 그는 베냐민의 자루 속에 그의 은잔을 숨겨 놓도록 명령한다.
8. 요셉의 종이 그들을 추격하여 요셉의 잔을 발견한다.
9. 요셉은 그들이 가도 좋지만 베냐민은 그의 종이 되어 머물러야 한다고 말한다. 유다가 야곱을 대신하여 요셉에게 간청한다. 요셉은 감정을 억누르지 못하고 자신이 요셉임을 밝힌다.
10. 11명의 형제들이 야곱에게 돌아온다. 야곱은 애굽으로가 거기서 산다.

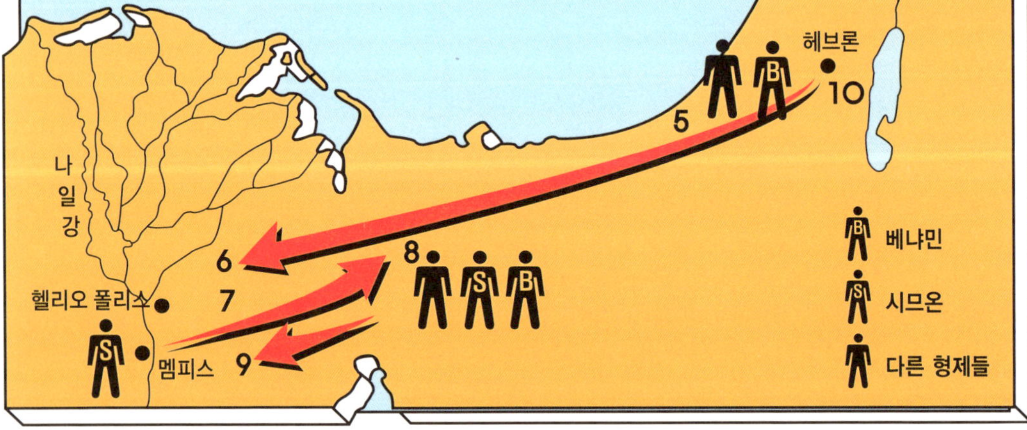

노예로 전락한 이스라엘 자손

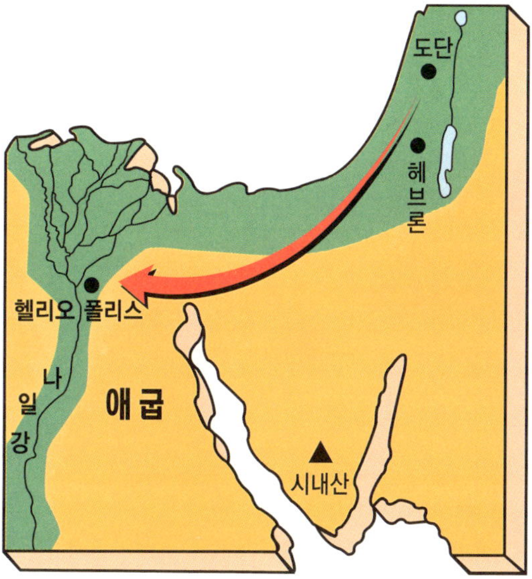

요셉은 야곱의 12아들 가운데 하나이다. 그의 형들은 건방지다는 이유로 요셉을 미워한다. 어느날 야곱은 형들이 양떼를 치고 있는 도단으로 요셉을 보낸다. 그들은 요셉을 죽이기로 결심하지만 대상들에게 판다. 요셉은 애굽으로 끌려간다(창 37:12-36절).

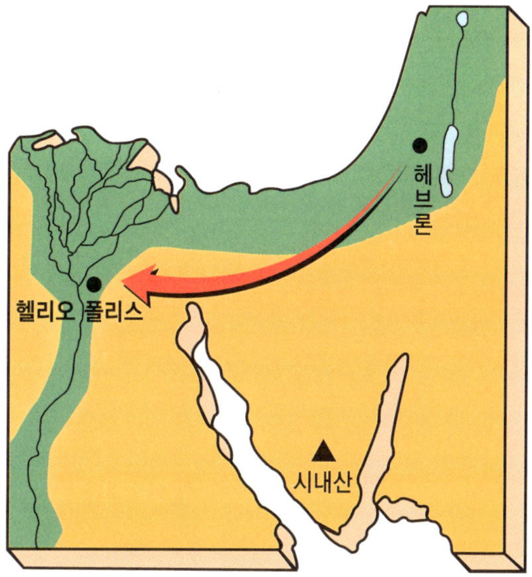

얼마 후, 요셉은 애굽에서 식량을 책임지는 총리가 되었다. 기근이 들자 요셉의 형들은 곡식을 사러 애굽으로 여행한다. 요셉은 그들을 알아보고 우여곡절 끝에 요셉임을 밝힌다. 야곱과 그의 가족은 애굽으로 이주한다(창 42-47:12).

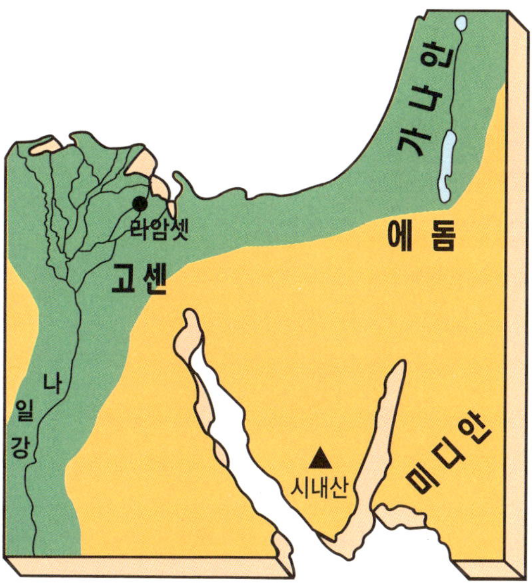

430년 후 히브리인 곧 야곱의 후손들은 애굽 사람들의 노예가 되어 건축 공사에 동원되었다. 그들은 고센 지방에서 산다. 하나님은 모세와 그의 형 아론을 일으켜 히브리인을 해방시키도록 하신다. 그러나 바로는 백성을 풀어주기를 거절한다(출 1장-5:21).

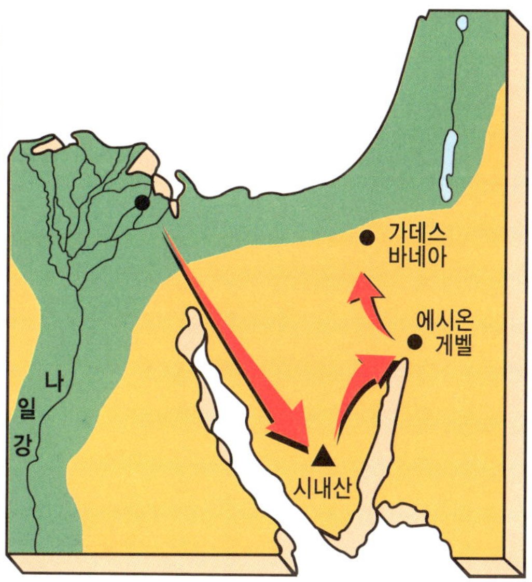

일련의 재앙들이 애굽을 엄습하지만 바로는 여전히 강퍅한 마음을 버리지 않는다. 마침내 히브리인들은 떠나도 좋다는 허락을 받는다. 그러나 애굽 군사들이 그들을 추격하지만 전멸되고 만다. 히브리인들은 시내산으로 간다. 거기서 모세는 하나님으로부터 율법을 받는다(출 6:28-20:17).

출애굽

1. 이스라엘 백성은 바로 왕 라암셋 2세로부터 애굽을 떠나라는 말을 듣는다. 종살이는 끝났다(출 12:29-36절).
2. 그들은 쓴 호수(Bitter Lakes)지대로 여행한다 (출 12:37-39절;13:17-14:4절).
3. 라암셋은 마음을 바꾸어 도망친 노예들을 추적한다. 그는 이스라엘 백성을 바다로 몰았다 (출 14:5-12절).
4. 하나님께서 모세에게 그의 지팡이를 바다 위로 내밀라고 말씀하셨다. 그러자 바닷물이 거꾸로 흘러 백성들은 마른 땅을 건너간다. 그러나 애굽 군사들은 물이 다시 합쳐져서 모두 빠져 죽었다(출 14:13-31절).
5. 3일 후 그들은 마라에 이르렀다. 그러나 물이 너무 써서 마실수 없었다 (출 15:22-26절).
6. 하나님께서 처음으로 만나와 메추라기를 주어 먹게 하셨다 (출 16장).
7. 하나님께서 바위에서 물을 공급하셨다. 아말렉 사람들에게 공격을 받았으나 그들을 물리쳤다. 모세의 장인이 모세에게 조언을 하였다 (출 17-18장).
8. 시내산에서 이스라엘은 하나님께 율법을 받았다 (출 19-32장).
9. 미리암이 질투심으로 모세에 대항하여 반란을 일으키다가 문둥이가 되었다 (민 12:1-16절).

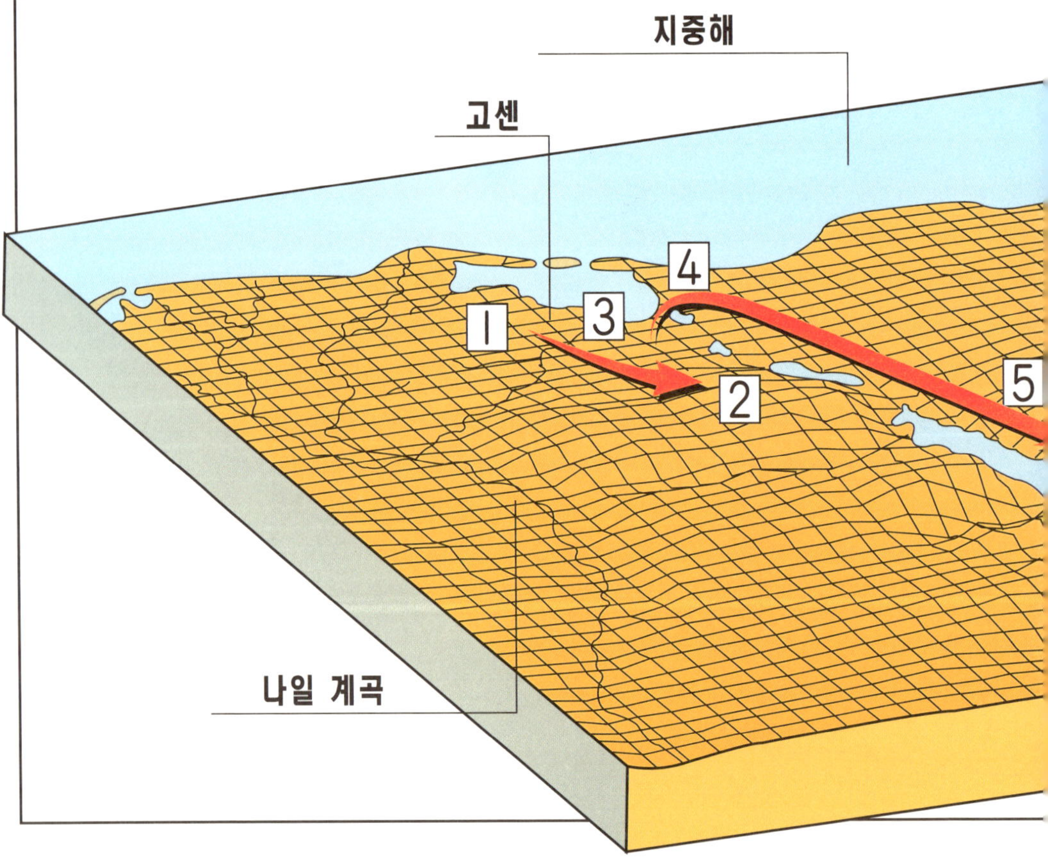

10. 시내산을 떠난 지 11일이 지난 후 모세는 12정탐군을 가나안으로 보냈다.(민 13:1-24절).
11. 정탐군들이 돌아와서 보고하는데 10명은 나쁘게 보고하여 백성들이 반란을 일으키도록 하였다. 그들은 자신들을 애굽으로 데려다 줄 새 지도자를 원했다. (민 13:25-14:10절).
12. 백성들의 반역에 대한 징벌로 하나님께서는 그들로 하여금 가나안 땅에 들어 가기 전 40년 동안 광야에서 방황하도록 하셨다(민 14:11-38절).

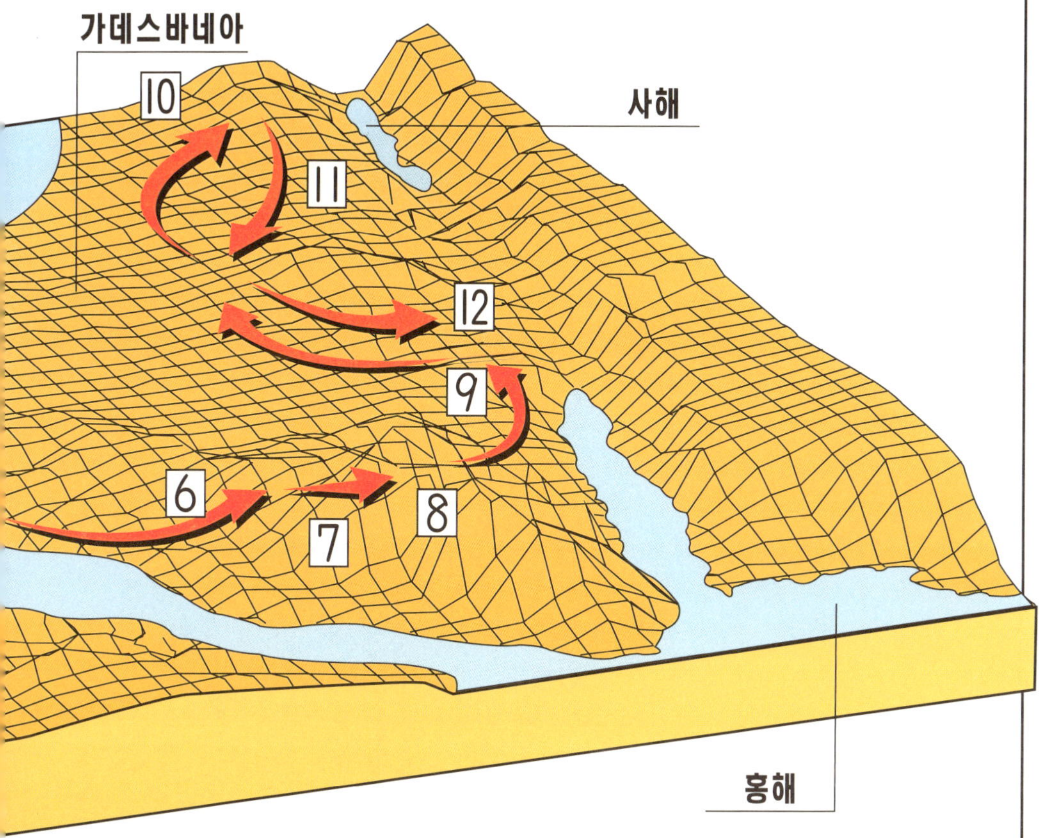

시혼과 옥을 쳐부순 모세

이스라엘 백성은 동쪽으로부터 약속의 땅으로 들어가는 길을 찾는 동안 막강한 힘을 가진 두 왕들과 전쟁을 치러야 했다.

1. 모세와 이스라엘 백성은 그데못 근처의 광야에 도착하였다. 모세는 시혼 왕에게 사신을 보내어 그의 영토를 평화롭게 통과하도록 허락해 줄 것을 요청하였다.
2. 시혼 왕은 이를 거절하였다. 이리하여 양 측은 야하스 근처의 싸움터에서 만났다. 결과는 시혼의 패배로 끝났다.
3. 이스라엘 백성은 북쪽 멀리 길르앗에 이르기까지 많은 성읍들을 취하였다.
4. 바산 왕 옥이 에드레이에서 이스라엘 백성을 공격하였다. 그들은 그를 쳐부수고 그의 모든 영토를 점령하였다. 요단강 동편 땅은 이제 이스라엘이 가나안으로 건너가기에 안전해졌다.

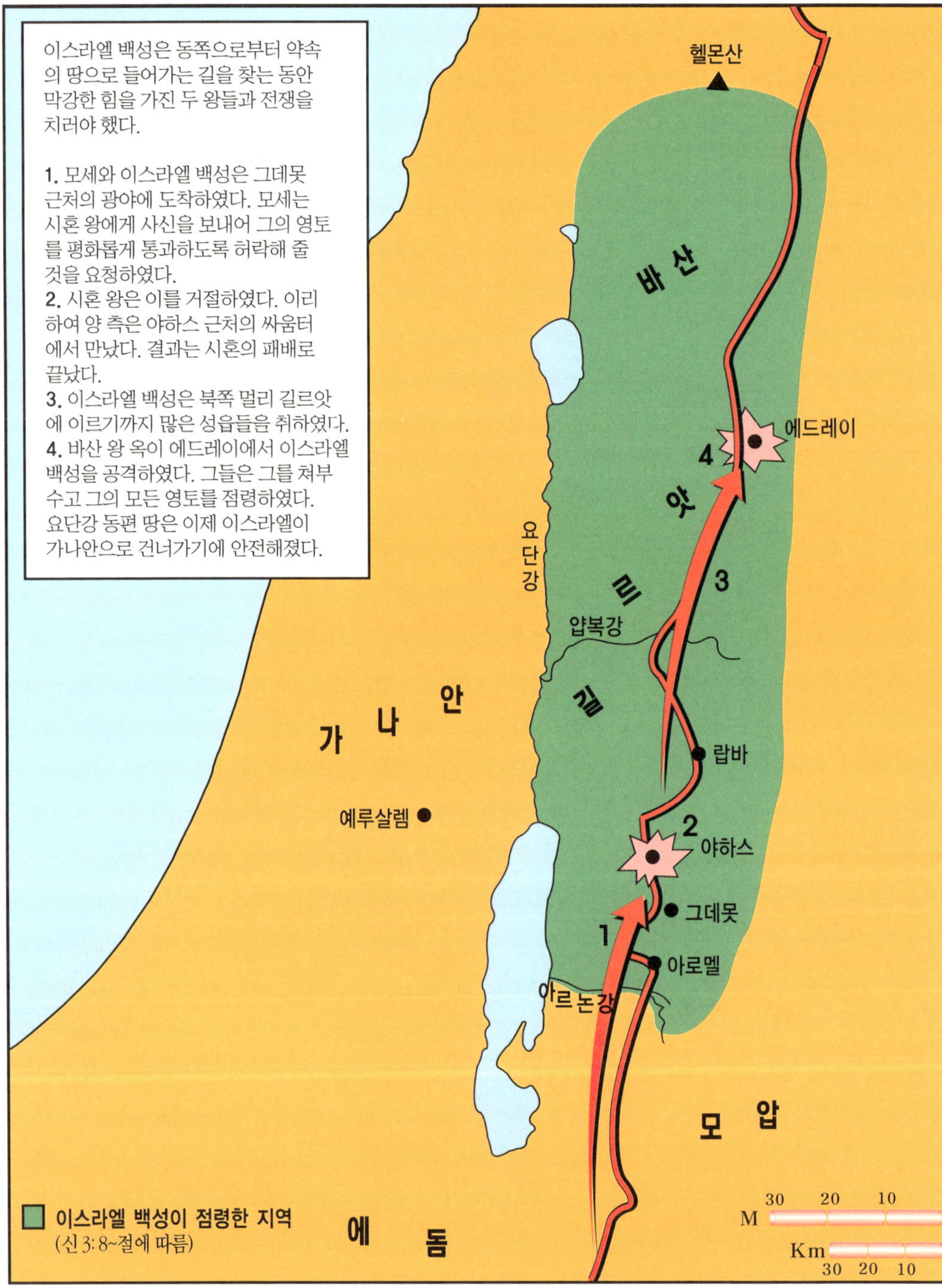

3

젖과 꿀이 흐르는 땅

요단강을 건너 가나안으로 들어가기까지 이스라엘 백성은 이곳 저곳을 돌아다니던 민족이었습니다. 아브라함과 마찬가지로 그들도 여전히 장막을 치고 유랑 생활을 하였습니다. 그러나 그들의 수효가 많아지자 그 지역에 이미 정착해 있던 민족들은 위협을 느꼈습니다. 이스라엘 백성이 가나안 문턱에 들어서자 그 지역에 살던 사람들은 두려워 떨며 적개심을 나타냈습니다.

모세가 죽은 후 그 뒤를 이어 지도자가 된 여호수아는 그의 백성을 이끌고 가나안을 정복하여 그 곳에 정착하였습니다. 그러나 그들은 가나안을 완전히 정복하지는 못했습니다. 그 결과 그들은 많은 어려움을 겪게 되었습니다. 즉 이스라엘 백성은 가나안의 옛 신들을 숭배하라는 유혹에 빠지기도 했고 그들이 무찌르지 못하고 상처만 입혔던 적들에게 번번히 공격을 받기도 하였던 것입니다. 이리하여 약속의 땅은 폭력이 난무하는 땅이 되고 말았습니다. 이 시대의 이스라엘 지도자들을 가리켜 "사사" 라고 합니다.

젖과 꿀이 흐르는 땅

제3장의 개요

◆ **요단강 도하**(27면).
국가의 탄생에 수반된 기적적인 징조들이 계속되었다. 백성은 말라버린 요단강 바닥을 건넜다.

◆ **여리고 함락 작전**(28면).
이스라엘 백성은 여리고를 조심스럽게 정탐한 후 희한한 방법으로 여리고를 공격한다. 이것으로 인해 이스라엘 백성은 그 땅의 유리한 거점을 확보하게 되었다.

◆ **아이성 공격**(29면).
또 다른 성읍이 무너졌다. 이스라엘 백성은 승리가 자동적으로 이루어지지 않음을 깨달았다. 승리는 그들이 하나님께 복종하는 여부에 달려 있다.

◆ **구출된 기브온**(30면).
여호수아가 속아서 기브온 거민들과 협정을 맺자 그들은 이웃 가나안 국가들의 공격을 받았다. 그러자 여호수아는 그들을 구해주었다.

◆ **여호수아의 정복 전쟁**(31면).
여호수아는 북쪽으로부터 남쪽으로 전쟁을 벌였다. 그러나 이스라엘은 그 지역을 매우 불안전하게 점령하였다.

◆ **영토 확정**(32면).
이스라엘 12지파(야곱의 12아들들에서 유래됨)는 약속된 그들의 땅의 몫을 받았다.

◆ **도피성**(33면).
실수로 범죄한 사람이 보복을 당하지 않도록 도망쳐 보호받을 수 있는 도피 장소로 6개의 성읍이 마련되었다.

◆ **해양 침략자 블레셋 족속**(34면).
블레셋 사람들은 재빨리 이스라엘을 가장 괴롭히는 적이 되었다. 그들은 누구이며 어디서부터 왔을까?

◆ **사면초가의 이스라엘**(35면).
사사 시대의 이스라엘은 많은 강한 적들의 공격을 받거나 지배를 당하였다.

◆ **드보라의 승리**(36면).
이스라엘의 두 사사 드보라와 바락은 전투에서 연전연승을 거둠으로써 무자비한 통치를 종식시켰다.

◆ **기드온의 야간 기습공격**(37면).
또 다른 사사 기드온은 야간 기습 공격으로 미디안 군대를 물리쳤다.

◆ **빼앗긴 언약궤**(38면).
블레셋 군사들은 십계명 돌판을 넣어둔 하나님의 언약궤를 전쟁터에서 빼앗았다. 그러나 그들은 이 위대한 전쟁노획물을 자발적으로 되돌려 주었다.

"여호와께서 이 땅을 너희에게 주신 줄을 내가 아노라. 우리가 너희를 심히 두려워하고 이 땅 백성이 다 너희 앞에 간담이 녹나니" (수 2:9)
여리고의 기생 라합이 자기 집에 숨겨준 이스라엘의 두 정탐군에게 한 말

"너희 하나님 여호와께서 너희에게 약속하신 것 같이 너희를 위하여 싸우시리니 너희 중 한 사람이 천 명을 쫓으리라" (수 23:10)
여호수아의 말

"만일 여호와를 섬기는 것이 너희에게 좋지 않게 보이거든 너희 열조가 강 저편에서 섬기던 신이든지 혹 너희의 거하는 땅 아모리 사람의 신이든지 너희 섬길 자를 오늘날 택하라. 오직 나와 내 집은 여호와를 섬기겠노라" (수 24:15)
여호수아의 고별 연설

"개의 핥는 것 같이 그 혀로 물을 핥는 자와 손으로 움켜 입에 대고 핥는 자를 따로 세우라" (삿 7:5)
군사의 수효를 300명으로 줄이는 기드온

요단강 도하

이스라엘 백성은 약속의 땅으로 들어간다.

1. 모세가 죽은 후 여호수아는 가나안과 특히 여리고를 탐지하도록 정탐군을 보낸다.
2. 정탐군들이 돌아오자 여호수아는 백성을 이동시켜 요단강 가에 진을 친다. 때는 봄이어서 강물이 범람한다. 그들은 사흘 동안 기다린다.
3. 요단강 상류 쪽으로 16마일 떨어진 곳에 있는 성읍 아담에서 산사태가 일어나 요단 강물은 몇 시간 동안 흐르지 못한다.
4. 이스라엘 백성들이 요단강을 건널 때 언약궤를 멘 제사장들은 물이 마른 강 바닥 한가운데 굳게 섰다.
5. 그들은 요단 강으로부터 8km(5마일) 떨어져 있는 길갈에 진을 친다. 그 곳에서 모든 이스라엘 남자들은 하나님과의 계약을 지키기 위하여 할례를 받는다.

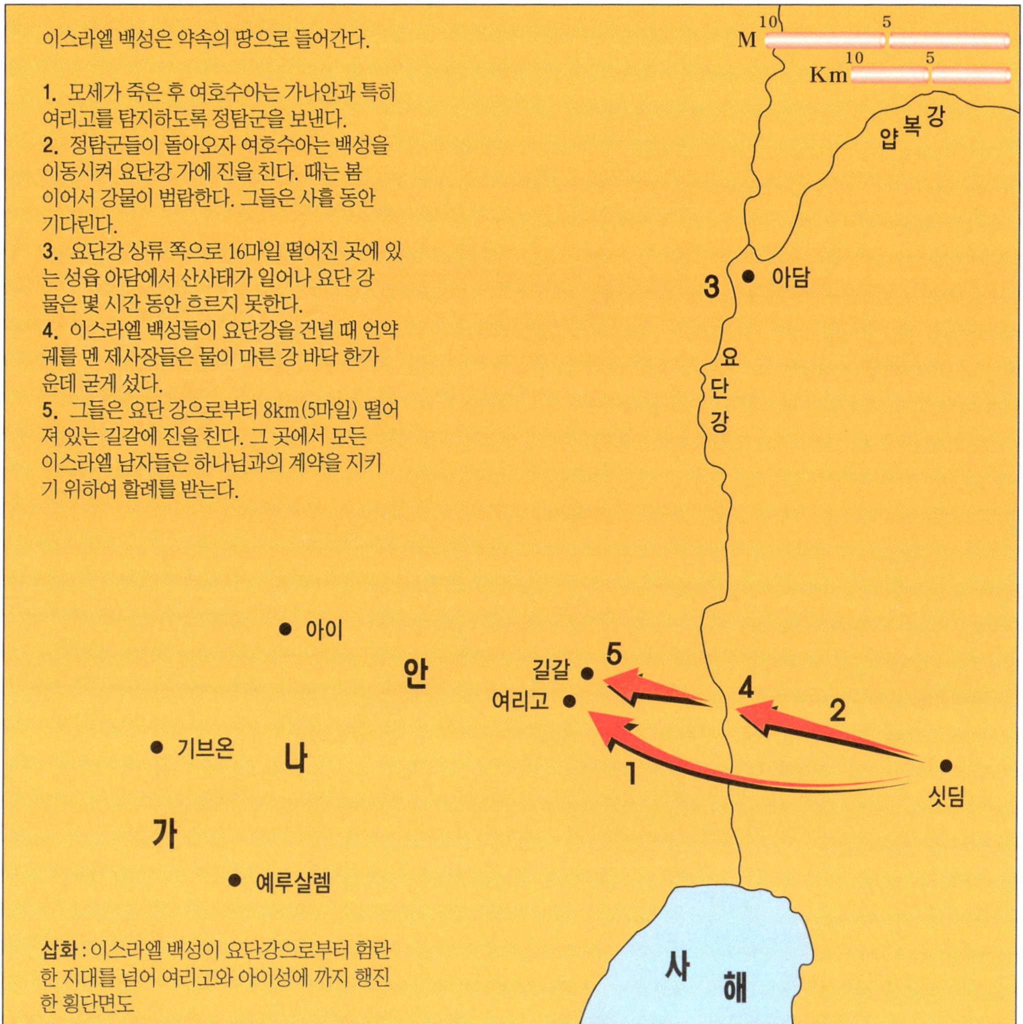

삽화 : 이스라엘 백성이 요단강으로부터 험란한 지대를 넘어 여리고와 아이성에 까지 행진한 횡단면도

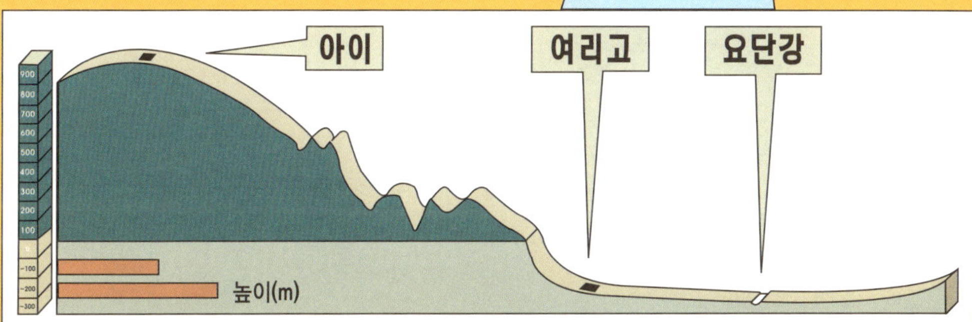

여리고 함락 작전

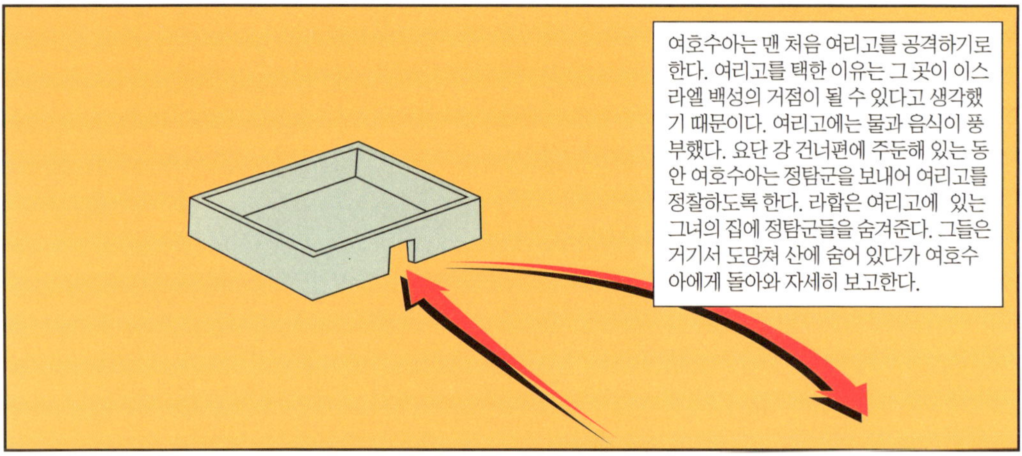
여호수아는 맨 처음 여리고를 공격하기로 한다. 여리고를 택한 이유는 그 곳이 이스라엘 백성의 거점이 될 수 있다고 생각했기 때문이다. 여리고에는 물과 음식이 풍부했다. 요단 강 건너편에 주둔해 있는 동안 여호수아는 정탐군을 보내어 여리고를 정찰하도록 한다. 라합은 여리고에 있는 그녀의 집에 정탐군들을 숨겨준다. 그들은 거기서 도망쳐 산에 숨어 있다가 여호수아에게 돌아와 자세히 보고한다.

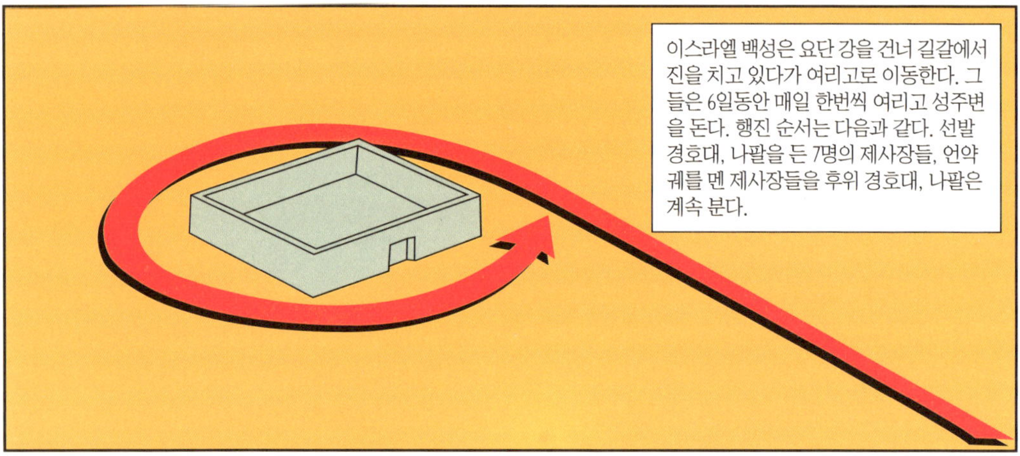
이스라엘 백성은 요단 강을 건너 길갈에서 진을 치고 있다가 여리고로 이동한다. 그들은 6일동안 매일 한번씩 여리고 성주변을 돈다. 행진 순서는 다음과 같다. 선발 경호대, 나팔을 든 7명의 제사장들, 언약궤를 멘 제사장들을 후위 경호대, 나팔은 계속 분다.

일곱째날 이스라엘 백성은 성 주변을 일곱번 행진한다. 그리고 나서 그들은 나팔 신호소리가 들릴 때 모두 소리를 지른다. 그러자 성벽이 무너져 내리고 성은 점령되었다. 정탐군들이 약속한대로 라합과 그녀의 가족은 목숨을 건졌다.

아이성 공격

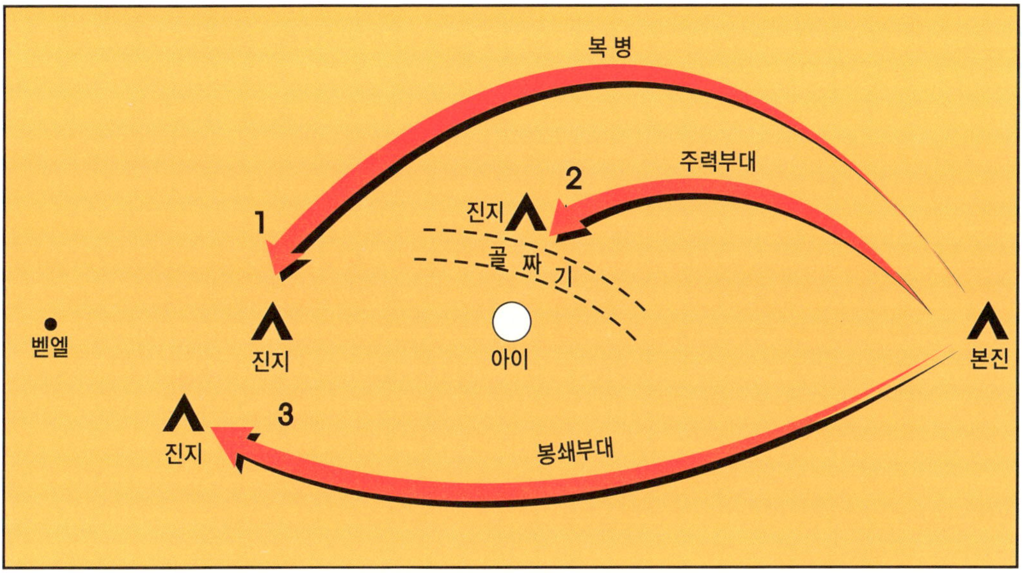

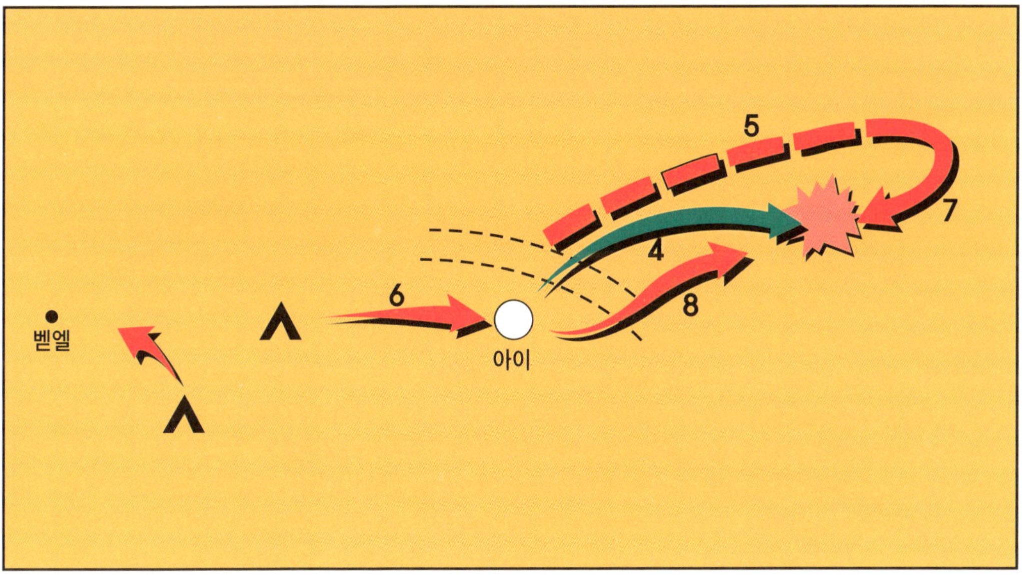

아이성에 대한 첫 번째 공격은 한 사람의 범죄로 인하여 이스라엘의 패배로 끝났다. 그러나 이제는 그들이 순종하기 때문에 하나님은 승리를… 약속하셨다.

1. 여호수아는 밤중에 복병을 파견하여 아이성 부근에 매복시킨다.

2. 다음날 아침 여호수아는 주력 부대를 이끌고 아이 성문 반대 쪽에 진을 친다.

3. 제3진은 아이와 벧엘 사이에 매복하여 다른 적이 사이에 끼어드는 것을 막는다 (수 8:12).

4. 아이성 왕이 군사를 이끌고 나간다.

5. 여호수아의 주력 부대가 거짓으로 후퇴하자 아이성 군사들은 며칠 전의 전투에서 그랬던 것처럼 그 뒤를 추격한다.

6. 복병이 무방비 상태의 아이성에 들어가 그곳에 불을 지른다.

7. 도망치던 여호수아의 군대가 돌이켜 아이성 군사들을 공격한다.

8. 복병들도 싸움에 가담하여 적을 무찌른다.

구출된 기브온

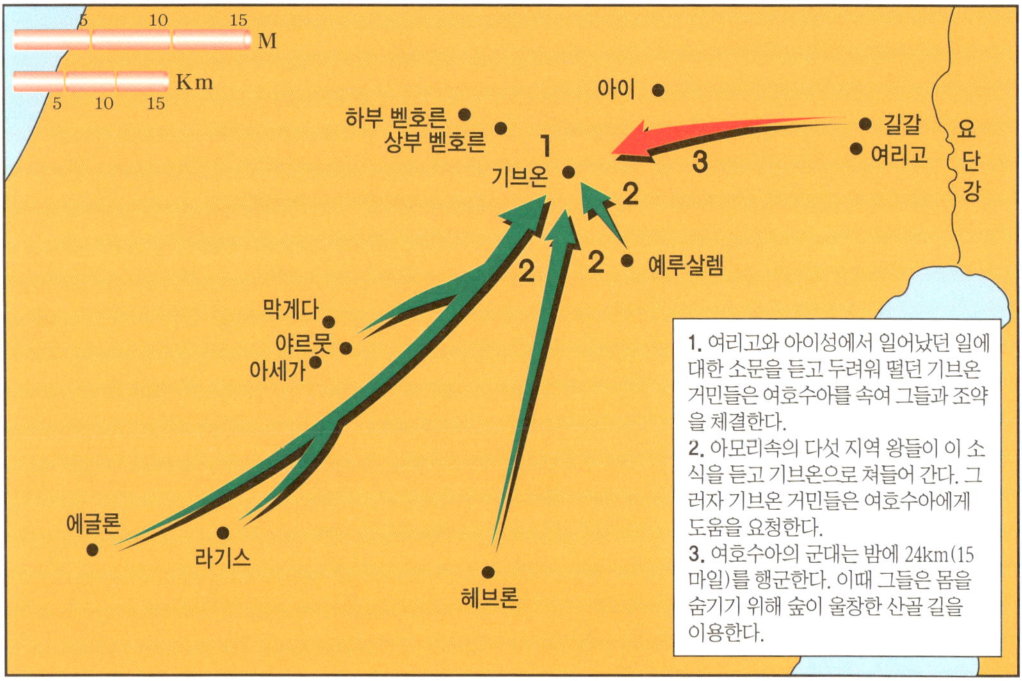
5 10 15 M
Km 5 10 15
아이
하부 벧호론
상부 벧호론
1
기브온
길갈
여리고
3
2
요단강
2
2
예루살렘
막게다
야르뭇
아세가
에글론
라기스
헤브론
1. 여리고와 아이성에서 일어났던 일에 대한 소문을 듣고 두려워 떨던 기브온 거민들은 여호수아를 속여 그들과 조약을 체결한다.
2. 아모리족의 다섯 지역 왕들이 이 소식을 듣고 기브온으로 쳐들어 간다. 그러자 기브온 거민들은 여호수아에게 도움을 요청한다.
3. 여호수아의 군대는 밤에 24km(15마일)를 행군한다. 이때 그들은 몸을 숨기기 위해 숲이 울창한 산골 길을 이용한다.

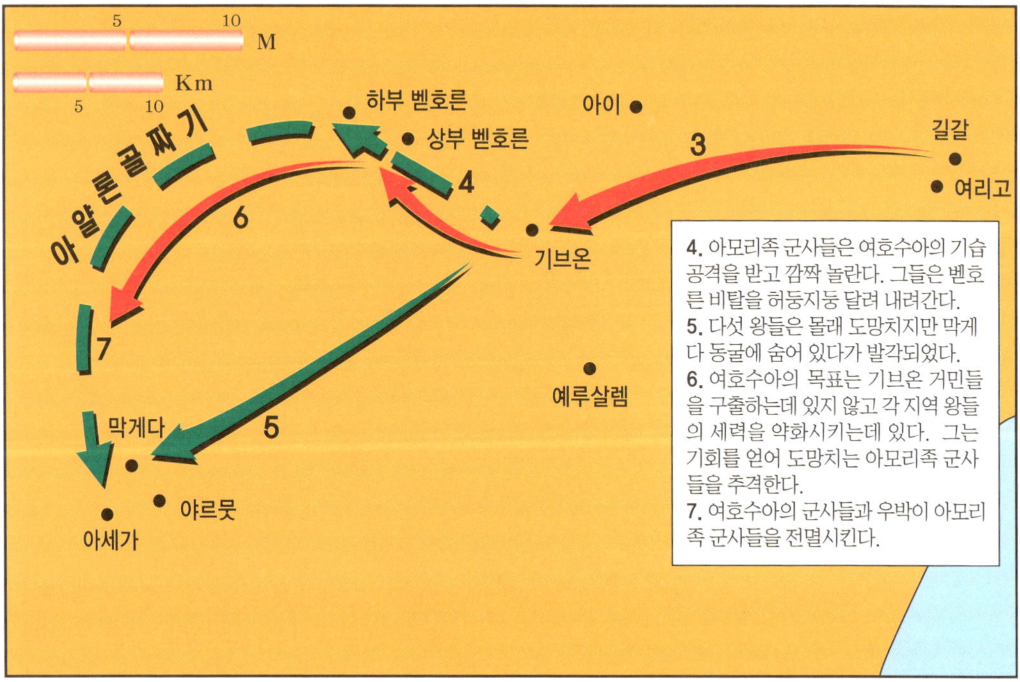
5 10 M
Km 5 10
하부 벧호론
아이
상부 벧호론
아얄론골짜기
3
길갈
여리고
4
6
기브온
7
예루살렘
막게다
5
야르뭇
아세가
4. 아모리족 군사들은 여호수아의 기습 공격을 받고 깜짝 놀란다. 그들은 벧호론 비탈을 허둥지둥 달려 내려간다.
5. 다섯 왕들은 몰래 도망치지만 막게다 동굴에 숨어 있다가 발각되었다.
6. 여호수아의 목표는 기브온 거민들을 구출하는데 있지 않고 각 지역 왕들의 세력을 약화시키는데 있다. 그는 기회를 얻어 도망치는 아모리족 군사들을 추격한다.
7. 여호수아의 군사들과 우박이 아모리족 군사들을 전멸시킨다.

여호수아의 정복 전쟁

1. 남쪽(수10장)
여호수아가 남쪽으로 출정한 까닭은 기브온 거민들과 맺은 조약 때문이었다. 다섯 지역 왕들은 기브온 거민들이 배신을 하고 이스라엘 편에 가담했기 때문에 그들에게 싸움을 걸었다. 여호수아는 신속하게 행군하여 기습 공격을 가함으로써 그 성읍들을 모두 정복했다.(예루살렘은 예외임)

2. 북쪽(수11장)
남쪽 성읍들이 여호수아에 의해 붕괴되자 하솔의 막강한 왕 야빈은 전쟁을 치르기 위한 대군을 징집하였다. 그러나 여호수아는 또 다시 기습 작전을 펴서 적들을 물리쳤다. 그러나 이처럼 승리는 단번에 이루어졌으나 적들의 저항을 근절시키기 위해서는 오랜 게릴라전을 수행할 필요가 있었다.(수11:18)

이러한 두 차례의 정복 전쟁은 가나안 정복과 정착의 시작에 불과했다. 따라서 아직도 많은 성읍과 지역들이 이스라엘 백성의 수중에 들어오지 않았다.(삿1장).그러나 여호수아의 정복 전쟁으로 인해 가나안 땅에 국가를 세우기 위한 토대가 마련되었다.

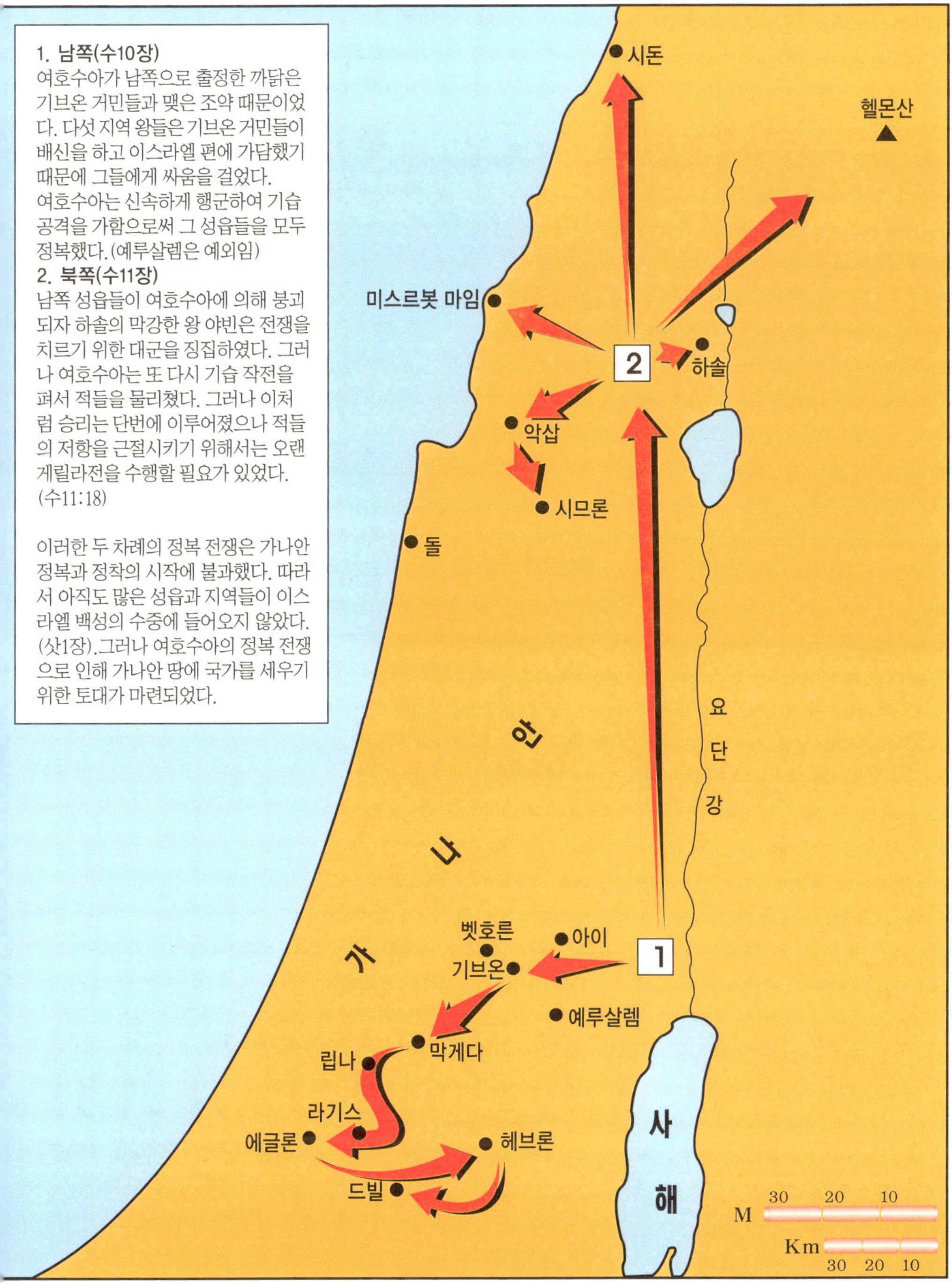

영토 확정

이스라엘 백성은 12지파로 나뉘어져 있었다. 각 지파의 족속들은 야곱의 12아들들의 후손이었다. 야곱의 모든 아들들은 야곱이 그들의 미래를 예언하던 임종의 자리에 참석했었다(창49장). 그러나 야곱의 12아들들의 이름과 이스라엘의 12지파의 지명은 두 가지 점에서 차이가 난다.

◆ **레위**라는 명칭은 지도상에 나오지 않는다. 출애굽 이후 레위인들은 제사장 지파가 되었다. 따라서 그들은 땅을 분배받지 못하고 그 대신에 48개의 도성을 받았다. 그 도성들은 다른 지파의 땅들로 둘러싸여 있다.

◆ **요셉**이라는 명칭도 지도상에는 빠져 있다. 그것은 요셉의 두 아들 에브라임과 므낫세의 후손들이 두 개의 반지파를 형성하고 각각 약속의 땅을 기업으로 받았기 때문이다. 그러나 여호수아는 가나안 땅을 완전히 기업으로 받은 새 영토에 정착하기 까지는 많은 문제들이 도사리고 있었다.

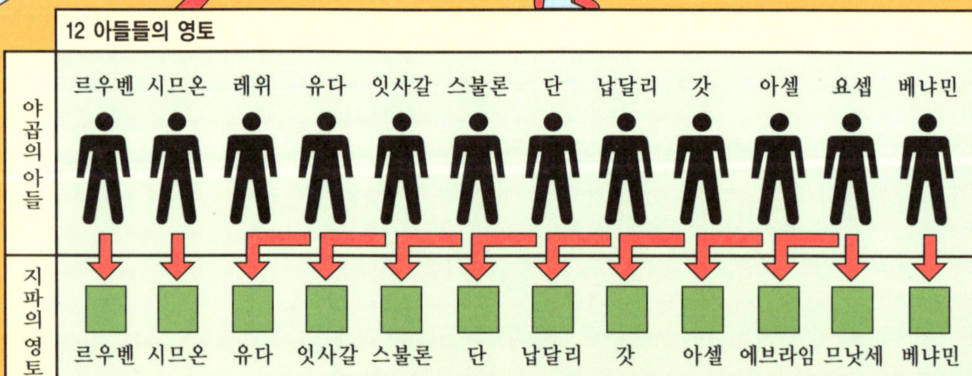

도피성

이스라엘 백성은 첫 번째 정복을 끝낸 후 6개 도시에 특별히 '도피성'이라는 이름을 붙여주었다. 우발적으로 살인을 한 사람은 근처에 있는 도피성으로 도망을 쳐서 그 사실을 고하였다고 한다. 그리하여 그 범죄자는 공정한 재판을 받을 때까지 죽은 사람의 친척의 보복으로부터 피하여 그곳에 숨어있을 수 있었다. 이것은 살인을 살인으로 보복하던 시대에 중요한 대비책이었다.
이 지도상에 나타난 원들은 각 도시까지 가는데 하루면 족하는 거리를 반경으로 하여 그린 것이다. 이 지도에는 욕느암이라는 성읍이 표시되어 있는 데 그것은 우발적으로 살인을 한 채 그곳에 그냥 머물러 있으면 안되는 장소들 가운데 하나다.

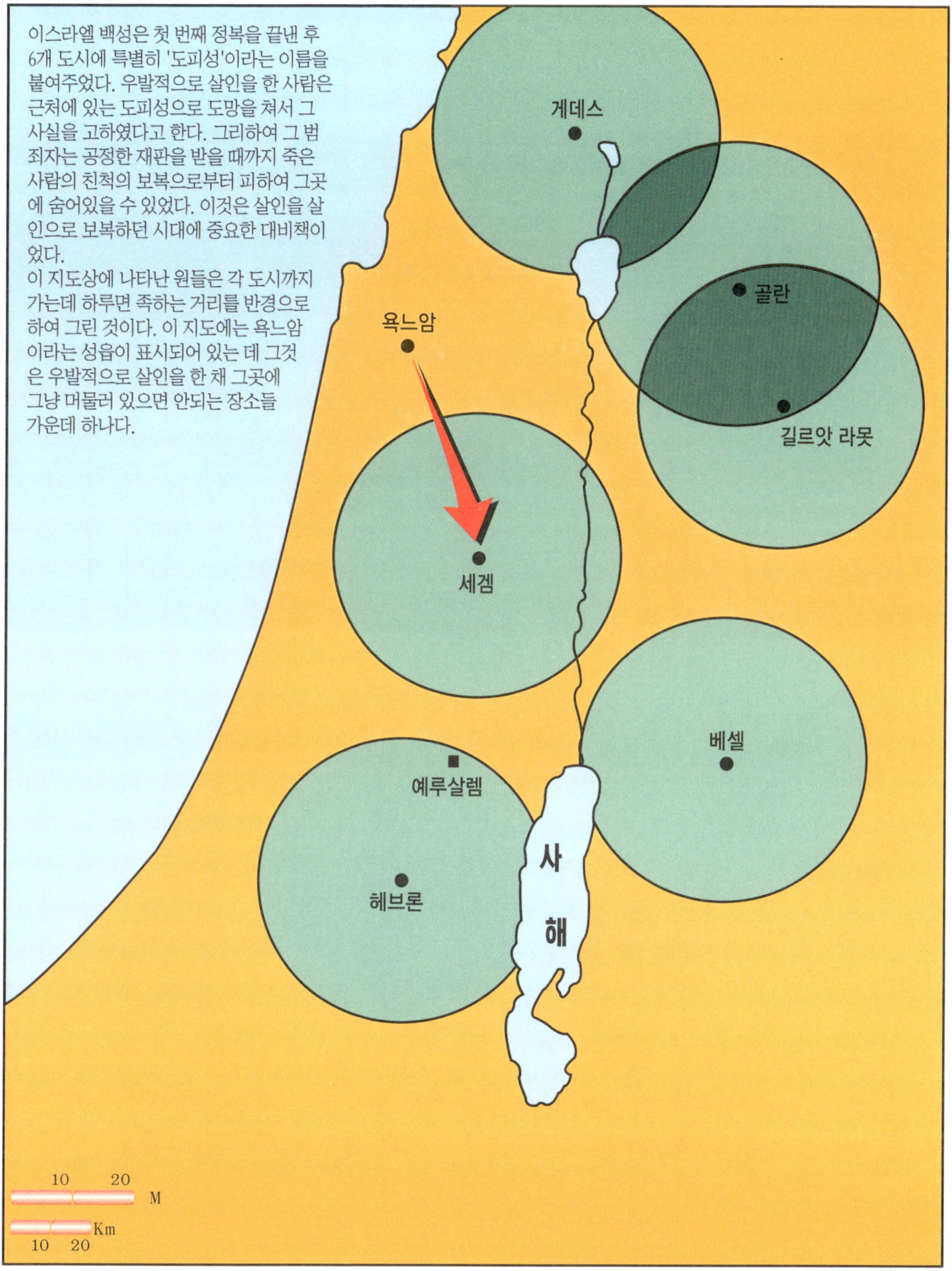

해양 침략자 블레셋 족속

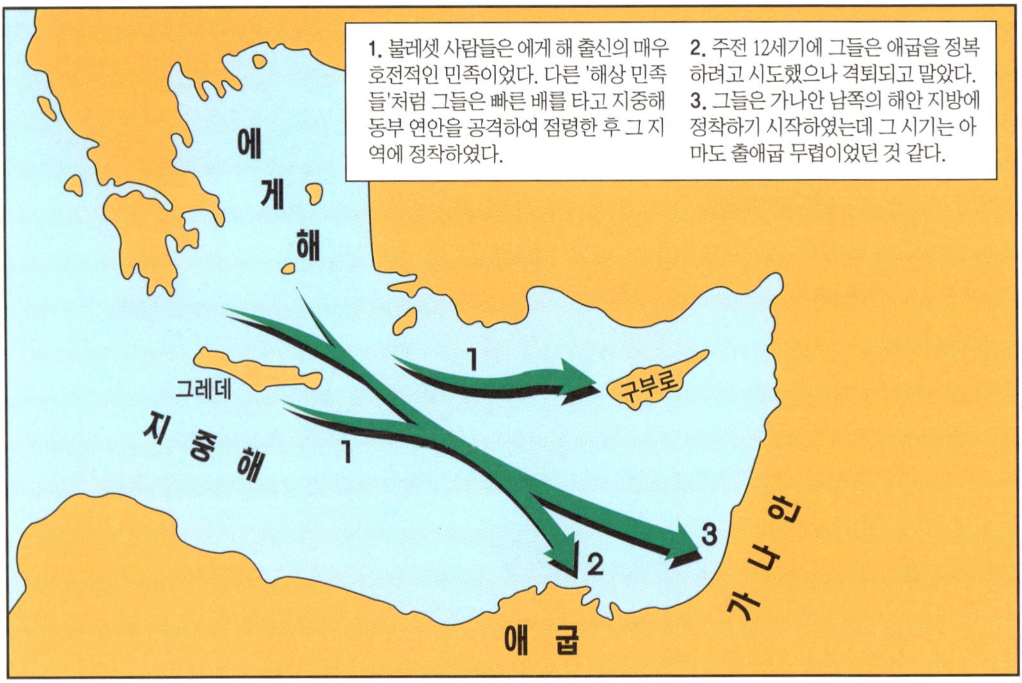

1. 블레셋 사람들은 에게 해 출신의 매우 호전적인 민족이었다. 다른 '해상 민족들'처럼 그들은 빠른 배를 타고 지중해 동부 연안을 공격하여 점령한 후 그 지역에 정착하였다.

2. 주전 12세기에 그들은 애굽을 정복하려고 시도했으나 격퇴되고 말았다.

3. 그들은 가나안 남쪽의 해안 지방에 정착하기 시작하였는데 그 시기는 아마도 출애굽 무렵이었던 것 같다.

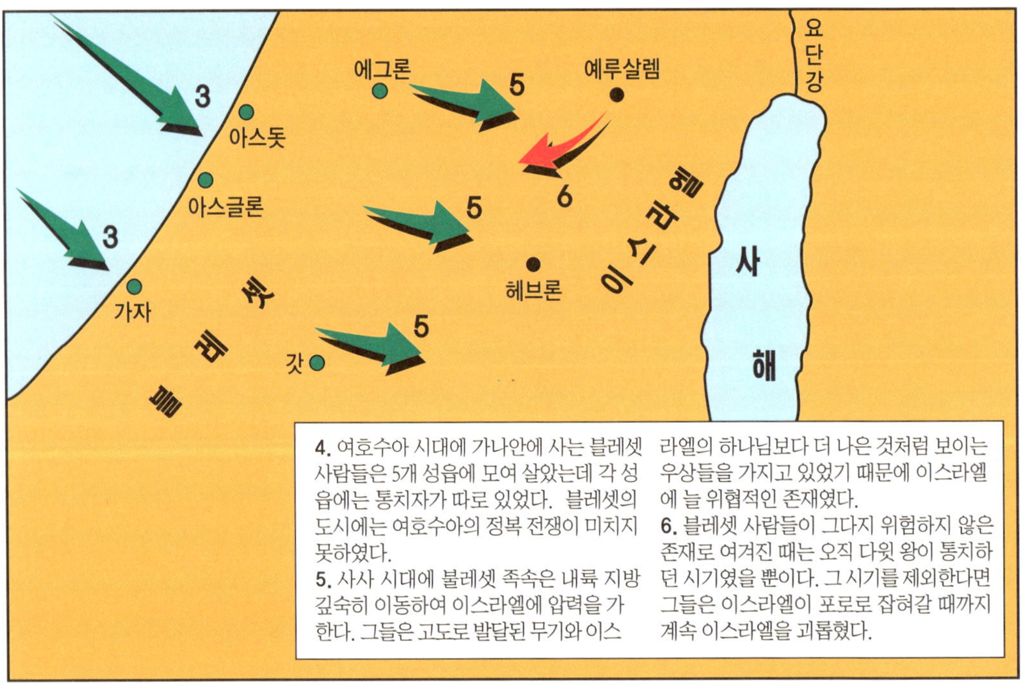

4. 여호수아 시대에 가나안에 사는 블레셋 사람들은 5개 성읍에 모여 살았는데 각 성읍에는 통치자가 따로 있었다. 블레셋의 도시에는 여호수아의 정복 전쟁이 미치지 못하였다.

5. 사사 시대에 블레셋 족속은 내륙 지방 깊숙히 이동하여 이스라엘에 압력을 가한다. 그들은 고도로 발달된 무기와 이스라엘의 하나님보다 더 나은 것처럼 보이는 우상들을 가지고 있었기 때문에 이스라엘에 늘 위협적인 존재였다.

6. 블레셋 사람들이 그다지 위험하지 않은 존재로 여겨진 때는 오직 다윗 왕이 통치하던 시기였을 뿐이다. 그 시기를 제외한다면 그들은 이스라엘이 포로로 잡혀갈 때까지 계속 이스라엘을 괴롭혔다.

사면초가의 이스라엘

이스라엘 백성은 가나안 거민들을 완전히 정복하지 못하고 이방 우상들을 섬겼기 때문에 사사 시대에 큰 어려움을 겪었다. 즉 이스라엘 백성은 잇달아 이방 국가의 지배를 받게 되었다. 그러나 몇몇 사사들이 적을 물리치고 이스라엘을 해방시켜 주었다.

1. **옷니엘**은 메소보다미아 왕 구산 리사다임이 이스라엘을 다스린지 8년만에 그를 무찌른다(삿 3:7-11절).
2. **에훗**은 이스라엘을 18년동안 지배하였던 모압 왕 에글론을 무찌른다(삿 3:12-20절).
3. **삼갈**은 블레셋 사람들을 무찌른다(삿 3:31장).
4. **드보라**와 **바락**은 20년 동안 이스라엘을 무자비하고 잔인하게 통치하였던 하솔 왕 야빈을 무찌른다(삿 4-5장).
5. **기드온**은 7년 동안 이스라엘을 괴롭혔던 미디안 사람들과 아말렉 사람들을 물리친다(삿 6-8장).
6. **입다**는 18년 동안 이스라엘을 다스렸던 암몬 사람들을 무찌른다(삿 10:6-12:7).
7. **삼손**은 이스라엘을 40년 동안 지배하였던 블레셋 사람들에 대항하여 크게 승리하였다(삿13-16장).

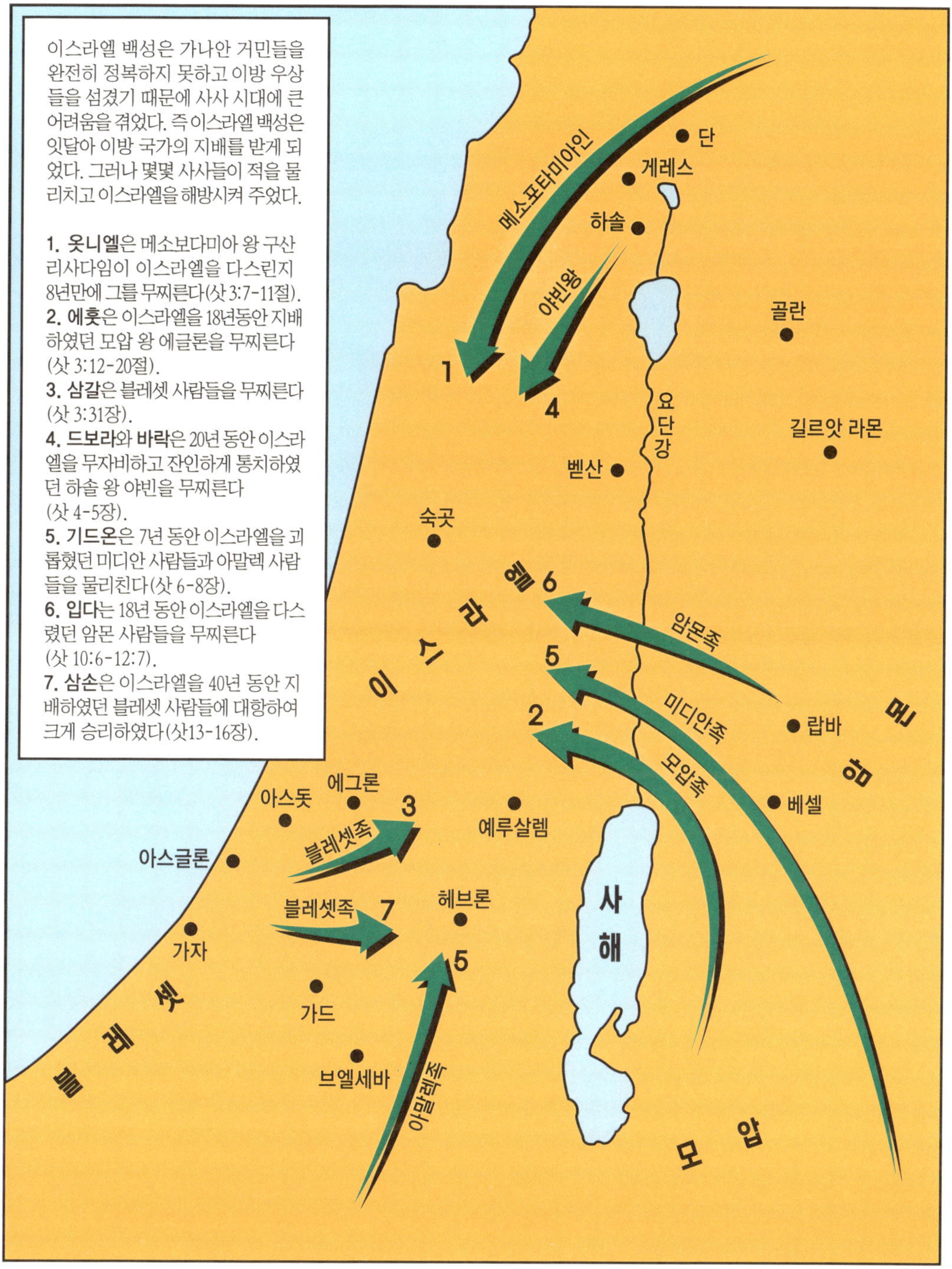

드보라의 승리

이스라엘은 20년 동안 하솔 왕 야빈의 폭정에 억눌려 살았다. 그 때 선지자 드보라가 나타나 바락과 더불어 야빈의 군사들을 유인하여… 무찌를 계획을 세운다.

1. 드보라와 바락은 몇몇 지파들로부터 뽑은 군사들을 그 지방에 우뚝 솟아 있는 다볼산으로 모은다.
2. 야빈의 군대 사령관 시스라는 그의 병력과 900대의 철 병거를 다볼산 기슭에 배치한다.
3. 드보라가 공격 신호를 보낸다 (그 시기는 폭우가 쏟아진 이후일 것이다). 바락의 군사들이 다볼산의 가파른 언덕길을 질주해 내려온다. 시스라의 군사들은 공포에 떨며 습지인 기손강으로 방향을 잡는다.
4. 폭풍우로 인해 강이 넘친다. 시스라의 병거들은 무용지물이 되거나 물에 씻겨 내려간다(삿 5:21). 시스라의 군사들은 참패를 당했다.
5. 가나안 각 지역의 왕들이 다아낙 근처에서 시스라의 군사들을 도와 주려고 하지만 그들도 패배한다(삿 5:19)
6. 바락은 퇴각하는 군사들을 하로셋까지 추격하여 완전히 쳐부순다.
7. 시스라 자신은 이제 쓸모없이 되어 버린 그의 병거를 처분한다. 그는 목숨을 부지하려고 도망치지만 야엘의 장막에서 잠든 사이에 죽임을 당했다.

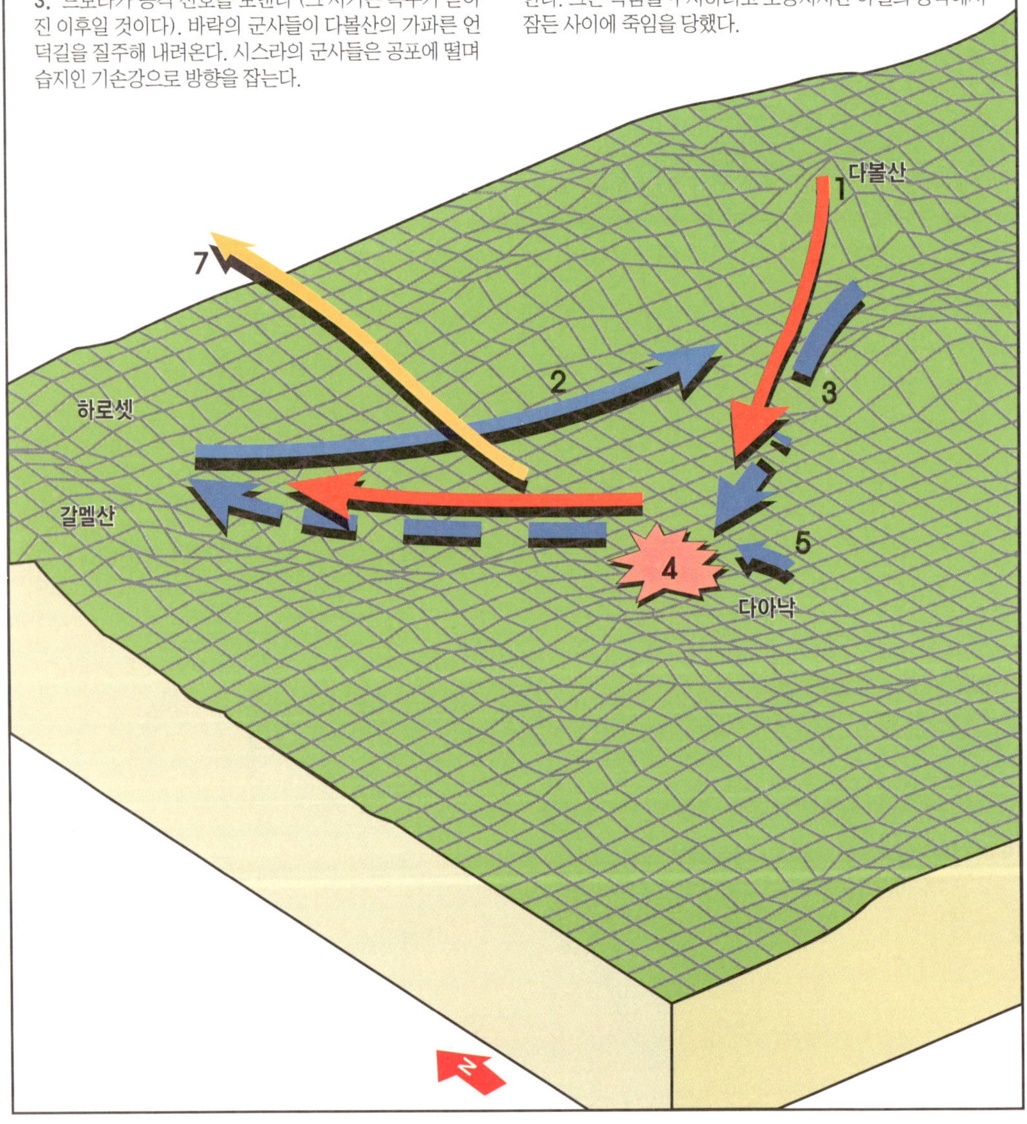

기드온의 야간 기습공격

낙타를 이용하여 공격하는 거친 사막 종족인 미디안 사람들이 7년 동안 이스라엘을 다스렸다.

1. 미디안 군대가 이스라엘 골짜기에 진을 친다.
2. 기드온이 이스라엘의 북쪽 지파들을 그의 고향 오브라로 부른다.
3. 이스라엘 군사들을 하롯의 샘으로 이동한다. 기드온은 군사들의 수효를 300명으로 줄인다.
4. 밤중에 기드온은 그의 부하와 미디안 진영을 정탐한다. 그리고 나서 군대를 삼분한다.
각 군사마다 항아리 속에 나팔과 횃불을 하나씩 숨겨 가지고 있다.
그들은 미디안 진영 언저리에서 나팔을 불고 항아리를 부수어 미디안 군사들을 놀라게 한다.
5. 미디안 군사들은 혼란에 빠져 요단 골짜기로 도망친다. 특수부대가 그들을 추격하여 완전히 무찌른다.

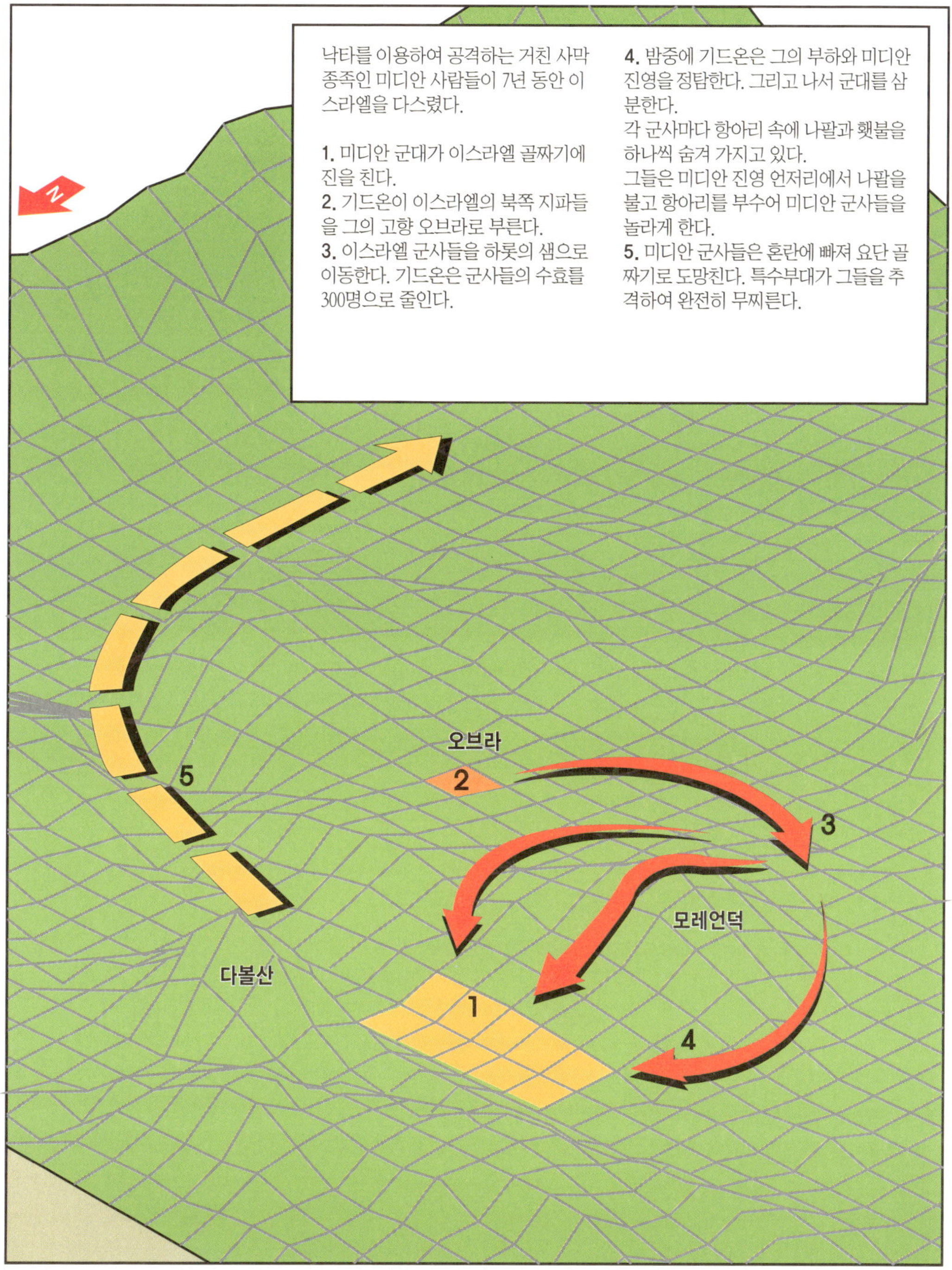

빼앗긴 언약궤

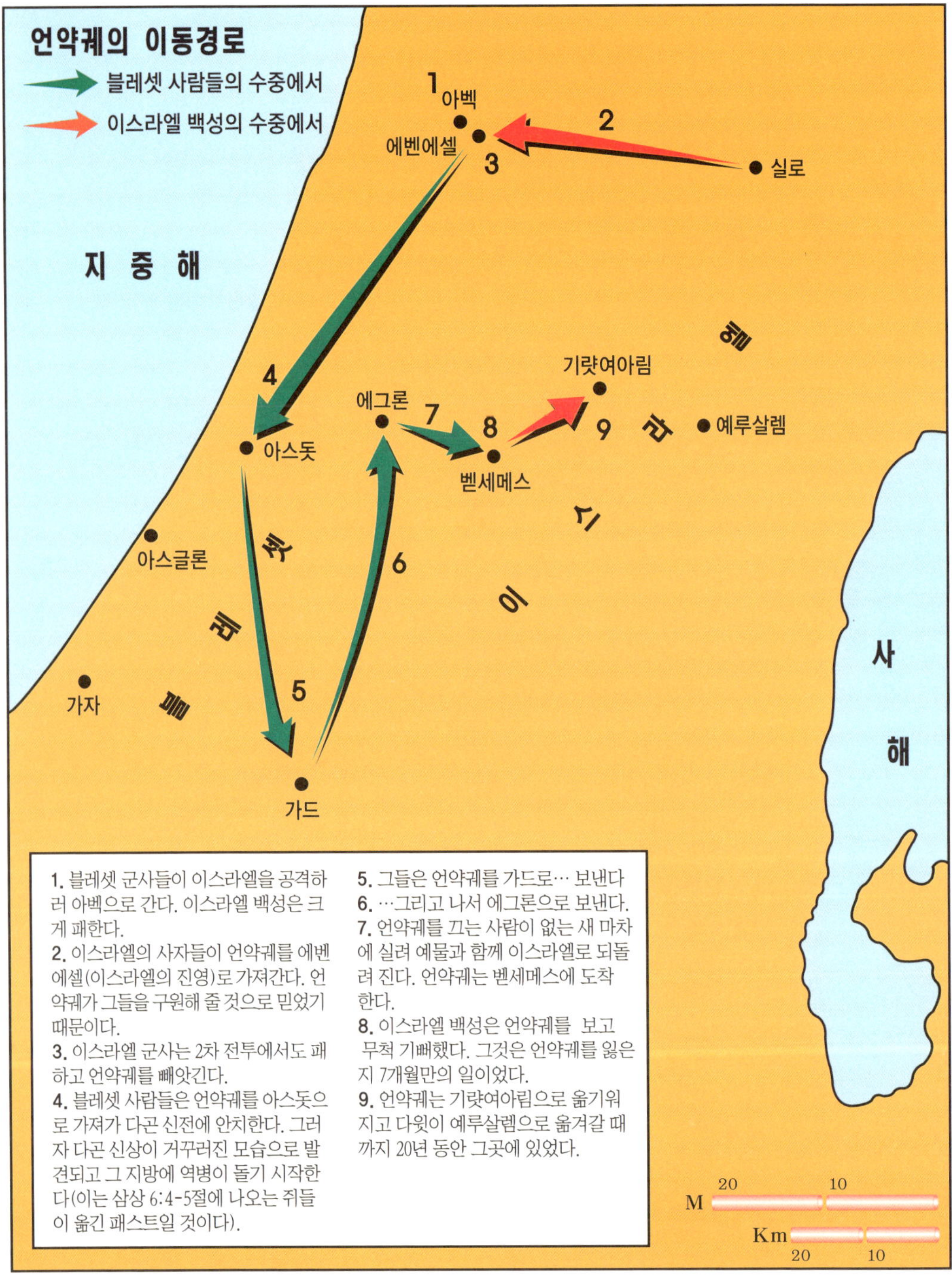

1. 블레셋 군사들이 이스라엘을 공격하러 아벡으로 간다. 이스라엘 백성은 크게 패한다.
2. 이스라엘의 사자들이 언약궤를 에벤에셀(이스라엘의 진영)로 가져간다. 언약궤가 그들을 구원해 줄 것으로 믿었기 때문이다.
3. 이스라엘 군사는 2차 전투에서도 패하고 언약궤를 빼앗긴다.
4. 블레셋 사람들은 언약궤를 아스돗으로 가져가 다곤 신전에 안치한다. 그러자 다곤 신상이 거꾸러진 모습으로 발견되고 그 지방에 역병이 돌기 시작한다(이는 삼상 6:4-5절에 나오는 쥐들이 옮긴 패스트일 것이다).
5. 그들은 언약궤를 가드로… 보낸다
6. …그리고 나서 에그론으로 보낸다.
7. 언약궤를 끄는 사람이 없는 새 마차에 실려 예물과 함께 이스라엘로 되돌려 진다. 언약궤는 벧세메스에 도착한다.
8. 이스라엘 백성은 언약궤를 보고 무척 기뻐했다. 그것은 언약궤를 잃은지 7개월만의 일이었다.
9. 언약궤는 기럇여아림으로 옮기워지고 다윗이 예루살렘으로 옮겨갈 때까지 20년 동안 그곳에 있었다.

4

우리에게 왕을 주소서!

사사시대에 공포와 억압을 경험했기 때문에 이스라엘의 많은 백성들은 '다른 민족들처럼' 왕을 몹시 열망하였습니다. 왕은 원수들을 물리치는데 중요한 역할을 할 것이라고 생각했기 때문입니다. 이스라엘의 첫 번째 왕 사울은 실패하였습니다. 반면에 다윗과 솔로몬이 다스리던 시기에 왕국은 안정되고 부강해졌습니다. 그러나 왕은 값비싼 댓가를 요구하였습니다. 많은 왕들은 타락한 지도자가 되어 이스라엘로 하여금 하나님을 향한 신앙에서 벗어나도록 하였습니다. 이런 왕들이 통치하는 동안 빈부의 격차는 극심해졌습니다. 이런 문제는 이스라엘의 새 통치자들이 등극하던 첫날부터 나타났습니다.

우리에게 왕을 주소서

제4장의 개요

◆ **암나귀를 찾아 다니는 사울**(41면).
선지자 사무엘은 주전 1050년 사울에게 기름을 부어 이스라엘의 초대 왕으로 삼는다.
◆ **블레셋 군사들의 대패**(42면).
사울은 곧 블레셋 군사들의 침략을 통해 시험을 받는다. 그는 압력을 받아 하나님의 계명을 거역한다. 사무엘은 그에게 다른 왕이 그를 대신할 것이라고 말한다.
◆ **요나단의 모험**(43면).
결국 블레셋 군사들을 향해 돌진하여 쳐부순 사람은 사울의 아들 요나단이다.
◆ **왕이 잠든 사이에**(44면).
한편 다윗은 비밀리에 사울의 뒤를 이를 왕으로 기름부음을 받았다. 그러자 사울 왕은 악신에 사로잡혀 다윗을 죽이고자 하여 그를 뒤쫓는다. 그러나 다윗은 그의 충절을 보여준다.
◆ **사울의 마지막 전투**(45면).
사울은 주전 1010년 블레셋에 치열한 공격을 받아 비참한 최후를 맞이한다. 그 뒤를 이어 다윗이 왕위에 오른다.
◆ **함락된 예루살렘**(46면).
다윗은 예루살렘에서 여부스 사람들을 정복하고 그 성읍을 그의 수도로 삼는다.
◆ **무력화된 블레셋 사람들**(47면).
이스라엘을 위협하던 블레셋 사람들은 다윗에 의해 쫓겨났다.
◆ **적들을 정복한 다윗**(48면).
일련의 군사적 정복 사업으로 다윗은 왕국의 국경을 확고하게 굳혔다.
◆ **우리아가 죽은 내막**(49면).
다윗은 왕권에 도취되어 그의 병사들 가운데 한 사람을 죽이면서 그의 아내를 빼앗는다. 이로 인하여 그의 치세 말기에 많은 폭력 사태가 빚어진다.
◆ **다윗에 대한 반역**(50면).
다윗의 아들 압살롬이 반란을 일으켰으나 공격을 받아 죽임을 당했다.
◆ **권모술수에 능한 솔로몬**(51면).
솔로몬은 다윗 왕국의 왕위 계승자가 되어 주전 971년에 왕위에 올랐다. 그는 사업 수완과 지혜로 인하여 국제적으로 명성을 떨쳤다.
◆ **솔로몬의 지출 경비**(52면).
그러나 솔로몬의 궁전은 이스라엘의 조세로 부양되었다.
◆ **솔로몬의 정략 결혼**(53면).
솔로몬은 그의 아내들과 여왕들로 인해 구설수에 올랐다. 이들로 인해 그는 하나님과 멀어졌다.
◆ **왕국의 지경**(54면).

"우리도 왕이 있어야 하리니 우리도 열방과 같이 되어 우리 왕이 우리를 다스리며 우리 앞에 나가서 우리의 싸움을 싸워야 할 것이니이다"(삼상 8:19-20절)

백성들이 왕을 요구함

"사울의 죽인 자는 천천이요 다윗은 만만이로다"(삼상 18:7)

사울의 마음을 돌이켜 다윗을 대항케한 민요

**"내가 누워 자고 깨었으니 여호와께서 나를 붙드심이로다
천만인이 나를 둘러 치려 하여도 나는 두려워 아니하리이다"**(시 3:5-6절)

다윗이 압살롬에서 도망칠 때 읊은 시

"은에서 찌끼를 제하라 그리하면 장색의 쓸 만한 그릇이 나올 것이요 왕 앞에서 악한 자를 제하라 그리하면 그 위가 의로 말미암아 견고히 서리라"(잠언 25:4-5절)

솔로몬의 잠언

암나귀를 찾아다니는 사울

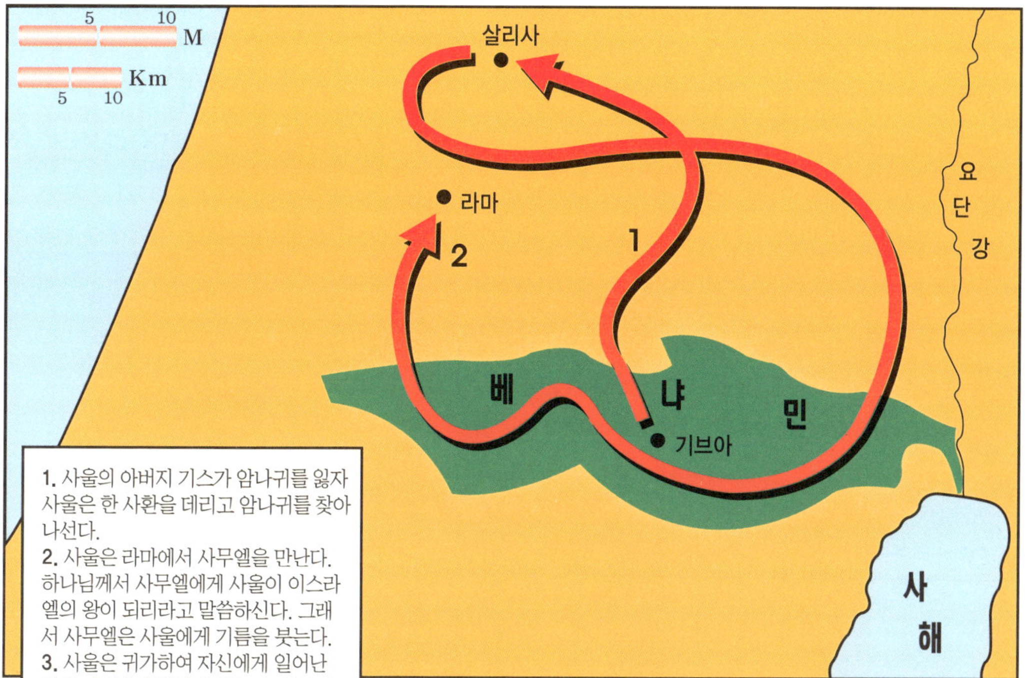

1. 사울의 아버지 기스가 암나귀를 잃자 사울은 한 사환을 데리고 암나귀를 찾아 나선다.
2. 사울은 라마에서 사무엘을 만난다. 하나님께서 사무엘에게 사울이 이스라엘의 왕이 되리라고 말씀하신다. 그래서 사무엘은 사울에게 기름을 붓는다.
3. 사울은 귀가하여 자신에게 일어난 일을 가족에게 말하지 않는다. 암나귀는 찾게 되었다.
4. 사무엘이 백성들을 미스바로 소집한다. 거기서 사울은 정식으로 왕으로 추대된다.

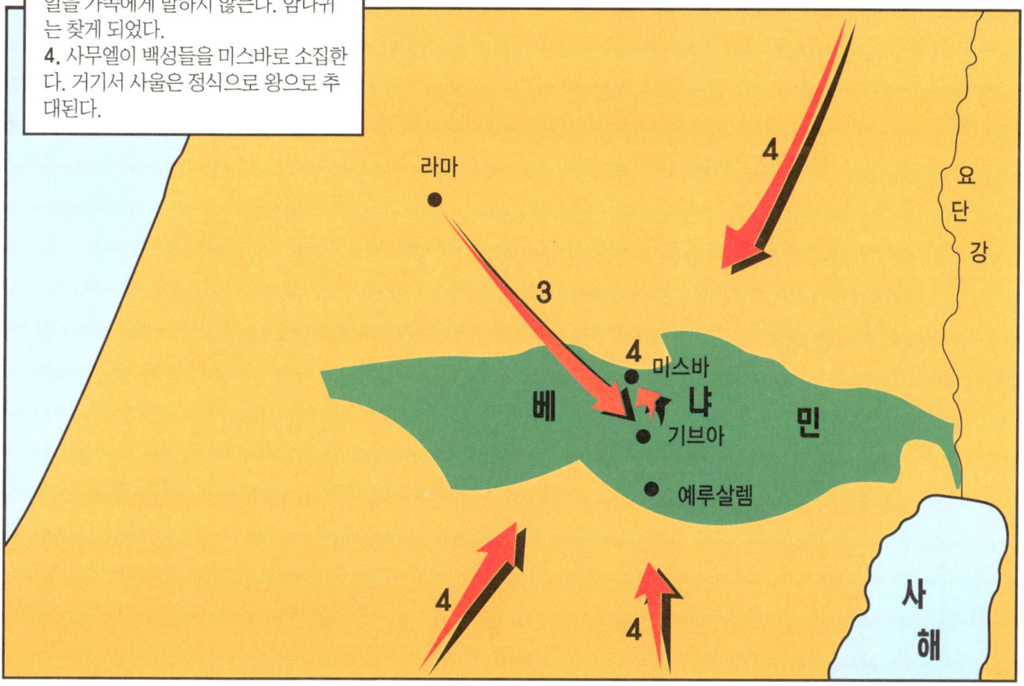

블레셋 군사들의 대패

사울은 블레셋 사람들에게서 이스라엘 백성을 구해 줄 왕이 되었다. 이윽고 그일을 행할 기회가 왔다.

1. 사울은 3000명의 군사들을 이끌고 믹마스에 진을 친다.
2. 그는 그의 아들 요나단의 지휘하에 기브아에 있는 블레셋 군사의 요새를 습격하도록 한다. 요나단은 기브아 지역의 블레셋 군사령관을 죽인다.
3. 사울은 길갈로 가서 이스라엘을 전쟁에 소집한다.
4. 요나단의 군사 행동에 위축된 블레셋 군사들은 대부대를 이끌고 믹마스로 이동한다. 사울의 병사들이 그를 떠나기 시작한다.
5. 사무엘은 사울에게 행동을 취하기 전에 자기를 기다리라고 지시했다. 7일이 지나자 사울은 그의 군사들이 재집결하기를 바래서 희생 제사를 드린다. 사무엘은 진노하여 사울이 파멸될 것이라고 예언한다.
6. 사울은 기브아에서 요나단과 합류한다. 그의 병사는 600명으로 감소했다.
7. 사울과 요나단은 블레셋 진영 맞은 편 게바에 진을 친다.
8. 블레셋 군사들이 그 지역을 급습한다.
9. 블레셋 군사 20명이 공격을 막기 위해 믹마스 협곡 어귀를 봉쇄한다.

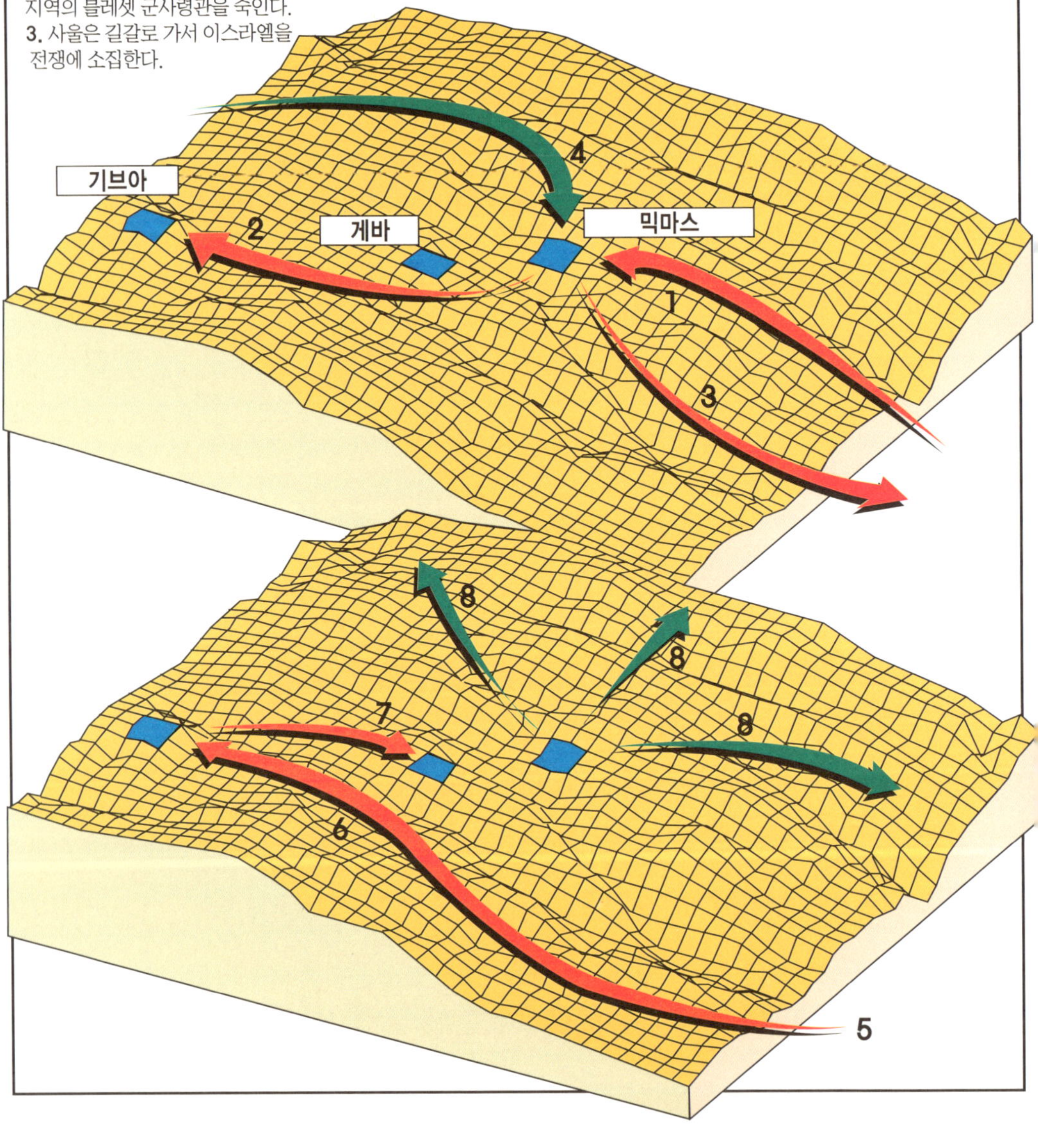

요나단의 모험

1. 사울의 군대가 미그론으로 이동한다. 양측은 서로 상대 편이 이동하기를 기다린다.
2. 블레셋 군사들이 작전 개시 신호를 감시하는 동안 요나단은 자기 병기를 든 소년과 함께 몰래 진을 떠난다. 사울조차 이 사실을 알지 못한다.
3. 그들은 믹마스 협곡을 통과하여 기어 올라가 협곡 어귀를 봉쇄하고 있던 20명의 블레셋 군사들을 놀라게 하여 그들을 죽인다.
4. 블레셋 진영은 공포에 휩싸인다.
5. 사울은 이런 이점을 십분 활용하여 공격한다.
6. 블레셋 군사들이 도망치자 사울은 그 뒤를 쫓는다.
7. 이스라엘 탈영병들 중에서 몇 사람이 숨어 있다가 공격 부대에 합류하려고 나온다.

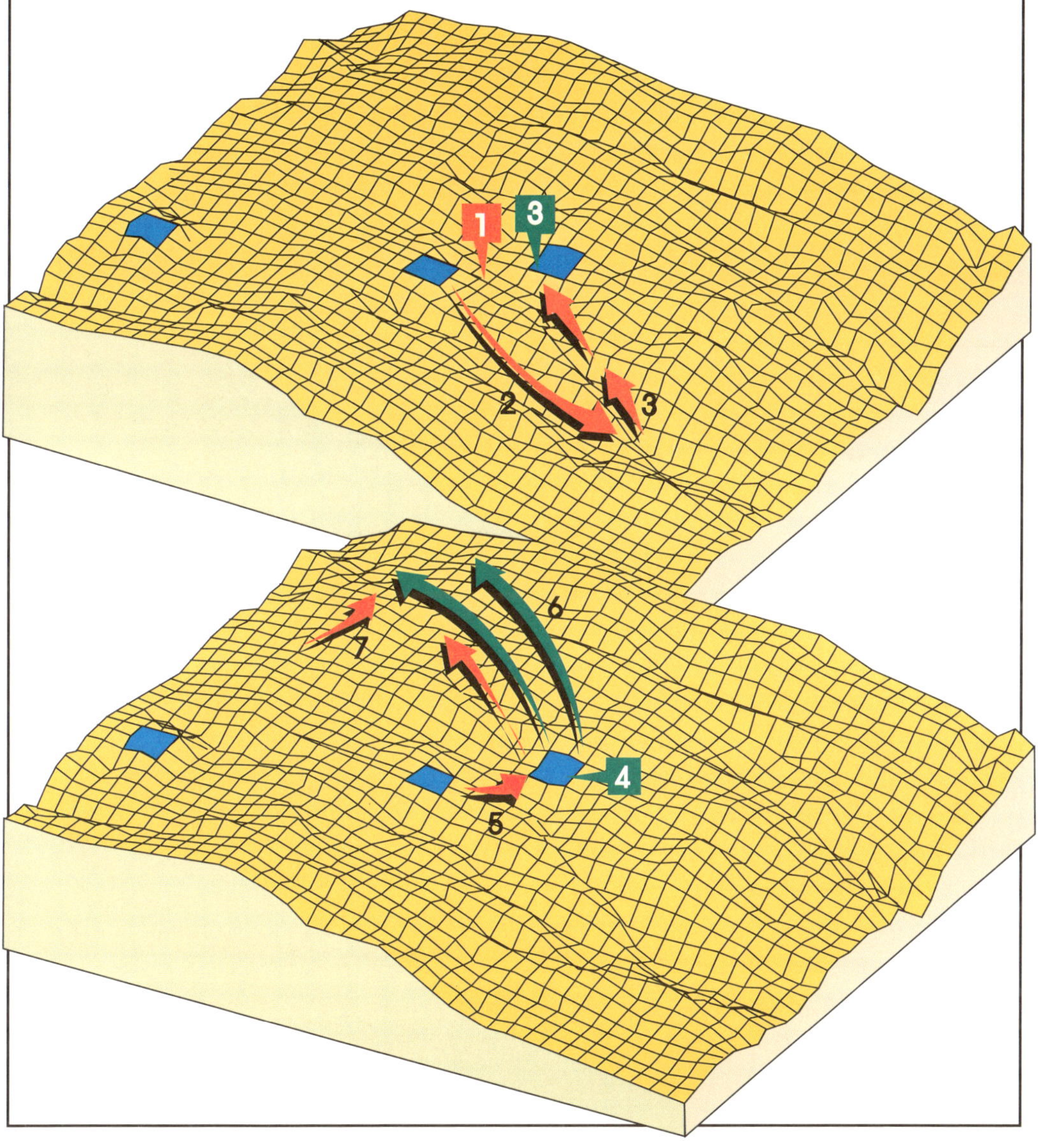

왕이 잠든 사이에

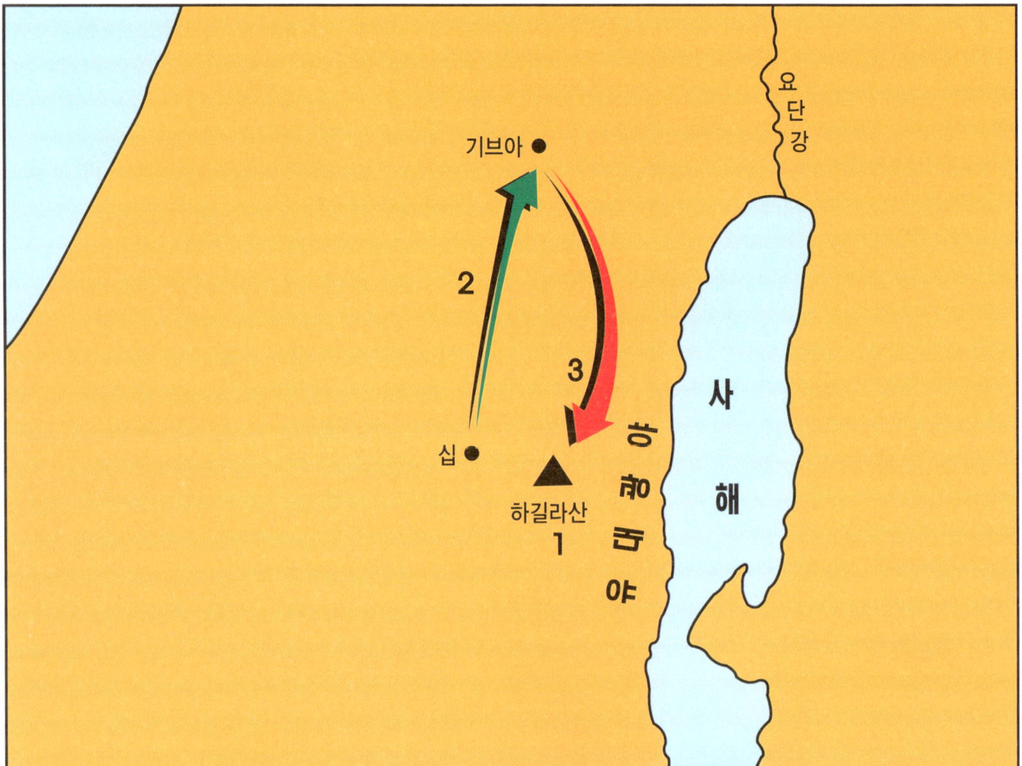

1. 다윗이 유대 광야 한쪽에 숨어 있다.
2. 십으로부터 온 한 무리의 사람들이 사울에게 다윗이 숨어 있는 장소를 일러준다.
3. 사울은 3000명의 군사들을 이끌고 찾아 나선다.
4. 다윗이 사울의 진영을 발견한다.
5. 밤중에 다윗과 아비새가 골짜기를 건너가서 사울의 진영으로 잠입한다.
6. 그들은 사울과 그의 경호원들이 잠들어 있는 것을 발견한다. 아비새는 사울을 죽이려고 하지만 다윗은 하나님께 선택된 왕을 죽여서는 안 된다고 금한다. 그대신 그는 사울의 창과 물병을 가져온다.
7. 다윗은 돌아가서 사울에게 외친다. 탈취한 창과 물병은 그가 사울에 대하여 악의가 없음을 보여주는 증거물이다.

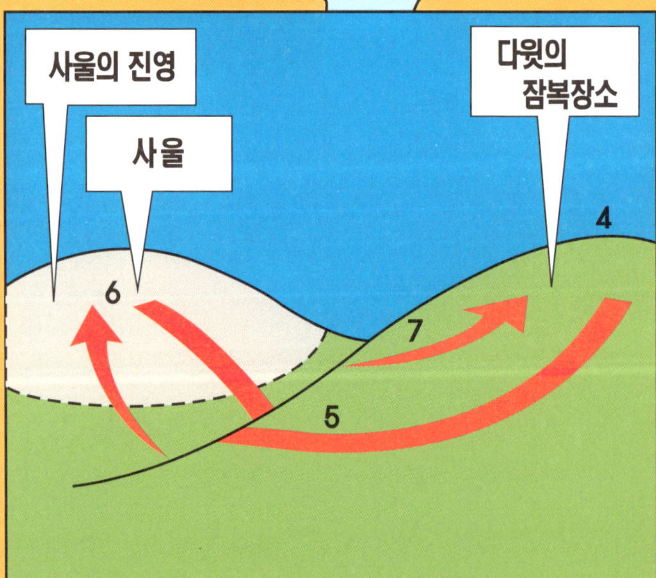

사울의 마지막 전투

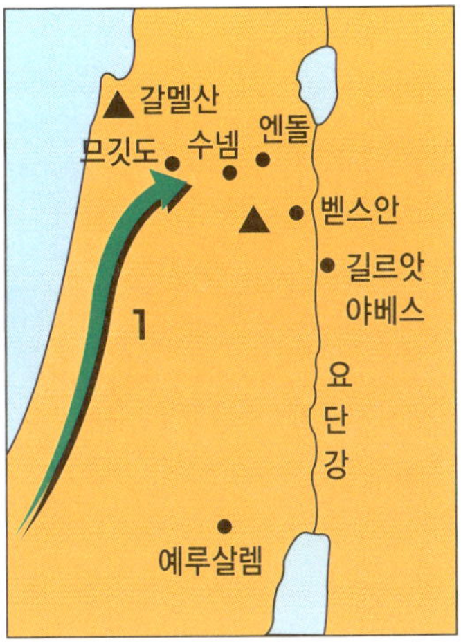

1. 블레셋 군사들은 해안평야를 따라 진군한 후 이스르엘 골짜기를 돌아 수넴에 진을 친다. 그들은 이스르엘의 중심부를 공격할 계획을 세운다.

2. 사울의 군대는 길보아 산에 진을 친다. 이곳은 방어하기에 좋은 곳이다.

3. 사울은 블레셋 군대의 규모를 보고 간담이 서늘해졌다. 그는 무엇을 해야 할 것인가에 대해 아무 지침도 하나님으로부터 받을 수 없다.

4. 자신이 이스라엘에서 무당과 점장이들을 금했음에도 불구하고 사울은 한밤중에 조언을 구하러 엔돌에 있는 한 무당을 찾아간다. 그녀는 재앙이 임할 것이라고 예언한다.

5. 블레셋 군사들이 길보아 산을 공격하자 이스라엘 군사들은 패주한다. 사울은 자살을 하고 그의 아들 요나단도 피살된다. 다윗은 사울과 요나단을 위해 애도를 표한다(삼하 1:17-27절).

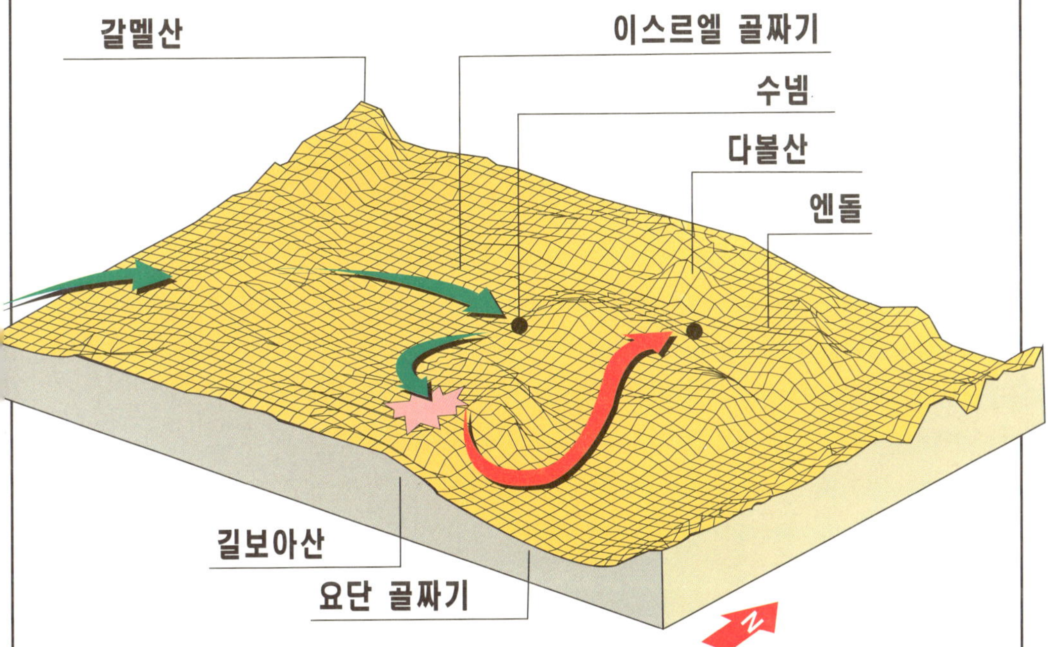

함락된 예루살렘

다윗은 왕이 되어 7년이 지날 때까지 헤브론에서 나라를 다스렸다. 그러나 그는 새 수도가 필요했다. 예루살렘은 아직 외국인의 수중에 있었다. 여부스 족속이 차지하고 있었던 것이다.
예루살렘은 사방이 골짜기로 둘러싸여 있어 방어하기에 좋은 천연의 요새지였고 좋은 수원지도 있었다.

1. 다윗이 예루살렘을 공격한다. 아마도 수비하기에 가장 어려운 북쪽으로부터 공격하였을 것이다.
2. 여부스 족속은 다윗이 예루살렘을 점령하지 못하도록 저지한다. 그들은 성벽 밖에 있는 기혼 샘물에 이르는 지하 터널을 팠다. 성벽으로 인해 샘물에 자연스럽게 접근하기가 매우 어렵다.
3. 삽화 다윗은 부하들 중에서 여부스 사람을 최초로 살해한 사람을 군대장관으로 삼겠다고 약속한다. 그러자 요압이 터널로 뛰어든다. 아마도 그는 자연적인 접근 방법을 통해서 갔을 것이다.
4. 삽화 요압과 그의 부하들이 예루살렘을 기습하여 그 성읍은 다윗에게 정복된다. 다윗은 예루살렘에서 33년 동안 이스라엘을 다스린다.

참조 역대상 11:4-9절

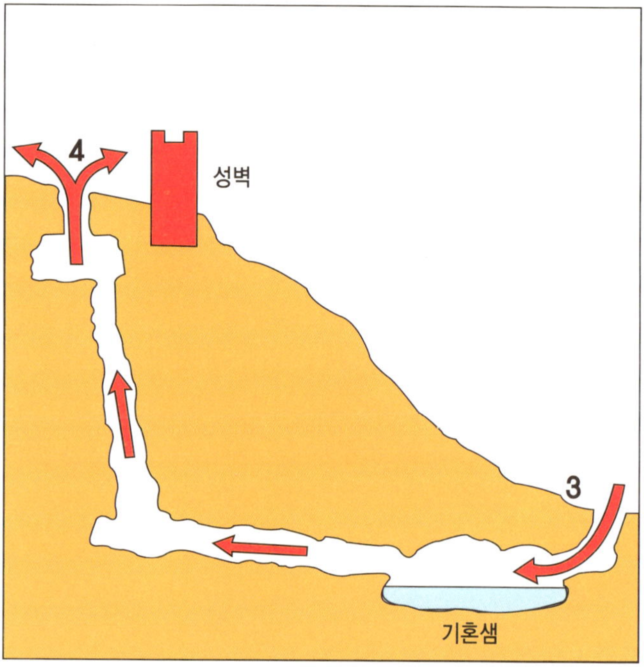

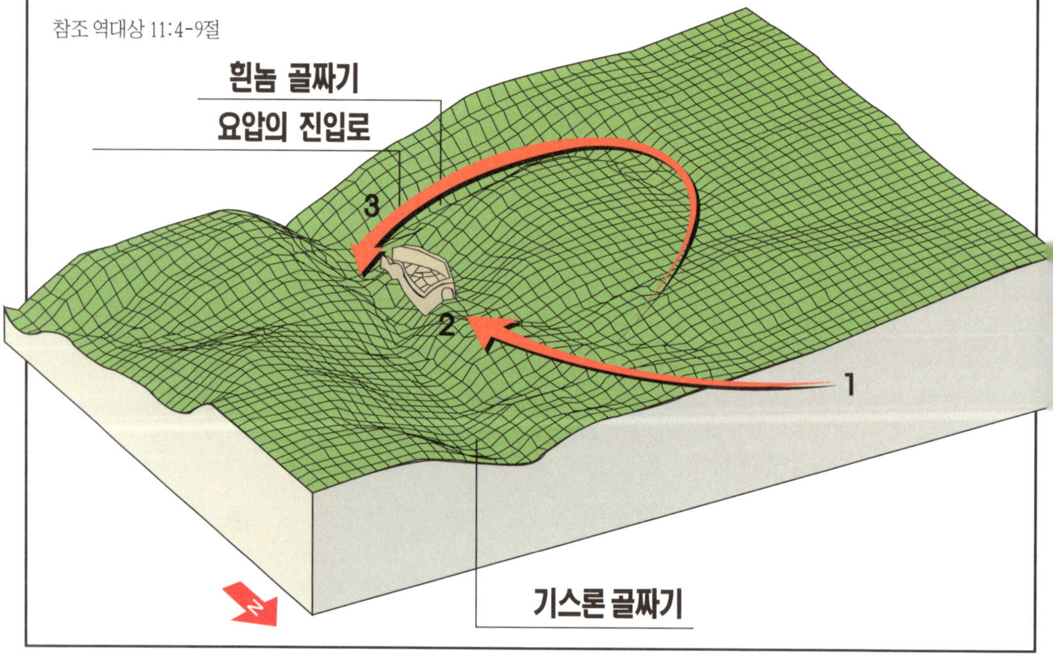

무력화된 블레셋 사람들

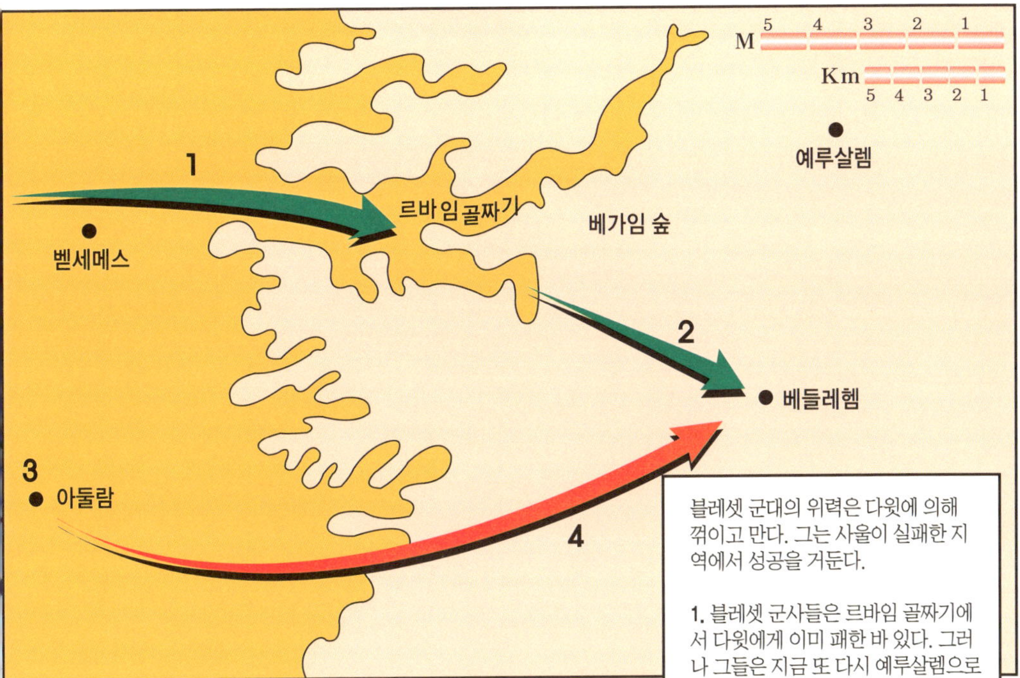

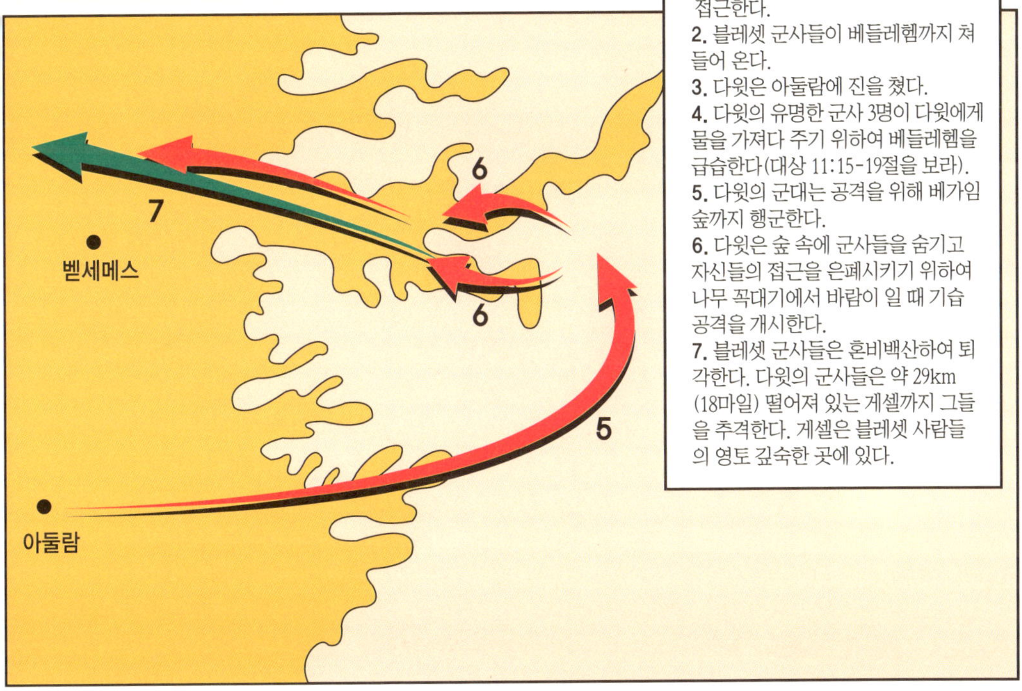

블레셋 군대의 위력은 다윗에 의해 꺾이고 만다. 그는 사울이 실패한 지역에서 성공을 거둔다.

1. 블레셋 군사들은 르바임 골짜기에서 다윗에게 이미 패한 바 있다. 그러나 그들은 지금 또 다시 예루살렘으로 접근한다.
2. 블레셋 군사들이 베들레헴까지 쳐들어 온다.
3. 다윗은 아둘람에 진을 쳤다.
4. 다윗의 유명한 군사 3명이 다윗에게 물을 가져다 주기 위하여 베들레헴을 급습한다(대상 11:15-19절을 보라).
5. 다윗의 군대는 공격을 위해 베가임 숲까지 행군한다.
6. 다윗은 숲 속에 군사들을 숨기고 자신들의 접근을 은폐시키기 위하여 나무 꼭대기에서 바람이 일 때 기습 공격을 개시한다.
7. 블레셋 군사들은 혼비백산하여 퇴각한다. 다윗의 군사들은 약 29km(18마일) 떨어져 있는 게셀까지 그들을 추격한다. 게셀은 블레셋 사람들의 영토 깊숙한 곳에 있다.

적들을 정복한 다윗

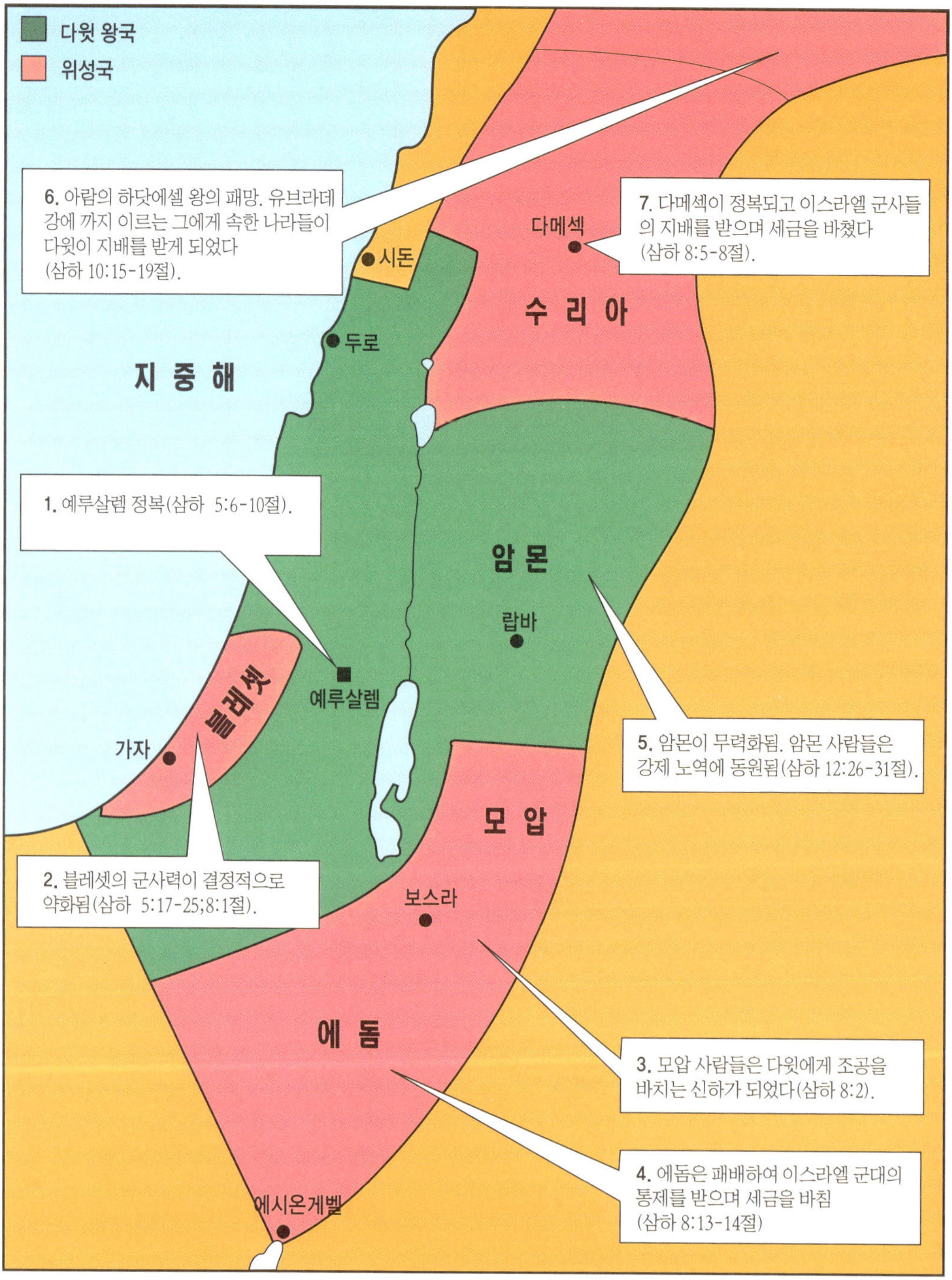
다윗 왕국
위성국
6. 아람의 하닷에셀 왕의 패망. 유브라데 강에 까지 이르는 그에게 속한 나라들이 다윗이 지배를 받게 되었다 (삼하 10:15-19절).
7. 다메섹이 정복되고 이스라엘 군사들의 지배를 받으며 세금을 바쳤다 (삼하 8:5-8절).
다메섹
시돈
수 리 아
두로
지 중 해
1. 예루살렘 정복(삼하 5:6-10절).
암 몬
랍바
예루살렘
블레셋
가자
5. 암몬이 무력화됨. 암몬 사람들은 강제 노역에 동원됨(삼하 12:26-31절).
모 압
2. 블레셋의 군사력이 결정적으로 약화됨(삼하 5:17-25;8:1절).
보스라
에 돔
3. 모압 사람들은 다윗에게 조공을 바치는 신하가 되었다(삼하 8:2).
4. 에돔은 패배하여 이스라엘 군대의 통제를 받으며 세금을 바침 (삼하 8:13-14절)
에시온게벨

우리아가 죽은 내막

다윗은 간음죄와 살인죄를 범한다.
다윗의 군대장관 요압은 암몬족의 수도 랍바에서 그들을 공격한다. 때는 왕들이 전쟁에 참전하는 봄철이었음에도 불구하고 다윗은 집에 머물러 있다. 그는 자기 부하 우리야의 아내인 밧세바와 동침한다. 그녀는 임신한다.

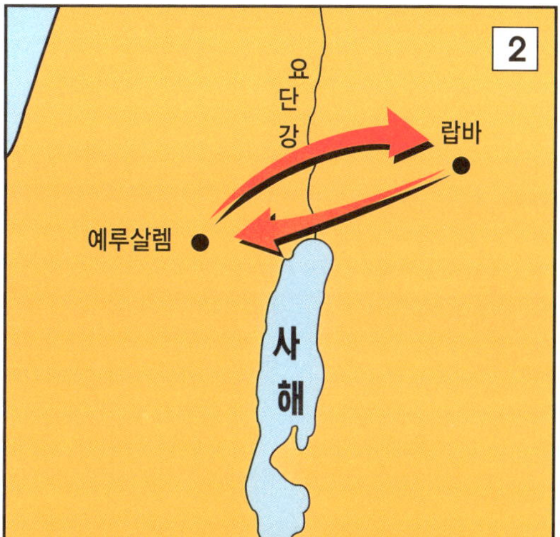

다윗은 포위공격이 진행되는 랍바로부터 우리아를 본국으로 소환한다. 다윗은 우리아를 집으로 보내 밧세바와 동침하도록 하지만 우리아는 자신의 동료들에 대한 의리를 지키기 위해 이를 거절한다. 그래서 다윗은 편지를 써서 그를 요압에게 돌려보낸다. 바로 이것이 우리아가 죽게된 실제 이유다.

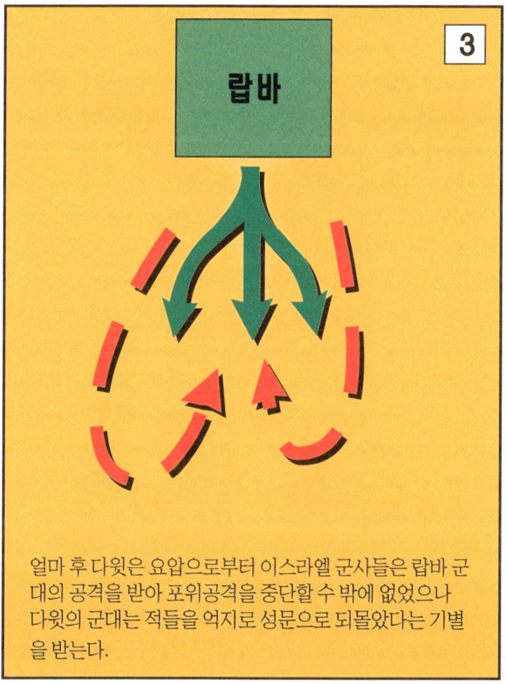

얼마 후 다윗은 요압으로부터 이스라엘 군사들은 랍바 군대의 공격을 받아 포위공격을 중단할 수 밖에 없었으나 다윗의 군대는 적들을 억지로 성문으로 되몰았다는 기별을 받는다.

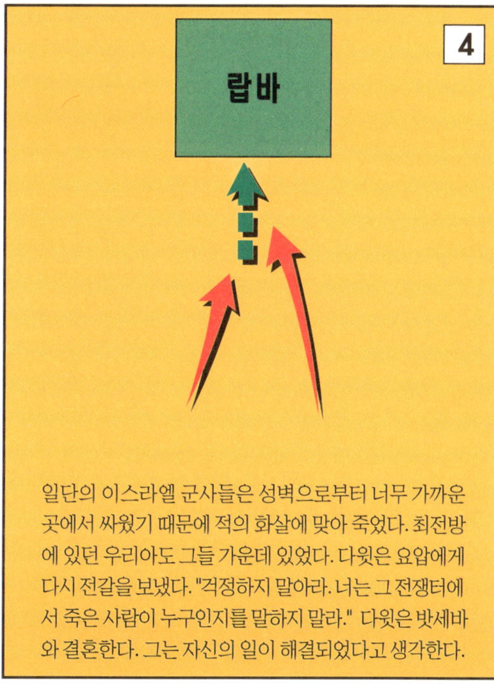

일단의 이스라엘 군사들은 성벽으로부터 너무 가까운 곳에서 싸웠기 때문에 적의 화살에 맞아 죽었다. 최전방에 있던 우리아도 그들 가운데 있었다. 다윗은 요압에게 다시 전갈을 보냈다. "걱정하지 말아라. 너는 그 전쟁터에서 죽은 사람이 누구인지를 말하지 말라." 다윗은 밧세바와 결혼한다. 그는 자신의 일이 해결되었다고 생각한다.

다윗에 대한 반역

압살롬은 자기 아버지인 다윗왕에게 일격을 가할 계획을 세운다.

1. 압살롬은 4년 동안 예루살렘에서 다윗에 대항할 음모를 꾸몄다. 그는 지금 헤브론에서 그의 계획을 마무리 짓는다.
2. 다윗은 압살롬이 음모를 꾸민다는 소식을 듣고 예루살렘에서 도망친다. 그는 신뢰할 만한 조언자 후새를 뒤에 남겨두어 압살롬에게 거짓 조언을 하며 다윗과 내통하도록 한다.
3. 압살롬이 예루살렘을 차지한다.
4. 다윗은 후새로부터 비밀 전갈을 받고 요단강을 건넌다.
5. 다윗의 군대는 마하나임에서 환영을 받는다.
6. **삽화** 압살롬은 다윗의 군대를 추격하여 에브라임 숲에서 싸운다. 다윗이 엄명을 내렸음에도 불구하고 요압은 압살롬을 살해한다. 이리하여 모반은 실패로 끝난다.

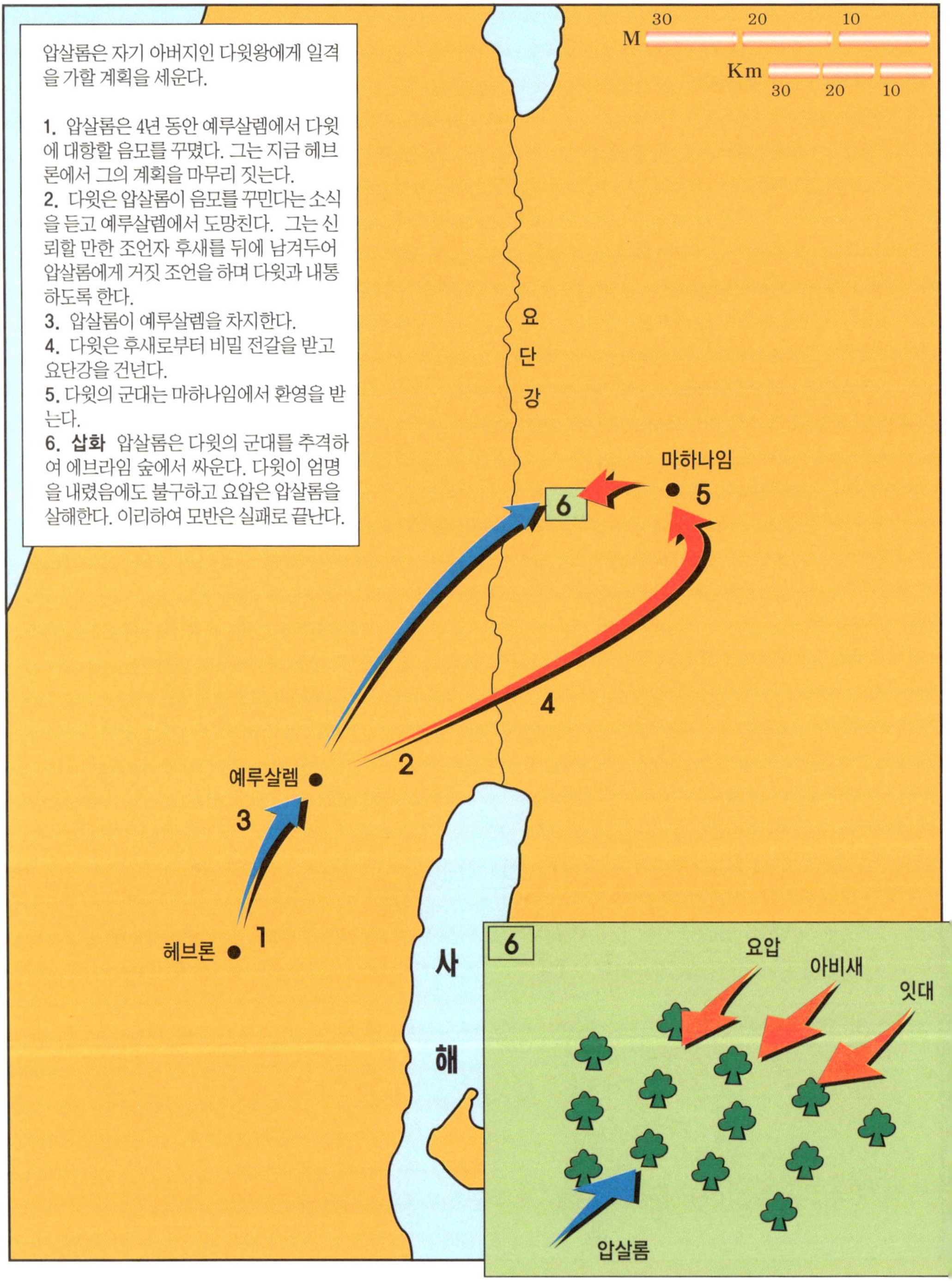

권모술수에 능한 솔로몬

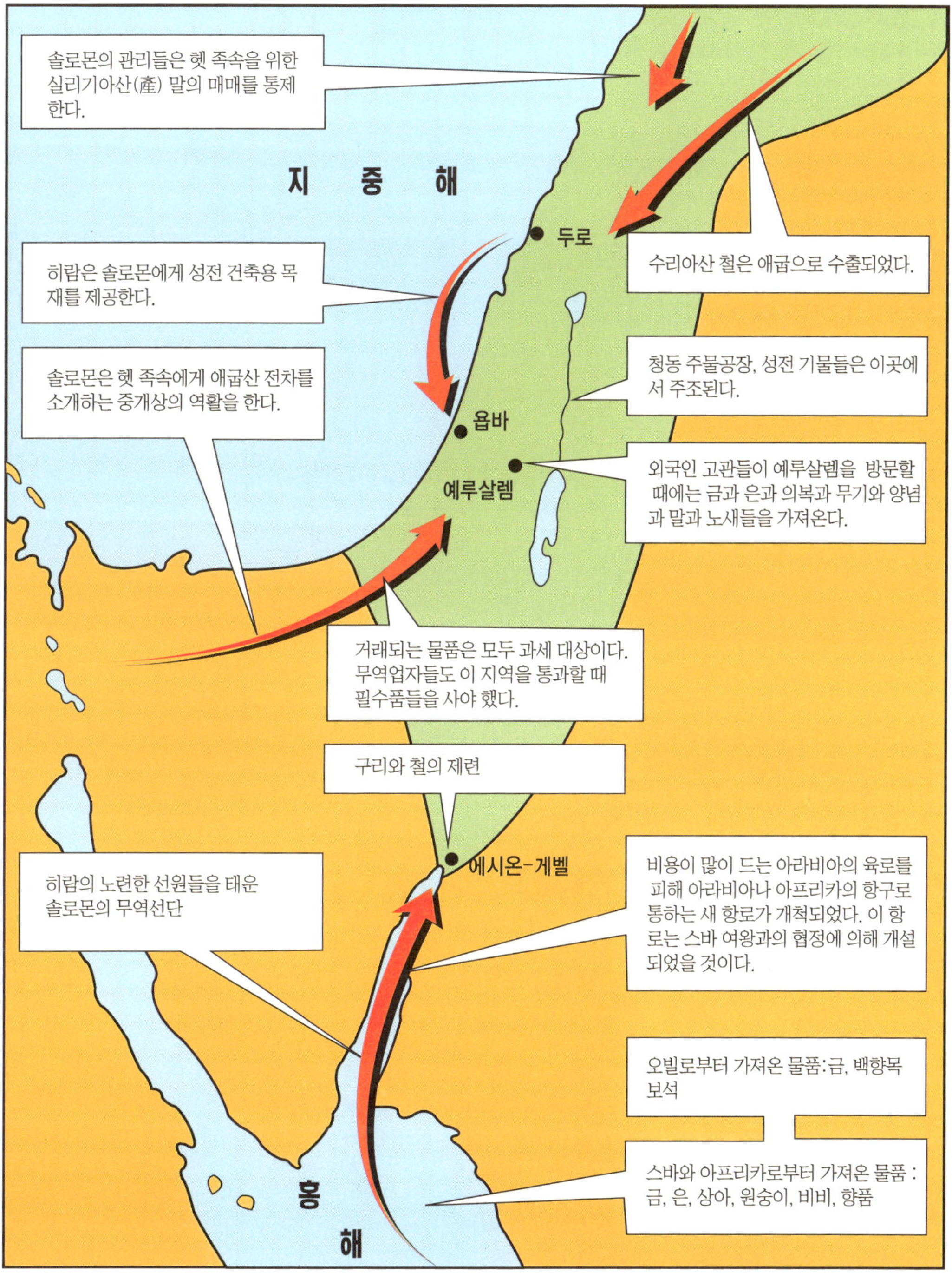
솔로몬의 관리들은 헷 족속을 위한 실리기아산(産) 말의 매매를 통제한다.
지 중 해
두로
수리아산 철은 애굽으로 수출되었다.
히람은 솔로몬에게 성전 건축용 목재를 제공한다.
청동 주물공장, 성전 기물들은 이곳에서 주조된다.
솔로몬은 헷 족속에게 애굽산 전차를 소개하는 중개상의 역활을 한다.
욥바
외국인 고관들이 예루살렘을 방문할 때에는 금과 은과 의복과 무기와 양념과 말과 노새들을 가져온다.
예루살렘
거래되는 물품은 모두 과세 대상이다. 무역업자들도 이 지역을 통과할 때 필수품들을 사야 했다.
구리와 철의 제련
에시온-게벨
히람의 노련한 선원들을 태운 솔로몬의 무역선단
비용이 많이 드는 아라비아의 육로를 피해 아라비아나 아프리카의 항구로 통하는 새 항로가 개척되었다. 이 항로는 스바 여왕과의 협정에 의해 개설되었을 것이다.
오빌로부터 가져온 물품:금, 백향목 보석
스바와 아프리카로부터 가져온 물품 : 금, 은, 상아, 원숭이, 비비, 향품
홍
해

솔로몬의 지출 경비

솔로몬 왕의 요구는 단순하지 않았다. 거대한 그의 궁전은 왕성한 욕구를 가지고 있었다. 솔로몬이 무역을 통해 번 돈으로는 궁전의 지출 경비를 충당할 수 없었다.
그래서 그는 왕국을 12개의 과세 구역으로 나누었다. 이스라엘 백성들은 왕궁의 사치스런 생활을 위해 세금을 바쳐야 했다. 각 구역에는 해마다 1개월 씩 솔로몬의 식탁을 가득 채울만한 음식을 제공할 임무를 띤 총독이 배치되었다. 그는 대규모 건축사업의 비용을 절감하기 위해 노예의 노동력을 이용하기도 하였다. 백성들은 솔로몬이 속한 유다 지파 사람들이 면세의 혜택을 누린다는 사실을 곧 알아차렸다. 이 사실과 솔로몬 왕의 사치로 인해 빚어진 부정부패로 말미암아 북쪽 지파 사람들은 분개하고 마침내 그가 죽은 후 왕국은 분열되었다.

솔로몬의 궁전의 일일분 식물

5,000
가는 밀가루 5,000리터

10,000
굵은 밀가루 10,000리터

10
살찐 소 10마리

20
초장의 소 20마리

100
양 100마리

수사슴

노루

암사슴

살찐 새

이렇게 공급해야 하는 부담 이외에도 다른 물건들 중에서 1년에 양 약 3,000마리를 공급해야 했다. 관리들마다 전차를 끄는 1,400마리의 말과 기병대를 위한 1,200마리의 말 및 노역마를 위해 보리와 짚을 공급해야 했다.

솔로몬의 정략 결혼

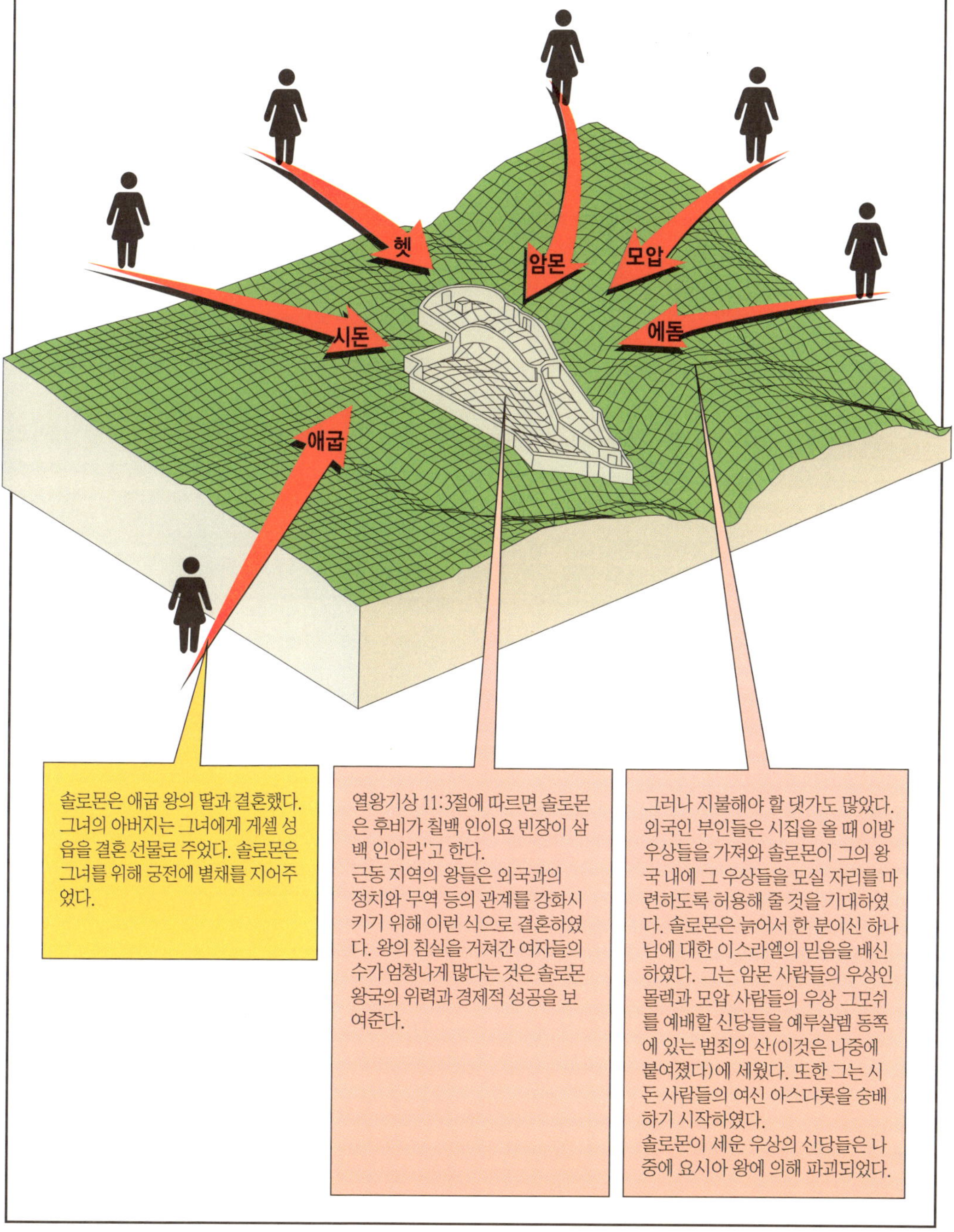

솔로몬은 애굽 왕의 딸과 결혼했다. 그녀의 아버지는 그녀에게 게셀 성읍을 결혼 선물로 주었다. 솔로몬은 그녀를 위해 궁전에 별채를 지어주었다.

열왕기상 11:3절에 따르면 솔로몬은 후비가 칠백 인이요 빈장이 삼백 인이라'고 한다.
근동 지역의 왕들은 외국과의 정치와 무역 등의 관계를 강화시키기 위해 이런 식으로 결혼하였다. 왕의 침실을 거쳐간 여자들의 수가 엄청나게 많다는 것은 솔로몬 왕국의 위력과 경제적 성공을 보여준다.

그러나 지불해야 할 댓가도 많았다. 외국인 부인들은 시집을 올 때 이방 우상들을 가져와 솔로몬이 그의 왕국 내에 그 우상들을 모실 자리를 마련하도록 허용해 줄 것을 기대하였다. 솔로몬은 늙어서 한 분이신 하나님에 대한 이스라엘의 믿음을 배신하였다. 그는 암몬 사람들의 우상인 몰렉과 모압 사람들의 우상 그모쉬를 예배할 신당들을 예루살렘 동쪽에 있는 범죄의 산(이것은 나중에 붙여졌다)에 세웠다. 또한 그는 시돈 사람들의 여신 아스다롯을 숭배하기 시작하였다.
솔로몬이 세운 우상의 신당들은 나중에 요시아 왕에 의해 파괴되었다.

왕국의 지경

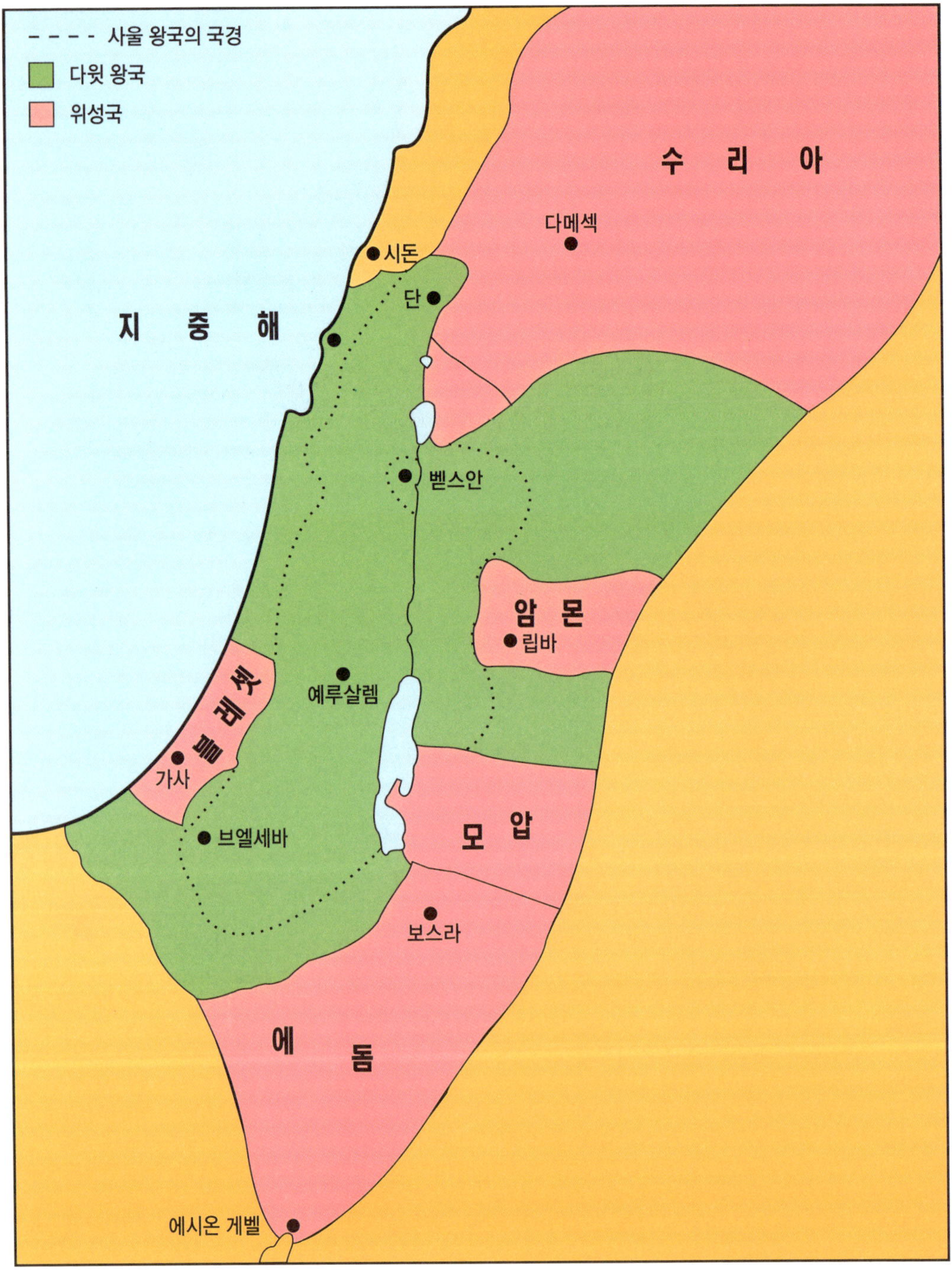
- - - - 사울 왕국의 국경
다윗 왕국
위성국
수 리 아
다메섹
시돈
단
지 중 해
벧스안
암 몬
랍바
예루살렘
블레셋
가사
브엘세바
모 압
보스라
에 돔
에시온 게벨

5

분열 왕국

언제부터인지 모르지만 이스라엘에는 남쪽 지파 사람들과 북쪽지파 사람들 사이에 긴장이 존속되어 왔습니다. 그러다가 주전 930년 솔로몬이 죽은 후 북쪽과 남쪽은 갈라졌습니다.

이 분열은 결코 극복되지 못했습니다. 남왕국 유다에는 다윗의 후손들의 통치가 지속되었지만, 북왕국 이스라엘은 유다보다 왕권이 안정되지 못했습니다. 그리하여 북왕국은 쿠데타와 암살과 궁정 음모로 얼룩졌습니다.

두 왕국은 210년 동안 병존하였습니다. 두 왕국은 서로 전쟁을 벌이기도 했지만 평화를 유지하며 번영을 구가하던 때도 있었습니다. 이스라엘과 유다 두 나라 모두에서 선지자들이 일어나 두 나라가 각각 하나님께 대한 믿음을 저버렸기 때문에 하나님의 심판을 받을 것이라고 경고했습니다. 이스라엘에는 이 심판이 주전 722년에 임했습니다. 그 당시 초강대국 가운데 하나인 앗수르가 침략하여 이스라엘 백성을 포로로 잡아가 돌려보내지 않은 것입니다.

분열 왕국

제5장의 개요

◆ **왕국 분열**(57면).
솔로몬의 왕국은 둘로 갈라졌다. 새로운 북왕국을 다스린 사람은 여로보암이고 남왕국을 다스린 사람은 솔로몬의 아들 르호보암이다.

◆ **도망치는 엘리야**(58면).
북왕국의 선지자 엘리야는 악한 왕과 왕비인 아합과 이세벨로부터 목숨을 구하기 위해 도망쳐야 했다.

◆ **아합과 빗나간 화살**(59면).
아합은 선지자가 예언한 대로 전쟁터에서 죽는다.

◆ **나아만의 치유**(60면).
엘리야를 계승한 선지자 엘리사는 수리아 군대장관의 문둥병을 고쳐준다. 엘리사에 대한 이야기는 기적으로 가득차 있다.

◆ **황폐해진 포위 진영**(61면).
이스라엘 수도 사마리아가 수리아 군사들에 의해 포위된다. 굶주림, 식인행위, 크게 인상된 음식비 등은 사마리아의 종국이 가까왔음을 보여준다.

◆ **초강대국들의 진출 상황**(62면).
애굽, 앗수르, 바벨론, 바사 등은 구약 시대의 강대국이었다.

◆ **제국들이 영토 야욕**(63면).
이스라엘의 초대 왕이 다스리던 때부터 앗수르는 이스라엘의 서쪽 영토를 넘보기 시작했다. 그 뒤를 이어 바벨론과 바사가 영토를 넘보았다.

◆ **앗수르를 불러들인 아하스**(64면).
유다 왕 아하스는 주전 732년 어리석게도 호전적인 앗수르 사람들을 불러들여 이스라엘과 수리아의 침입을 막도록 한다.

◆ **앗수르의 위력 과시**(65면).
앗수르는 두 차례의 위협적인 공격을 통해 수리아와 이스라엘을 무너뜨린다. 앗수르 군대는 세번째로 이동하여 예루살렘을 포위한다.

◆ **포로로 끌려간 이스라엘**(66면).
이스라엘 왕 호세아는 왕국이 운명을 걸고 애굽과 함께 앗수르에 대항할 음모를 꾸미지만 실패하고 만다.

◆ **선지자들의 예언**(67면).
분열왕국 시대와 그 이후까지 선지자들은 그 시대에 일어난 사건에 대한 하나님의 목소리를 전해 주었다.

◆ **남북왕국의 영토**(68면).

"내 부친은 채찍으로 너희를 징치하였으나 나는 전갈로 너희를 징치하리라" (왕상 12:11)

왕국이 분열을 촉진시킨 르호보암의 혹독한 말

"너희가 어느 때까지 두 사이에서 머뭇머뭇 하려느냐? 여호와가 만일 하나님이면 그를 좇고 바알이 만일 하나님이면 그를 좇을 지니라" (왕상 18:21)

갈멜산 위에서 백성들에게 자극을 준 엘리야의 말

"너희는 여호와를 찾으라, 그리하면 살리라. 염려컨대 저가 불같이 요셉의 집에 내리사 멸하시리니 벧엘에서 그 불들을 끌 자가 없을까 하노라. 공법을 인진으로 변하며 정의를 땅에 던지는 자들아" (암 5:6-7절)

아모스가 이스라엘을 두고 한 예언

왕국 분열

솔로몬의 왕국은 두쪽으로 분열되었다.

1. 노예의 노동을 관리하던 솔로몬 왕궁의 여로보암은 한 선지자를 만났다. 그는 북쪽 10지파의 통치자가 되리라는 말을 들었다.
2. 여로보암은 실제로 솔로몬에게 일격을 가할 음모를 꾸몄거나 아니면 그런 의심을 받았다. 솔로몬이 그를 죽이려 하자 그는 애굽으로 도망친다.
3. 솔로몬이 죽자 그의 아들 르호보암은 세겜으로 가서 왕이 되었음을 공포한다.
4. 여로보암은 세겜에 도착하여 르호보암에 대항할 혁명군을 지휘한다.
5. 르호보암이 여로보암에게 전령을 보내지만 그는 돌에 맞아 죽었다. 르호보암은 목숨을 걸고 예루살렘으로 도망친다. 그는 북쪽 지파들과 전쟁을 벌일 계획을 세우지만 실행에 옮기지는 못한다.
6. 삽화 북쪽 지파들은 이스라엘을 세우고 남쪽 지파들은 유다를 세운다.

유다는 베냐민 지파와 유다 지파로 이루어졌고 이스라엘은 10지파로 이루어졌다.

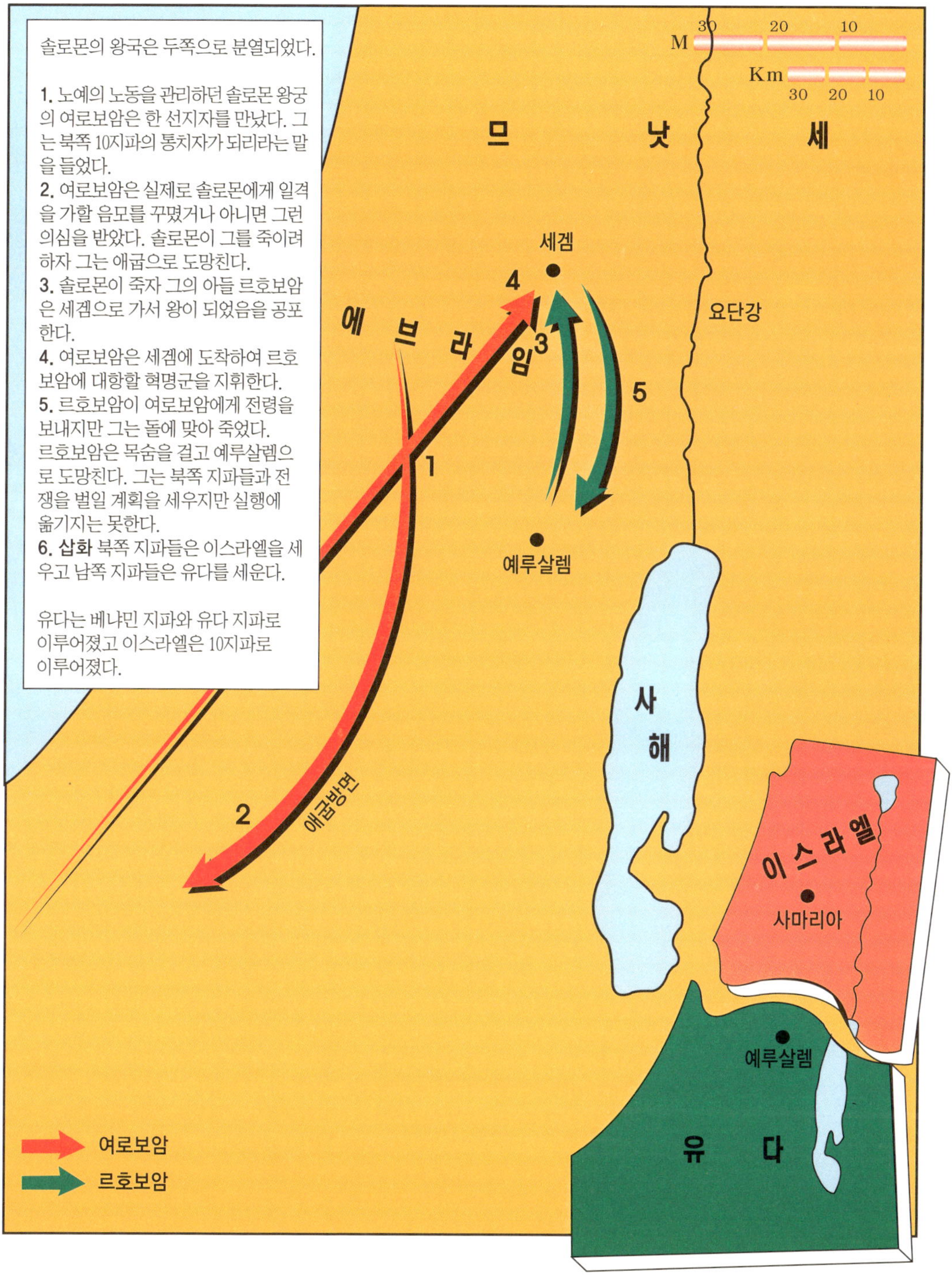

도망치는 엘리야

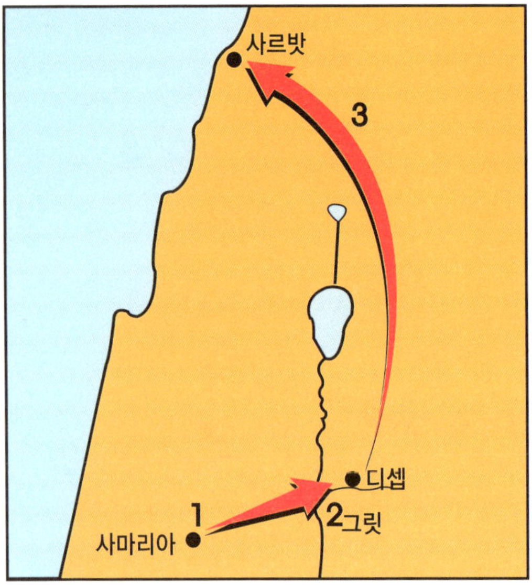

1. 엘리야는 이스라엘에 3년간 가뭄이 들 것이라고 아합 왕에게 예언한다.
2. 엘리야는 그릿 시냇가에 숨는다
3. 시내가 마르자 그는 사르밧으로 간다. 그는 한 과부와 그녀의 아들과 함께 3년 동안 머문다.

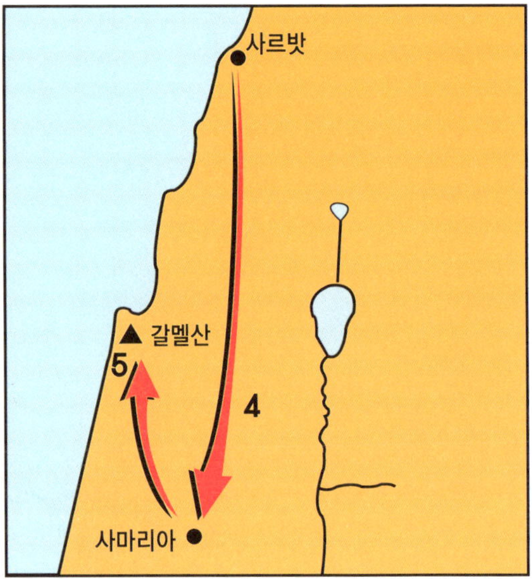

4. 엘리야는 아합 왕에게 가서 이스라엘 백성과 바알 선지자들을 갈멜산에 소집하라고 말한다.
5. 갈멜산에서 여호와는 엘리야의 희생 제물에 불을 내려보냄으로써 자신만이 하나님임을 입증한다. 450명 바알 선지자들은 죽임을 당한다.

6. 큰 비가 내리고 가뭄이 끝난다.
7. 엘리야는 이스르엘로 돌아간다. 아합의 아내 이세벨은 자신의 선지자들이 죽임을 당한 것에 대한 즉각적인 복수를 맹세한다.
8. 엘리야는 자기 하인을 브엘세바에 남겨둔 채 필사적으로 도망친다.

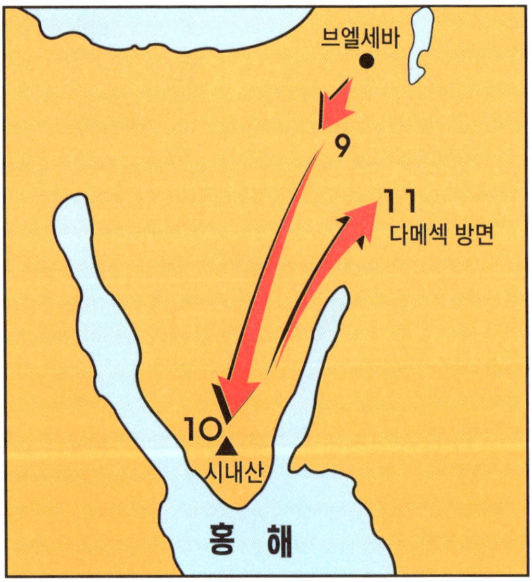

9. 그는 온종일 사막을 해맨다. 의기소침해지고 쇠약해진 그는 시내산으로 가는 동안 강해진다.
10. 시내산에서 엘리야는 하나님의 환상을 본다.
11. 엘리야는 다메섹으로 가서 엘리사를 후계자로 지명한다.

아합과 빗나간 화살

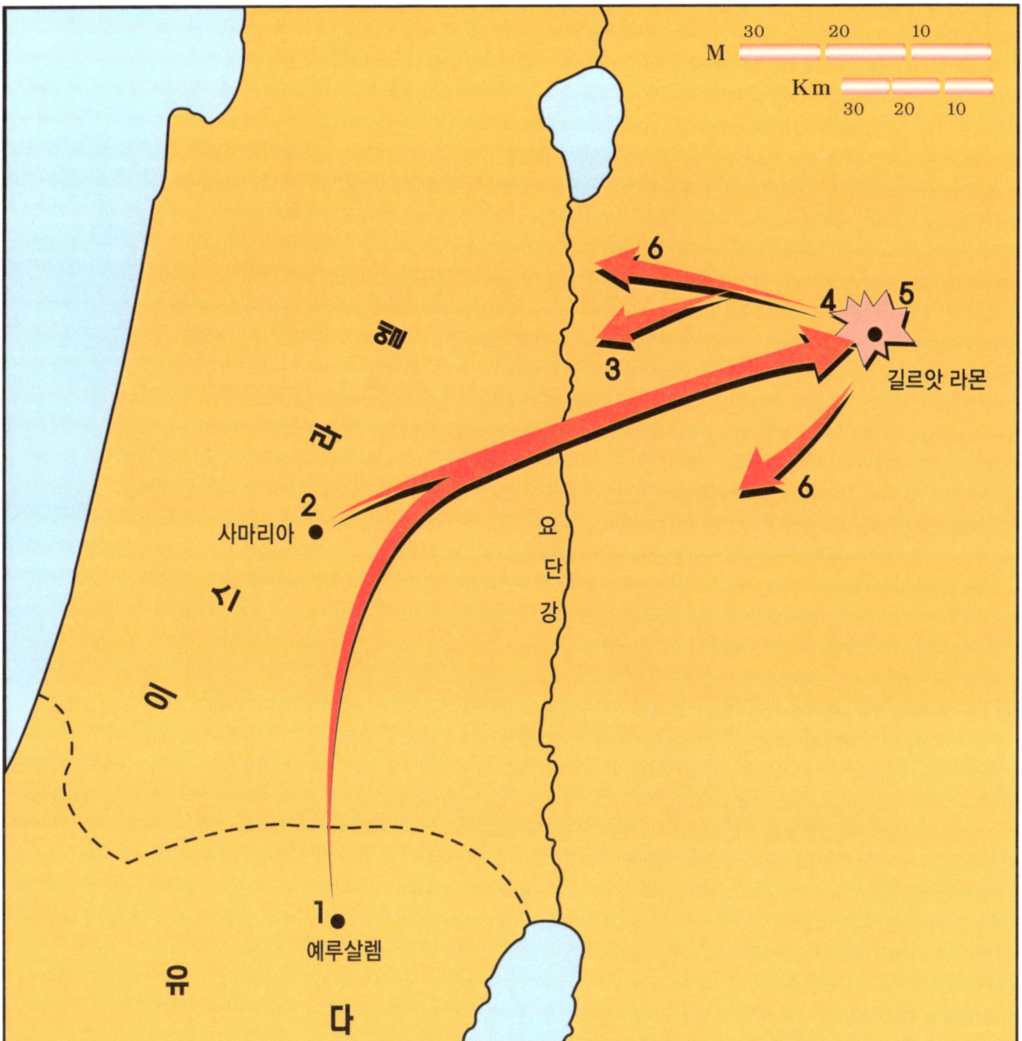

수리아 왕 벤하닷은 길르앗 북쪽 지역을 이스라엘 사람들에게 돌려주기로 약속했었다(왕상 20:34). 그러나 그는 이 약속을 지키지 않았다.

1. 유다 왕 여호사밧은 이스라엘 왕 아합을 도와 길르앗 라못에서 수리아 군사들을 공격하기 위해 사마리아로 간다.
2. 아합은 궁중 선지자들에게 자문을 구한다. 미가야를 제외하고는 모든 선지자들이 승리하리라고 예언 한다. 미가야는 악담을 전하는 사람으로 소문나 있다. 그는 아합에게 군사들이 곧 지도자를 잃고 뿔뿔이 흩어지리라고 예언한다.
3. 아합은 그가 안전하게 돌아올 때까지 미가야를 감옥에 넣는다. 그리고 나서 여호사밧과 함께 전쟁터로 나간다.
4. 전쟁 중에 32대의 전차병들은 아합을 찾아내지 못했지만 빗나간 화살이 아합의 갑옷을 관통하여 치명상을 입힌다.
5. 아합은 전선으로부터 물러나지만 여전히 전쟁터에 머물면서 부하들을 안심시킨다.
6. 해질 무렵 아합이 죽자 그의 군대는 뿔뿔이 흩어진다. 미가야가 예언한 그대로 되었다.

나아만의 치유

1. 문둥병에 걸린 수리아 군대장관 나아만은 이스라엘 하녀에게 엘리사의 치유 능력에 대하여 듣는다.
2. 수리아 왕은 나아만을 사마리아로 보낸다. 그는 엘리사의 집으로 간다.
3. 엘리사는 나아만에게 요단강에서 몸을 7번 씻으라고 지시한다. 나아만은 모욕을 느끼지만 그의 종들의 설득으로 몸을 씻고 건강해졌다.
4. 나아만은 엘리사에게 돌아와 선물을 준다. 엘리사는 받지 않고 그를 고향으로 돌려 보낸다.
5. 그러나 엘리사의 종 게하시가 나아만을 뒤쫓아가 엘리사가 원하는 것은 은 3000개라고 말한다. 그러나 나아만은 6000개를 가져가도록 강요한다. 게하시가 집으로 돌아오자 엘리사는 그가 자신을 속이고 있음을 안다. 게하시는 문둥병에 걸린다.

황폐해진 포위 진영

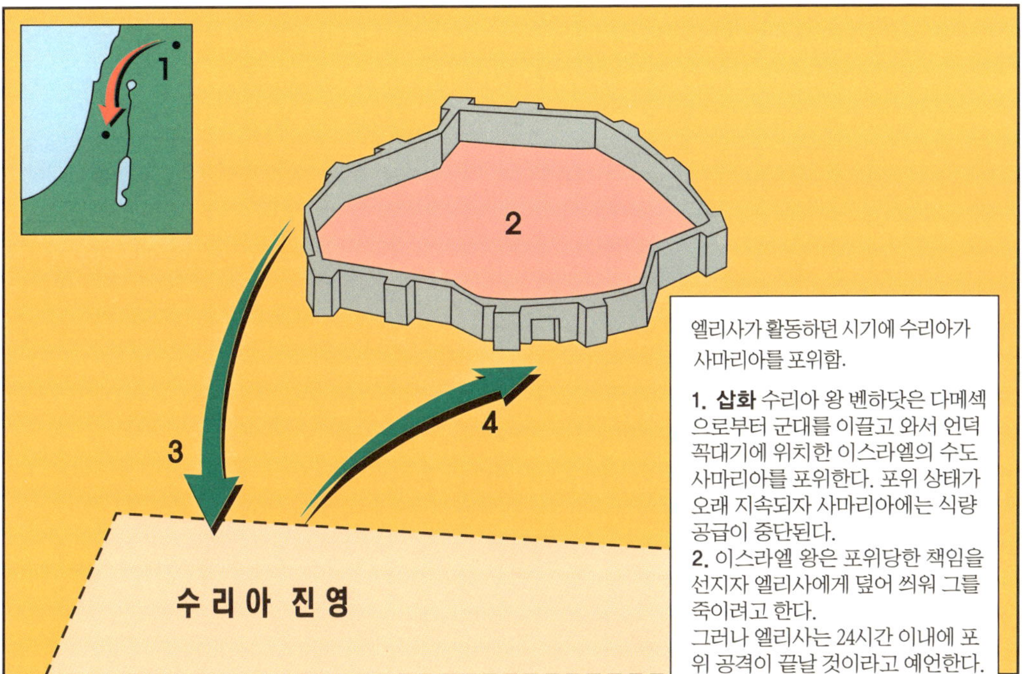

엘리사가 활동하던 시기에 수리아가 사마리아를 포위함.

1. 삽화 수리아 왕 벤하닷은 다메섹으로부터 군대를 이끌고 와서 언덕 꼭대기에 위치한 이스라엘의 수도 사마리아를 포위한다. 포위 상태가 오래 지속되자 사마리아에는 식량 공급이 중단된다.
2. 이스라엘 왕은 포위당한 책임을 선지자 엘리사에게 덮어 씌워 그를 죽이려고 한다.
그러나 엘리사는 24시간 이내에 포위 공격이 끝날 것이라고 예언한다.
3. 그날 저녁 성벽 밖에 사는 4명의 문둥병자가 수리아 진영으로 갔다가 그곳에 한 사람도 없음을 발견한다.
4. 음식을 조금 먹고 약탈을 한 후 그들은 성문지기에게 이 소식을 전한다.
5. 왕은 신중한 태도를 취한다.
그는 2명의 군사를 보내어 사정을 알아본다. 그들은 요단강까지 전차를 몰고 가서 거기서 수리아 병사들이 도망치면서 버리고 간 옷과 장비들을 발견한다.
6. 사마리아 사람들이 수리아 진영을 약탈한다.
7. 엘리사가 예언했을 때 그 예언을 믿지 않던 왕의 시종은 백성들이 밀치며 나오는 바람에 문에서 깔려 죽었다.

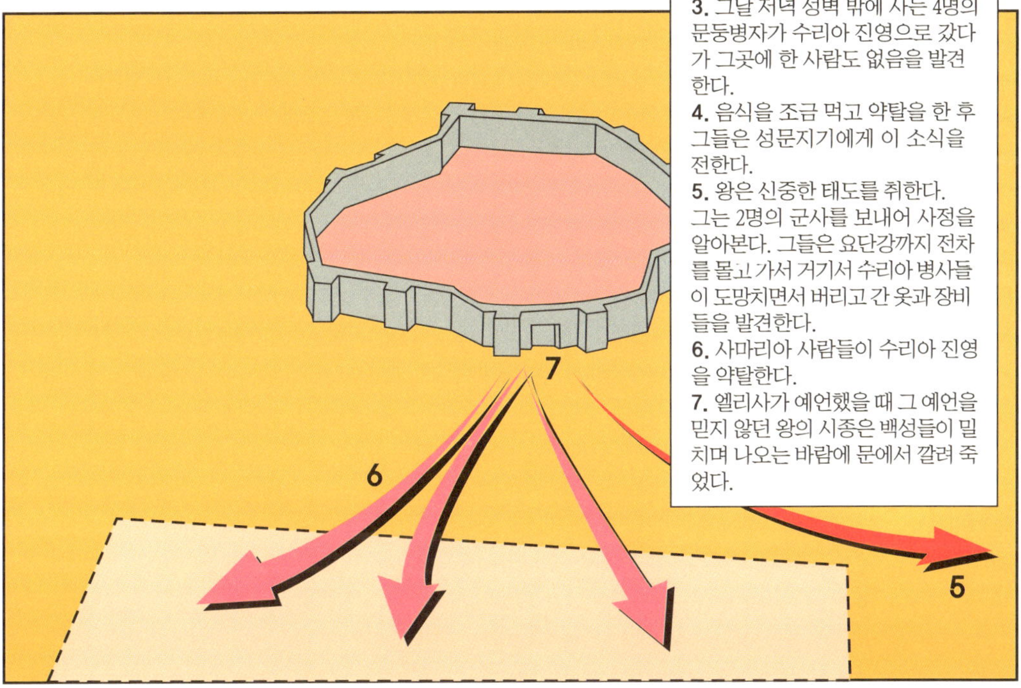

초강대국들의 진출 상황

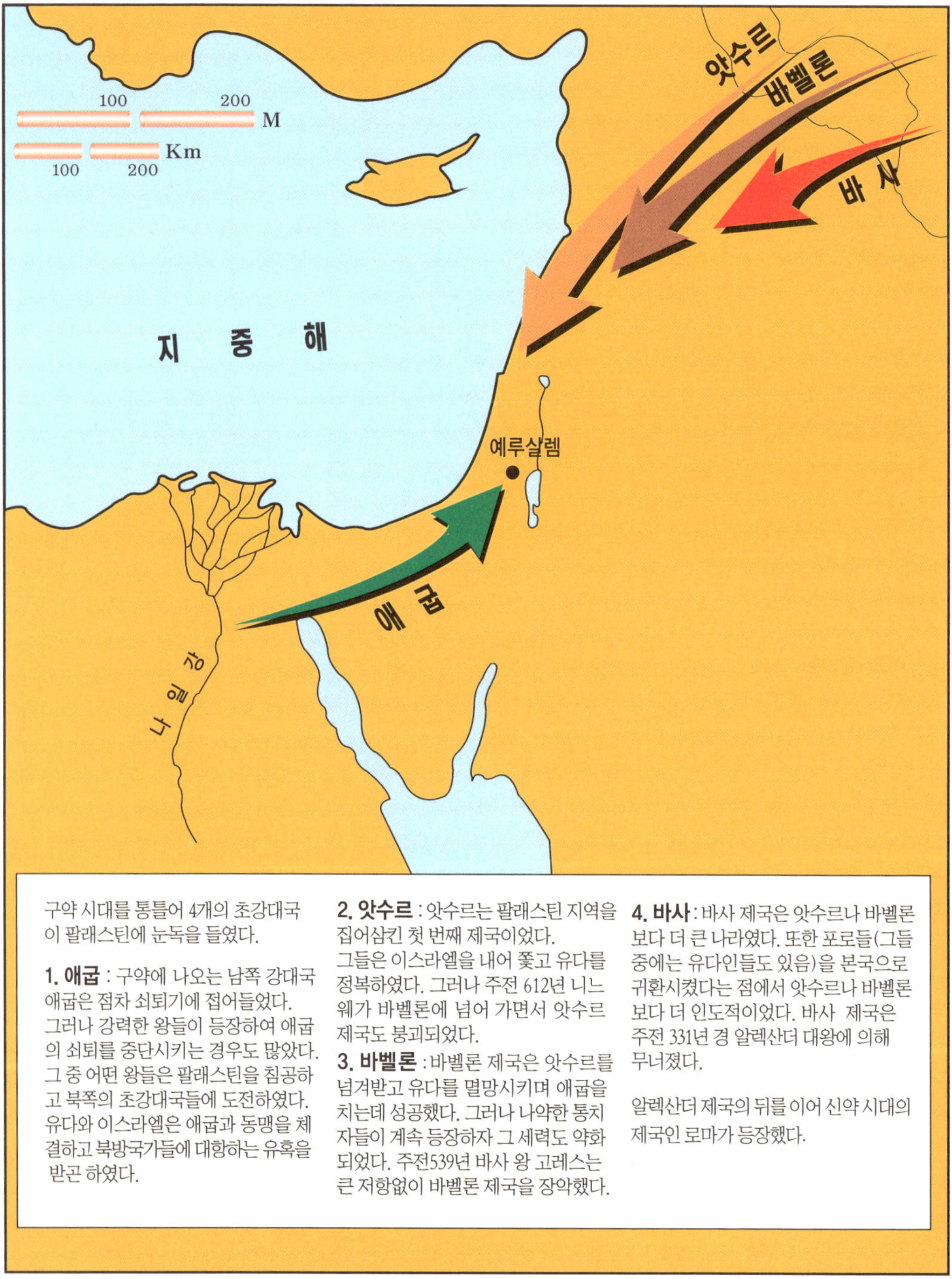

구약 시대를 통틀어 4개의 초강대국이 팔래스틴에 눈독을 들였다.

1. 애굽 : 구약에 나오는 남쪽 강대국 애굽은 점차 쇠퇴기에 접어들었다. 그러나 강력한 왕들이 등장하여 애굽의 쇠퇴를 중단시키는 경우도 많았다. 그 중 어떤 왕들은 팔래스틴을 침공하고 북쪽의 초강대국들에 도전하였다. 유다와 이스라엘은 애굽과 동맹을 체결하고 북방국가들에 대항하는 유혹을 받곤 하였다.

2. 앗수르 : 앗수르는 팔래스틴 지역을 집어삼킨 첫 번째 제국이었다. 그들은 이스라엘을 내어 쫓고 유다를 정복하였다. 그러나 주전 612년 니느웨가 바벨론에 넘어 가면서 앗수르 제국도 붕괴되었다.

3. 바벨론 : 바벨론 제국은 앗수르를 넘겨받고 유다를 멸망시키며 애굽을 치는데 성공했다. 그러나 나약한 통치자들이 계속 등장하자 그 세력도 약화되었다. 주전539년 바사 왕 고레스는 큰 저항없이 바벨론 제국을 장악했다.

4. 바사 : 바사 제국은 앗수르나 바벨론보다 더 큰 나라였다. 또한 포로들(그들 중에는 유다인들도 있음)을 본국으로 귀환시켰다는 점에서 앗수르나 바벨론보다 더 인도적이었다. 바사 제국은 주전 331년 경 알렉산더 대왕에 의해 무너졌다.

알렉산더 제국의 뒤를 이어 신약 시대의 제국인 로마가 등장했다.

제국들의 영토 야욕

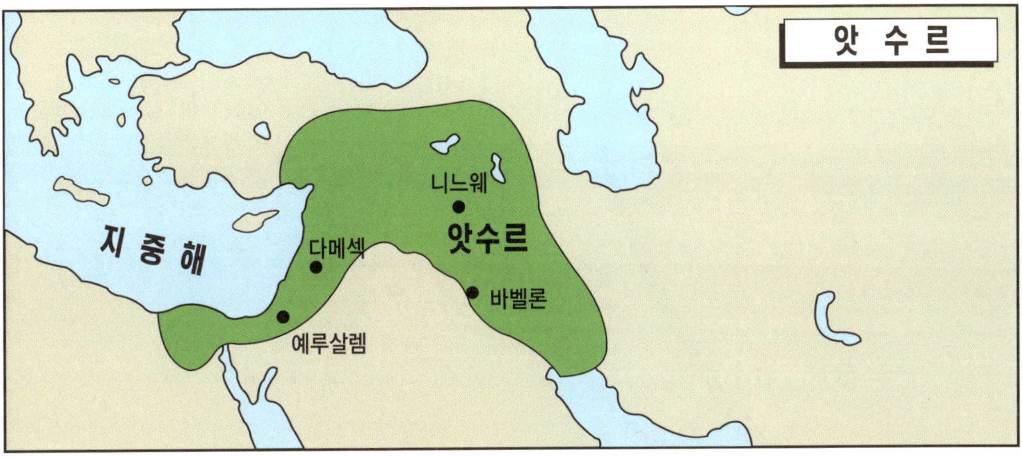
앗 수 르
니느웨
앗수르
지 중 해
다메섹
바벨론
예루살렘

바 벨 론
니느웨
다메섹
바벨로니아
지 중 해
바벨론
예루살렘

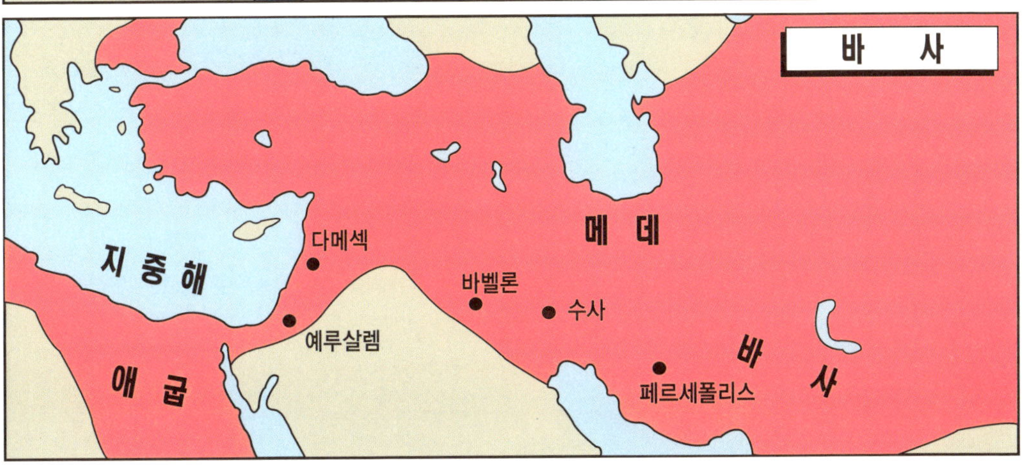
바 사
메 데
다메섹
지 중 해
바벨론
수사
예루살렘
바 사
애 굽
페르세폴리스

앗수르를 불러들인 아하스

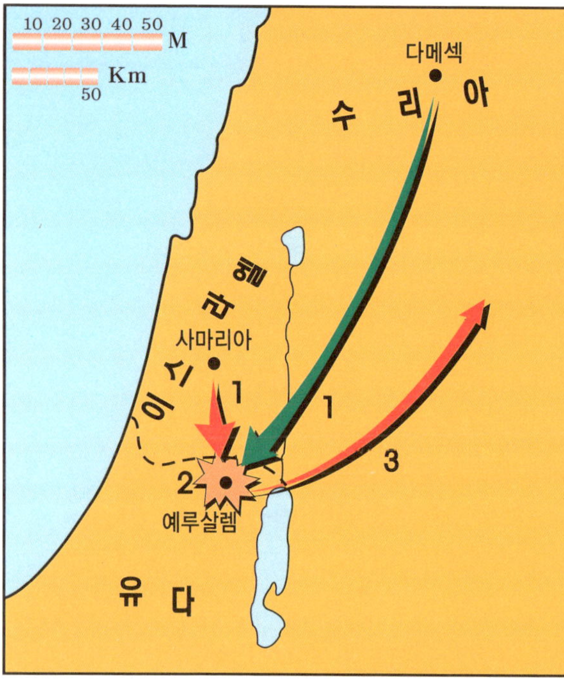

1. 이스라엘과 수리아(수도:사마리아와 다메섹)는 유다와 동맹을 맺고 앗수르에 대항하기를 바라지만 유다는 이를 거부한다. 아하스가 유다 왕이 되었을 때 이스라엘 왕 베가와 수리아 왕 르신이 예루살렘을 포위한다.

2. 유다 백성은 르신의 군대가 이스라엘에 와 있다는 소식을 듣고 겁을 낸다. 그러나 아모스의 아들 이사야 선지자는 아하스에게 마음을 굳게 먹으라고 충고한다. 포위 공격이 실패하고 예루살렘은 구원을 받으리라는 것이다.

3. 아하스는 이사야의 말을 듣지 않고 앗수르 황제인 디글랏 빌레셀에게 원군을 요청하는 서신을 뛰운다. 사신은 성전의 금과 은을 선물로 가져간다.

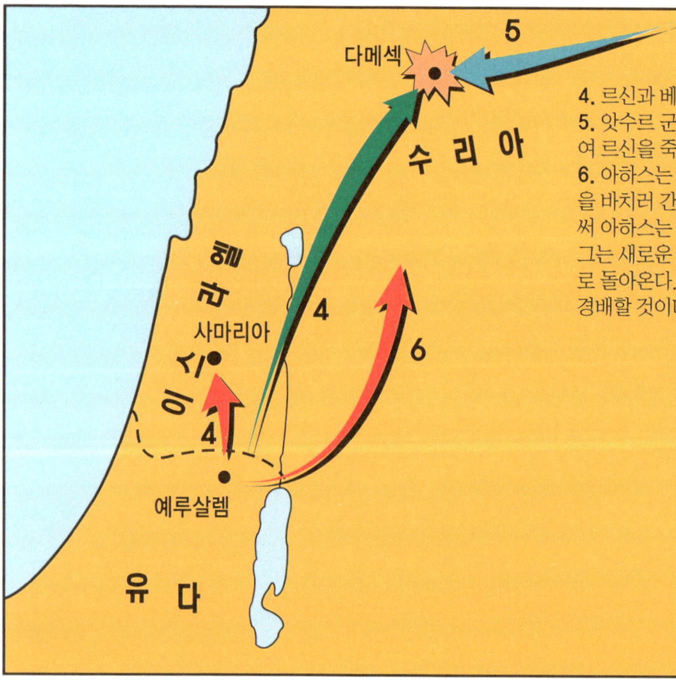

4. 르신과 베가는 예루살렘을 점령하지 못한다.

5. 앗수르 군대가 도착한다. 그들은 다메섹을 점령하여 르신을 죽이고 그의 백성을 포로로 끌고 간다.

6. 아하스는 다메섹이 있는 디글랏 빌레셀에게 조공을 바치러 간다. 그러나 앗수르 군대를 불러들임으로써 아하스는 유다의 정치적, 종교적 독립을 상실했다. 그는 새로운 신전을 세울 계획을 가지고 예루살렘으로 돌아온다. 그곳에서는 이제부터 앗수르의 신들을 경배할 것이다.

앗수르의 위력과시

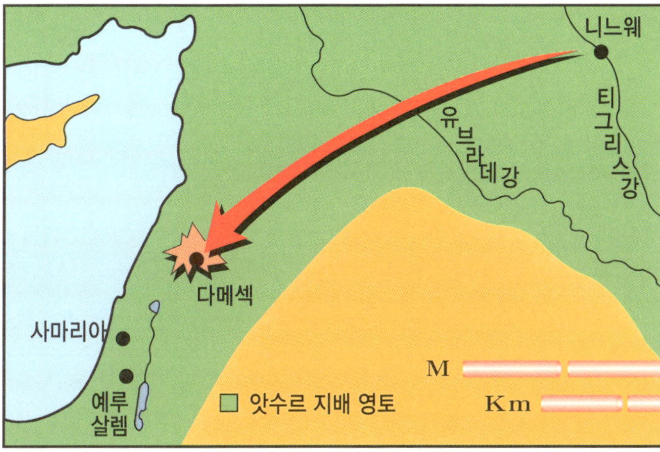

1. 무너진 다메섹
이스라엘 왕 베가는 앗수르에 적대적인 태도를 취했다. 베가와 수리아 연합군은 앗수르의 세력에 대항하여 반란을 일으킬 계획을 세웠다. 유다가 반란에 가담하지 않았기 때문에 그들은 예루살렘을 공격한다.
매같은 앗수르 황제 디글랏 빌레셀 3세는 유다를 도우러 왔다. 그는 주전 732년 수리아의 수도 다메섹을 무너뜨리고 수리아 사람들과 이스라엘 사람들을 사로잡아 갔다
(왕하 15:27-29;16:1-9절).

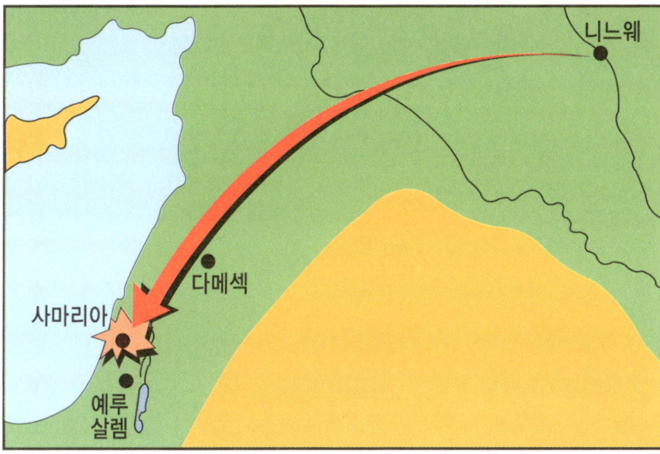

2. 무너진 사마리아
이스라엘 왕 호세아는 앗수르에 조공 바치던 일을 중단했다. 앗수르 황제 살만에셀5세는 이스라엘의 수도 사마리아를 포위하였다. 2년 뒤인 주전 722년에 사마리아는 함락되었다. 이스라엘 백성은 추방되어 다시는 돌아오지 못했다 (왕하 17:1-23절).

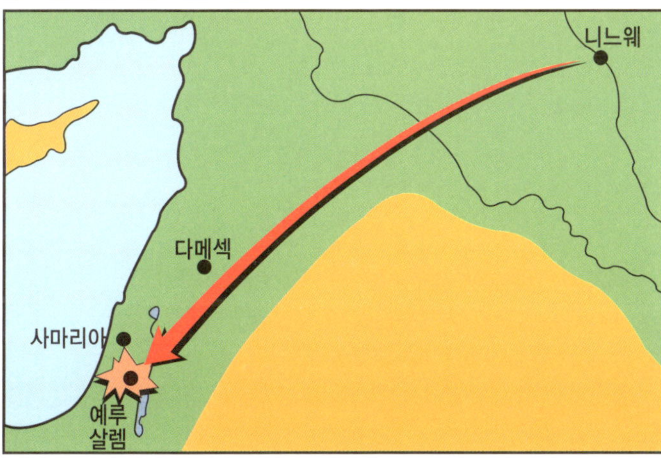

3. 포위된 예루살렘
유다 왕 히스기야는 앗수르 황제가 죽은 틈을 타서 애굽과 함께 앗수르 제국에 대항할 계획을 세운다. 새로 황제가 된 산헤립은 이 반란을 신속하게 처리했다. 그는 주전 701년에 유다로 쳐들어가 애굽의 힘을 꺾어 버리고 예루살렘을 에워쌌다. 그 포위 공격은 실패로 끝났지만 그 지역에서의 앗수르의 세력은 강화되었다
(왕하 18-19장; 사 13:1-3절).

포로로 끌려간 이스라엘

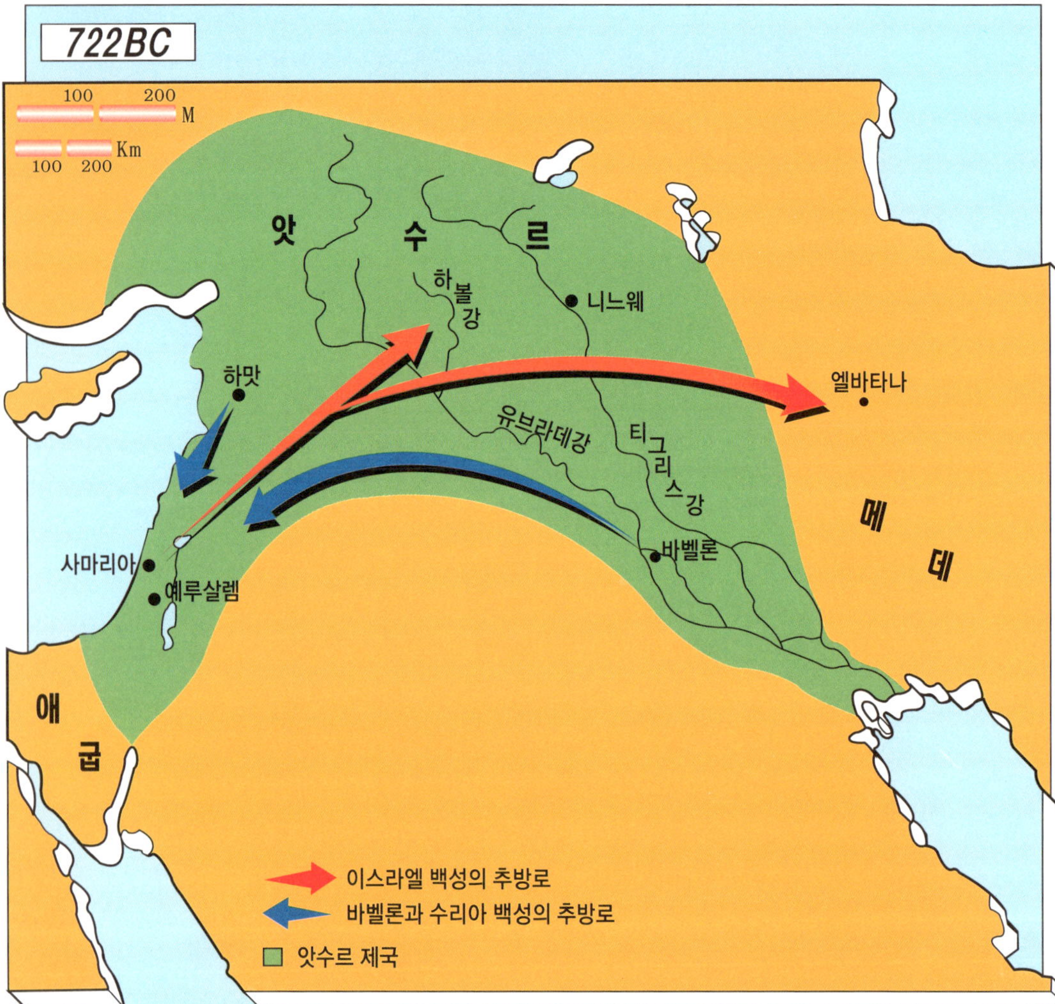

선지자 아모스와 호세아는 이스라엘이 멸망할 것이라고 예언하였다. 이스라엘 백성은 그들의 신앙을 버리고 우상을 섬기며 그 땅의 가난한 사람들을 억압하였다. 그들은 하나님을 믿는 대신 자기들과 동맹을 체결한 외국에 의존하였다.

호세아는 이 점에 대하여는 다음과 같이 경고하였다. '이스라엘은 어리석은 비둘기같이 지혜가 없어서 애굽을 향하여 부르짖으며 앗수르로 가는도다. 저희가 갈 때에 내가 나의 그물을 그 위에 쳐서 공중의 새처럼 떨어뜨리고….'

주전 722년에 그물이 던져졌다.

앗수르의 문헌에 따르면 27,290명의 이스라엘 사람들이 포로로 끌려갔다고 한다. 그들은 하볼강 유역과 메대로 추방되었다. 메대로 추방된 사람들은 800마일 이상을 걸어서 그곳으로 가야 했다.

이스라엘은 앗수르 제국의 속주가 되었다. 이스라엘 땅은 바벨론과 수리아로부터 강제로 이주해 온 외국인 추방민들로 가득찼다.

선지자들의 예언

1. 통일왕국
사울 시대 곧 주전 1050년경 선지자로 활약하던 사무엘은 사울과 다윗을 왕으로 기름부어 세웠다.

2. 북왕국
엘리야와 엘리사는 주전 9세기에 예언활동을 하였고 8세기의 선지자 아모스와 호세아는 이스라엘의 사회 불의를 고발하였다.

3. 남왕국
아모스의 아들 이사야는 주전 8세기에 예루살렘에서 예언했고 예레미야와 스바냐는 7세기에 예언했다. 그들은 하나님께서 믿음 없는 이 도시를 심판하실 것이라고 경고했다. 미가는 이사야와 동시대에 북왕국과 남왕국 모두에 경고하였다.

4. 니느웨(앗수르 제국의 수도)
요나서에는 니느웨에 선포된 심판과 니느웨의 회개에 관한 메시지가 언급되어 있다. 나훔은 바벨론 사람들이 니느웨를 멸망시킨 것(주전 612년)을 경축하였다.

5. 바벨론(바벨론 제국의 수도)
주전 7세기 말 경에 활동한 하박국은 하나님께서 왜 이토록 잔인한 나라를 존속시키는가 하는 물음을 제기하였다. 주전 6세기에 바벨론으로 사로잡혀 간 에스겔은 그의 동료 포로들이 장차 이스라엘로 돌아갈 것이라고 말했다. 다니엘도 그 당시에 포로로 잡혀와 있었다.

6. 에돔
오바댜는 주전 685년 예루살렘이 멸망할 때 유다의 비옥한 지역을 차지했던 에돔이 당할 미래의 운명을 예언했다.

7. 포로 이후 시대
(주전 5세기나 4세기의 선지나) 요엘은 메뚜기 재앙 이후의 희망을 약속하였다. 학개와 스가랴는 주전 520년경 포로 생활에서 돌아온 사람들에게 예루살렘 성전을 재건하도록 격려하였다. 말라기는 주전 5세기 이스라엘 백성에게 하나님의 백성다운 믿음을 갖도록 촉구했다.

남북왕국의 영토

남왕국 유다와 북왕국 이스라엘은 웃시야와 여로보암 2세 시대 때 전성기를 맞이하였다.
강력한 나라로 만들고 다윗 왕국의 남쪽 경계선에 이르기까지 영토를 확장하였다.
여로보암 2세는 아람-다메섹 전역을 병합함으로써 북쪽 국경선을 르보하맛에까지 확장시켰다.

6

새출발

이스라엘이 사라짐으로써 유다는 하나님의 백성으로서 홀로 남게 되었습니다. 그러나 유다의 왕들은 앗수르 사람들의 손에서 겪은 이스라엘의 처절한 경험을 교훈으로 삼지 않았습니다. 그들은 외국과 동맹을 맺고 초강대국들에 대항하였을 뿐만 아니라 이스라엘처럼 하나님의 율법을 지키지도 않았습니다. 그래서 아모스의 아들 이사야나 예레미야 등과 같은 선지자들은 사회의 부패는 재앙을 불러일으킬 뿐이라고 경고했습니다.

예루살렘은 여러 차례의 침략을 받아 멸망되었고 지도적인 위치에 있던 주민들은 바벨론에 포로로 끌려갔습니다. 모든 희망이 사라지고 하나님께서 그의 백성을 버리신 것처럼 보였습니다.

그러나 마지막 사람들이 포로로 끌려간 지 50년 후 첫 번째로 귀환하는 무리들이 예루살렘에 도착하였습니다. 바벨론의 뒤를 이어 패권을 장악한 바사제국은 문호를 개방하여 전쟁 포로들이 고향으로 돌아가는 것을 허용해 준 것입니다.

새출발

제6장의 개요

◆ **새장에 갇힌 새처럼**(71면).
히스기야 왕은 어리석게도 앗수르로부터 독립을 얻기 위해 노력한다. 그의 동맹국들은 곧 패배하고 그는 주전 701년 산헤립 대왕에 의해 예루살렘에서 포위된다.

◆ **요시야의 우상 척결**(72면).
유다의 쇠퇴를 역전시키기 위하여 요시아 왕은 거짓 우상으로부터 떠나도록 하여 백성의 신앙을 정화시키려고 한다.

◆ **요시야의 모험**(73면).
요시야는 주전 609년 애굽 왕 느고와의 전투에서 사망했다.

◆ **포위된 예루살렘**(74면).
선지자 예레미야는 예루살렘이 주전 587년 느브갓네살에게 포위당한 내막이 무엇인가를 알려준다.

◆ **예루살렘의 멸망**(75면).
18개월 후 마침내 예루살렘은 끝장나고 유다는 이스라엘에 이어 바벨론으로 끌려간다.

◆ **애굽으로 납치된 예레미야**(76면).
바벨론 사람들은 예레미야가 유다에 자유롭게 머물도록 허용한다. 그러나 예레미야는 망명하는 무리들에게 애굽으로 납치되었다.

◆ **포로 생활을 한 사람들**(77면).
유다가 위협적인 포로 생활을 견디려면 하나님 백성의 지도자들의 뛰어난 용기와 신앙이 필요했다.

◆ **귀향**(78면).
이사야서에 예언되어 있고 선지자 에스겔이 예언했던 바 대로 유배 생활은 끝난다. 이스라엘 백성은 4집단으로 나뉘어 귀향한다.

◆ **내 전을 재건하라!**(79면).
솔로몬 성전의 폐허 위에서 예루살렘 성전이 재건되었다.

◆ **검과 흙손**(80면).
유배지에서 돌아온 서로 다른 집단들은 어떻게 유다에 재정착하는 데 성공하였을까?

"여호와께서 말씀하시되 '앗수르여! 그는 나의 진노의 막대기라 내가 그를 보내어 나의 노한 백성을 치려 하거늘" (사 10:5-6절)
아모스의 아들 이사야

"여호와께서 말씀하시되 내가 내 백성을 그들의 땅으로 되돌리며 모든 족속을 불쌍히 여기노라. 예루살렘은 재건되고 그 궁전은 회복되리라 거기서 사는 백성들은 노래하며, 찬양하리라 그들은 기쁘 소리를 지르리라."
귀환하리라는 예레미야의 예언

"우리가 바벨론의 여러 강변 거기 앉아서 시온을 기억하며 울었도다"
익명의 포로(시 137편)

"여호와께서 우리를 예루살렘으로 되돌리실 때에 우리가 꿈꾸는 것 같았도다! 그 때에 우리 입에는 웃음이 가득하고 우리 혀에는 찬양이 찼었도다!
시편 126편

"내 백성아 이 전이 황무하였거늘 너희가 이 때에 판벽한 집에 거하는 것이 가하냐?"
(학 1:4)
학개가 포로지에서 돌아온 자들에게
하나님을 대신하여 한 말

새장에 갖힌 새처럼

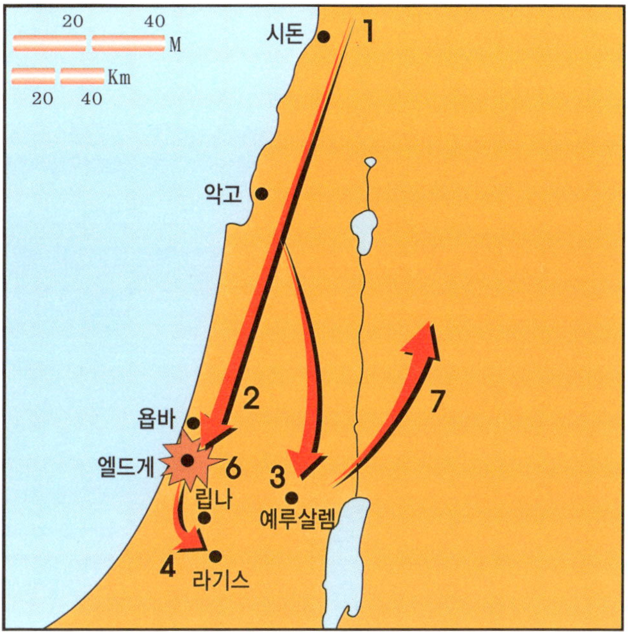

히스기야는 앗수르 황제 산헤립에 의해 예루살렘에 포위되어 있다.

1. 산헤립은 애굽과 유다가 일으킨 반역을 진압하기 위해 팔래스틴으로 진격한다.
2. 그는 남쪽으로 진군하며 해안 도시들을 점령하고 엘드게에서 애굽 군대를 격퇴시킨다.
3. 앗수르 문서에 따르면 바로 그때에 앗수르 군사령관이 예루살렘을 포위했다고 한다. 그러자 히스기야의 군대는 저항을 포기하였다.
산헤립은 그가 쓴 사건 보고에서 '나는 그(히스기야)를 새장에 갇힌 새처럼 그의 왕성 예루살렘에 가두었다'고 자랑한다.
4. 산헤립은 라기스를 포위하고 오랫 동안 공격하여 요새화 된 그 성읍을 잿더미로 만든다.
5. 라기스가 포위되어 있는 동안 히스기야는 산헤립 대왕에게 금과 은을 보내어 그의 노를 진정시키려고 한다. 그러나 산헤립의 응답은 예루살렘에 대한 포위 공격을 강화시키는 것으로 나타난다. 앗수르의 한 관리가 예루살렘 주민을 위협한다. 그는 그들의 하나님이 무력하며 저항하는 것은 쓸데 없는 일이라고 말한다. 그러나 아모스의 아들 선지자 이사야는 히스기야에게 마음을 굳건하게 가지고 하나님을 신뢰하라고 말한다.
6. 산헤립이 립나를 공격한다.
7. 예루살렘에 대한 포위가 갑자기 풀린다. 산헤립은 앗수르로 돌아간다. 그는 유다의 46개 점령 성읍들로부터 200,150명의 주민들을 사로잡았다고 보고한다.

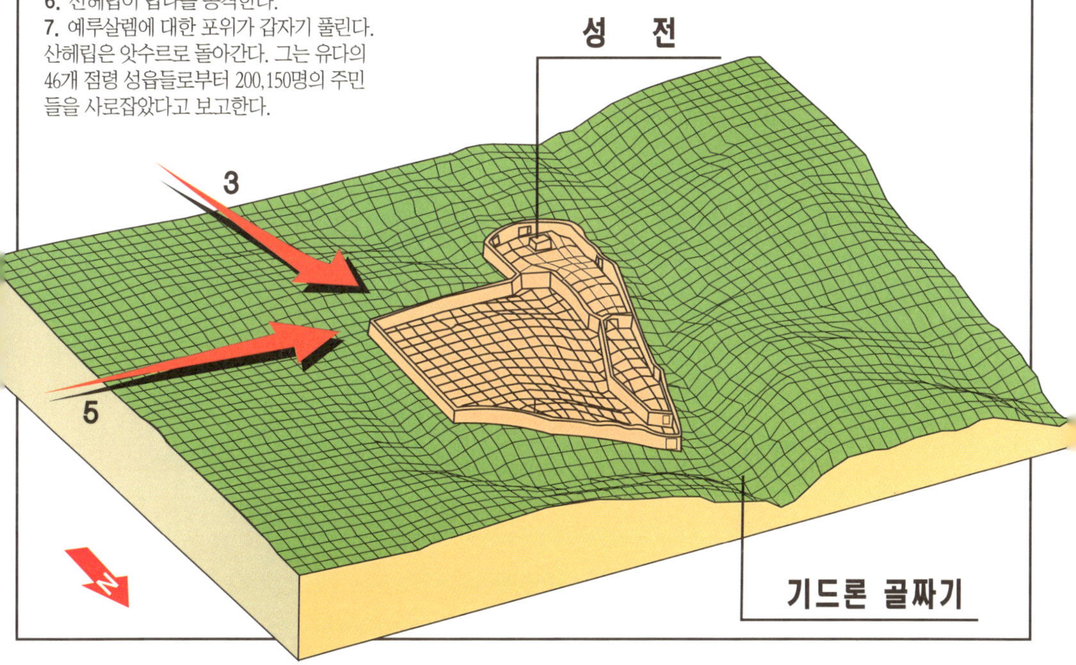

요시야의 우상 척결

요시야는 하나님을 기쁘시게 한 몇몇 유다 왕들 가운데 한 사람이었다. 그가 통치하는 동안 성전을 수리하는 과정에서 율법책(아마 신명기일 것이다)이 발견되었다. 요시야는 잊혀졌던 율법책이 우상 숭배를 정죄하는 것을 보고 충격을 받았다. 그는 우상을 일소하기 시작했다.

1. 바알과 아세라 예배 때 사용된 기물들을 성전에서 치우고 그것들을 기드론 골짜기에서 태워버렸다.
2. 성전에 남아 있던 매음 지역들을 없애버렸다.
3. 성문 곁에 있는 염소 신의 제단들을 없앴다.
4. 어린아이들을 희생 제물로 바친 힌놈 골짜기에 있는 몰렉의 제단을 헐었다.
5. 태양신 숭배 때 성전 안 뜰에서 사용된 말들을 제거하고 전차를 불태웠다.
6. 여러 왕들이 성전과 궁전에 세워둔 제단들을 허물어 버렸다.
7. 솔로몬이 올리브 산 남쪽에 세운 아스다롯, 그모쉬, 몰렉의 제단들을 허물어 버렸다.

또한 요시야는 우상을 섬기는 제사장들의 관직을 박탈하고 많은 사람들을 사형에 처하였다. 그는 벧엘에 있는 이방 신당과 유다와 이스라엘 전역에 퍼져 있는 이방 제단들을 허물어 버렸다.

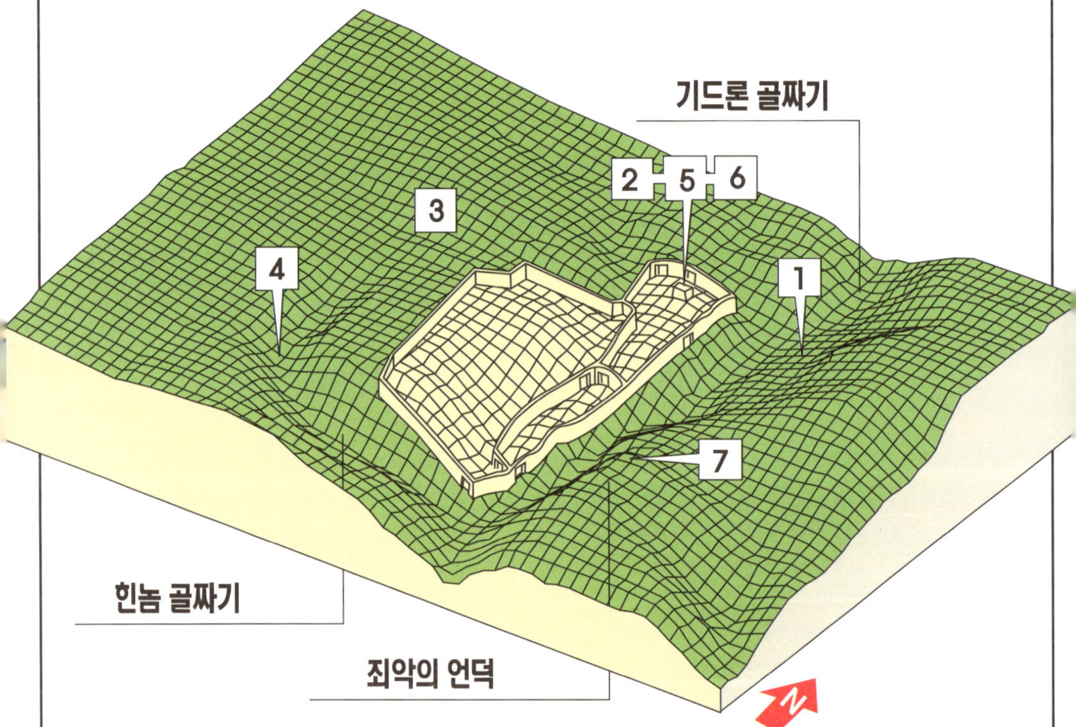

요시야의 모험

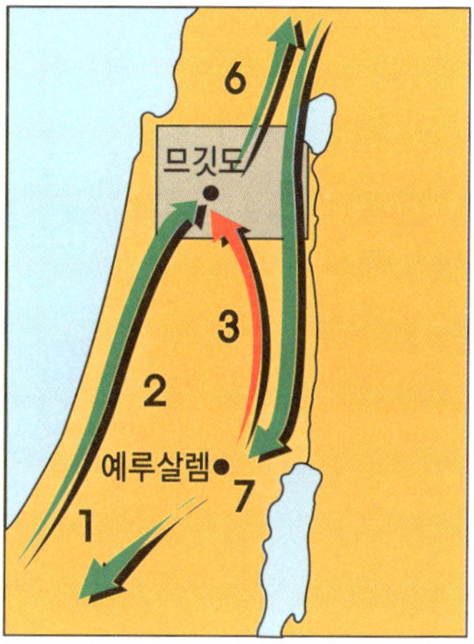

1. 바벨론 제국이 강대해지는 반면 앗수르 제국은 거의 쇠퇴하였다. 애굽의 느고는 주전 609년 앗수르가 바벨론을 쳐부수는 것을 도와주려고 북진한다.
2. 느고는 유다 왕 요시야에게 자기를 막으려고 해서는 안된다고 말한다. 유다는 중립적인 태도를 취할 수도 있다.
3. 요시야는 느고의 말을 듣지 않고 므깃도 평원으로 진군하여 느고의 군대를 기다린다.
4. 요시야는 해안 평야나 위험한 산지와 므깃도 평원으로 나가는 샛길에서 느고를 공격했어야 했다. 그러나 그는 적에게 본 때를 보여주기 위해 싸우기에 유리한 그 지역을 거부했던 것 같다.
5. 요시야는 변장을 한 채 그의 전차에 타고 전쟁터로 간다. 그러나 그는 애굽 병사가 쏜 화살에 맞아 상처를 입고 죽는다. 전쟁은 끝났다.
6. 느고는 북진을 계속한다. 그러나 그의 진군이 너무 늦었기 때문에 앗수르 군대는 수리아 성읍인 가르그미스 전투에서 패하였다. 그리하여 강대국 앗수르는 종말을 고한다.
7. 느고는 애굽으로 돌아가는 도중에 요시야의 아들인 여호아하스 왕을 폐위시킨다. 유다는 많은 조공을 바치지 않을 수 없었다. 느고는 그의 손아귀에 들어 있는 여호야김을 그 지역의 통치자로 임명한다.

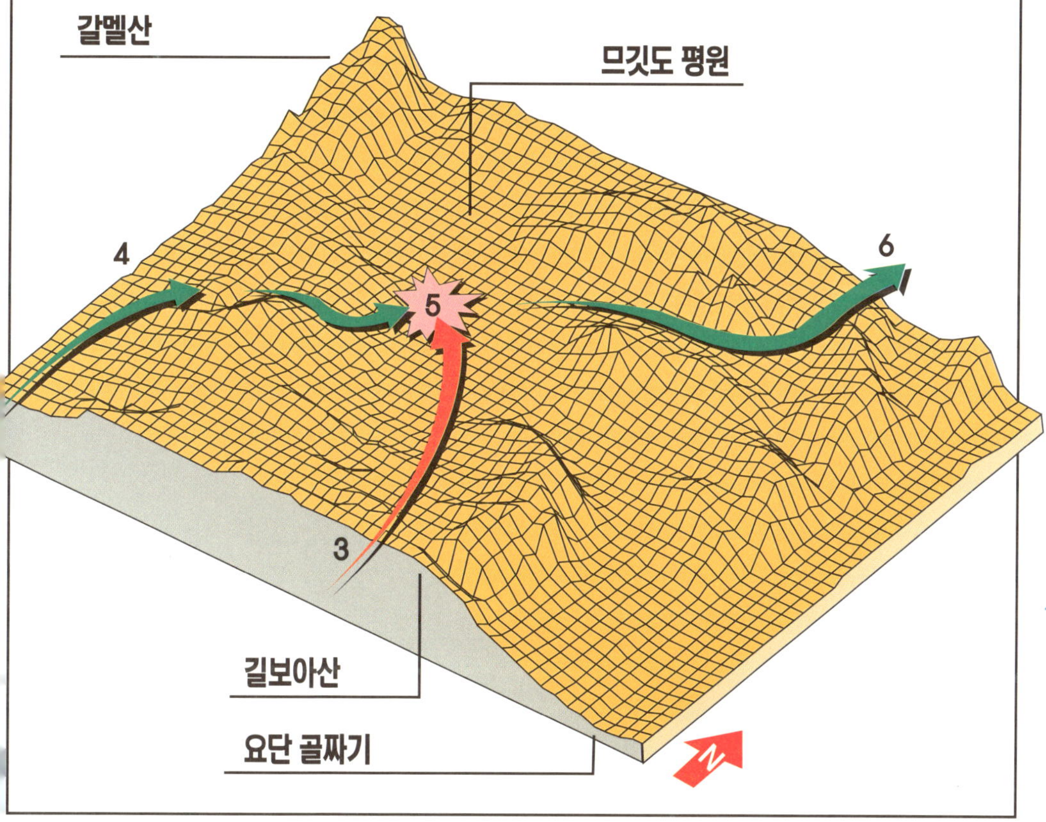

포위된 예루살렘

예루살렘은 주전 597년 바벨론황제 느브갓네살에게 항복하였다. 그는 시드기야를 왕으로 임명했다.
그러나 시드기야는 바벨론의 지배가 중단되기를 바랬다. 그는 그 지역 불평분자들의 중심인물이 되었다.

1. 외국인 사절들이 시드기야에게 와서 바벨론에 대항할 계획을 세운다. 이에 선지자 예레미야는 나무멍에를 메고 그들에게 바벨론에 항복하도록 촉구하며 그렇지 않으면 멸망할 것이라고 말한다(렘 27장).
2. 거짓 선지자 하나냐는 성전에서 예레미야의 멍에를 꺾어버린다. 그는 바벨론의 힘이 꺾일 것이라고 말한다. 그러자 예레이야는 쇠 멍에를 메기 시작한다(렘 28장).
3. 느브갓네살이 시드기야의 반역 소식을 듣는다. 그는 예루살렘을 포위하고 사면에 토성을 쌓는다(왕하 25:1-2절).
4. 애굽 군대가 예루살렘을 돕기 위해 접근한나. 쪼위방이 일시적으로 해제된다(렘 37:1-11절).
5. 예레미야는 가족의 분깃을 받으려고 예루살렘 성을 떠나려고 하지만 성문에서 체포된다(렘 37:12-21절). 포위 공격이 다시 시작되고 양식 공급은 동이난다.
6. 예레미야는 궁전 안뜰에 감금되었다. 그는 백성들에게 바벨론에 항복하도록 말했다는 이유로 물이 마른 구덩이로 던져졌다. 그러나 나중에 구출된다(렘38:1-13절).
7. 궁전 안뜰에 잡혀 있는 동안 예레미야는 밭을 산다. 그는 하나님께서 언젠가 그 땅을 이스라엘에게 되돌려 주시리라고 확신한다(렘 32:1-15절).

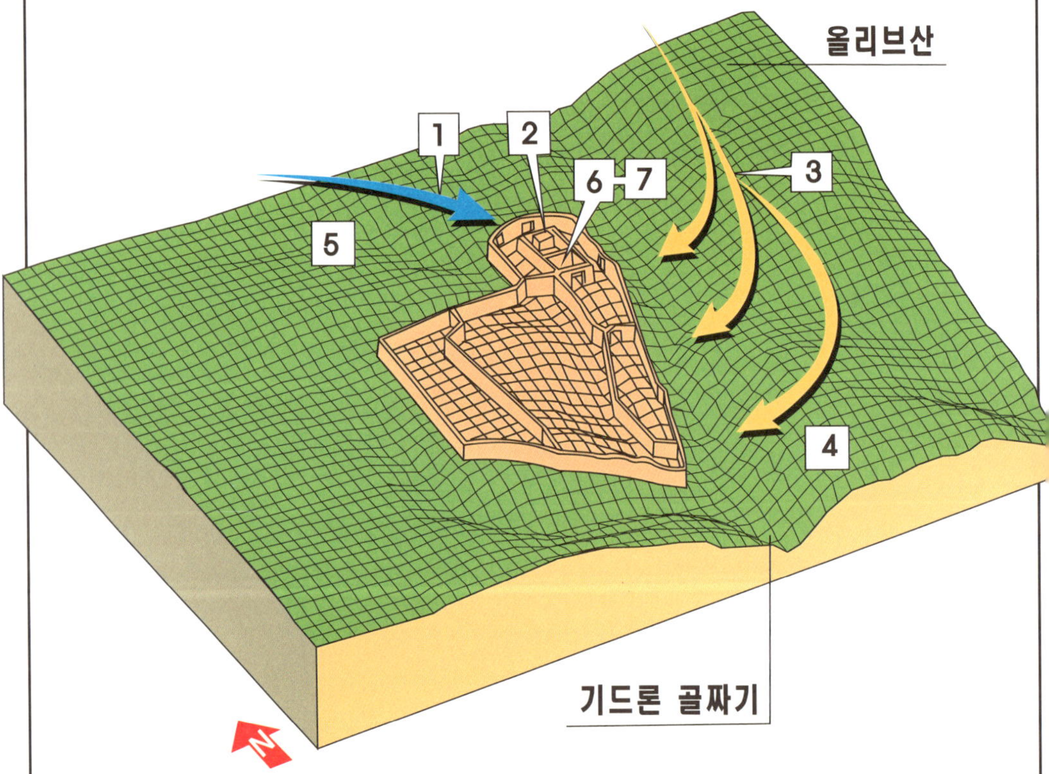

예루살렘의 멸망

1. 주전 586년 포위된지 18주만에 바벨론 군사들은 예루살렘 성벽을 돌파한다. 바벨론 고급 관리들은 성읍으로 들어가 중문에 앉는다(렘 39:1-3절).
2. 그날 밤 시드기야와 그의 군사들은 성읍에서 도망친다. 그러나 그들은 곧 요단 골짜기 근처에서 사로잡힌다. 시드기야의 군사들은 그를 버리고 달아난다. 그의 아들들은 죽임을 당하고 그는 눈이 뽑혀 포로지로 끌려간다(왕하 25:3-7절).
3. 바벨론 군사령관이 예루살렘으로 입성한다. 그는 성전과 궁전과 중요한 건물들을 불사른다. 성벽은 파괴되었다.
4. 빈민 농군들 이외의 예루살렘 주민들은 포로로 끌려갔다.
5. 또한 사령관은 남아 있던 성전 기물들과 값진 물건들을 바벨론으로 가져간다(왕하 25:8-17절).
6. 사령관은 예레미야를 풀어주라는 느브갓네살의 명령을 받고 죄수들 가운데서 그를 찾아낸다. 예레미야는 그의 친구 그달리야에게로 가서 함께 생활한다. 그는 바벨론 사람들이 새로운 유다 통치자로 임명한 사람이다(렘 40:1-6절).

반역을 일으킨 도시는 징벌을 받는다. 선지자들은 이 점을 예언했었다. 예루살렘의 멸망은 불충한 백성에게 내린 하나님의 심판이다.

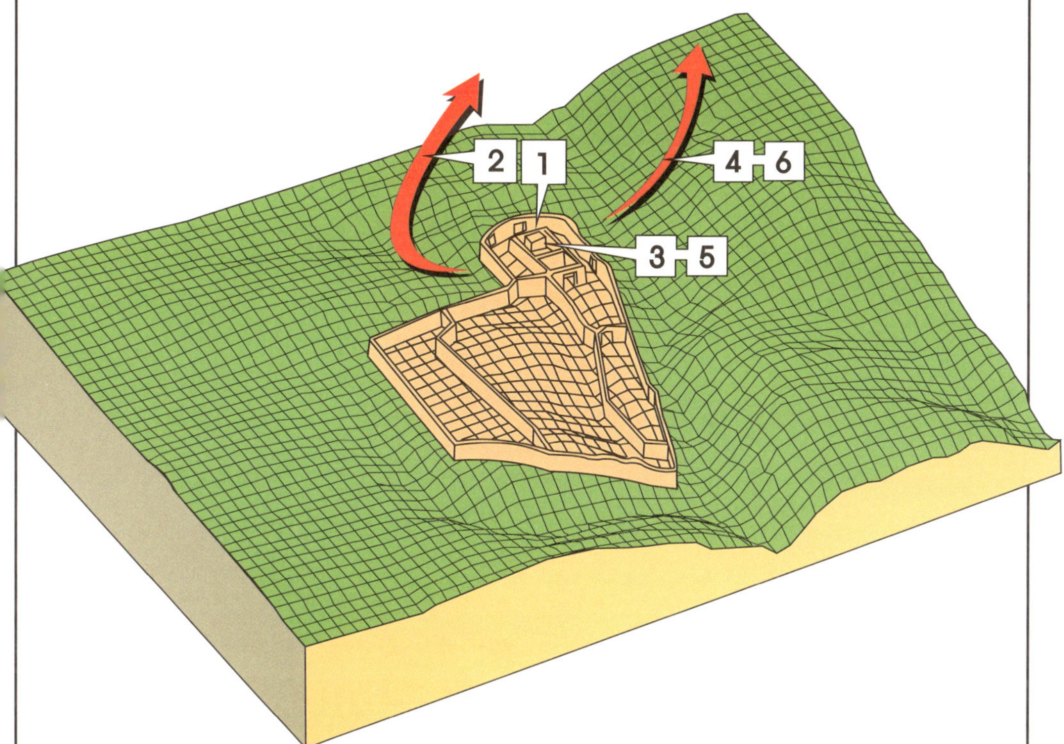

애굽으로 납치된 예레미야

선지자 예레미야는 애굽으로 납치된다.

1. 시드기야 왕이 포로로 끌려간 후 느브갓네살은 그달리야를 유다의 통치자로 임명한다.

2. 암몬과 모압과 에돔으로 뿔뿔이 흩어진 추방민들이 유다로 돌아와 바벨론에 침략당한
이후 처음으로 행해진 추수를 돕는다.

3. 옛 왕족 이스마엘은 도망친 10명의 유대인 군사들을 이끌고 미스바로 와서 그달리야를 살해한다. 그달리야를 바벨론의 꼭두각시로 보았기 때문이다.

4. 바벨론의 보복 조치가 두려워 많은 무리의 사람들이 애굽으로 피신한다. 그들은 베들레헴에서 예레미야를 납치하여 억지로 끌고간다.

5. 그 무리들은 애굽의 다바네스까지 가서 그 지방의 여러 지역에 정착한다.

6. 예레미야가 예언한 지 18년 후에 느브갓네살은 애굽을 점령하고 그 곳으로부터 유대인들을 바벨론으로 끌고 간다. 예레미야는 아마 애굽에서 죽었을 것이다.

열왕기하 25:22~26절
예레미야 40~44장

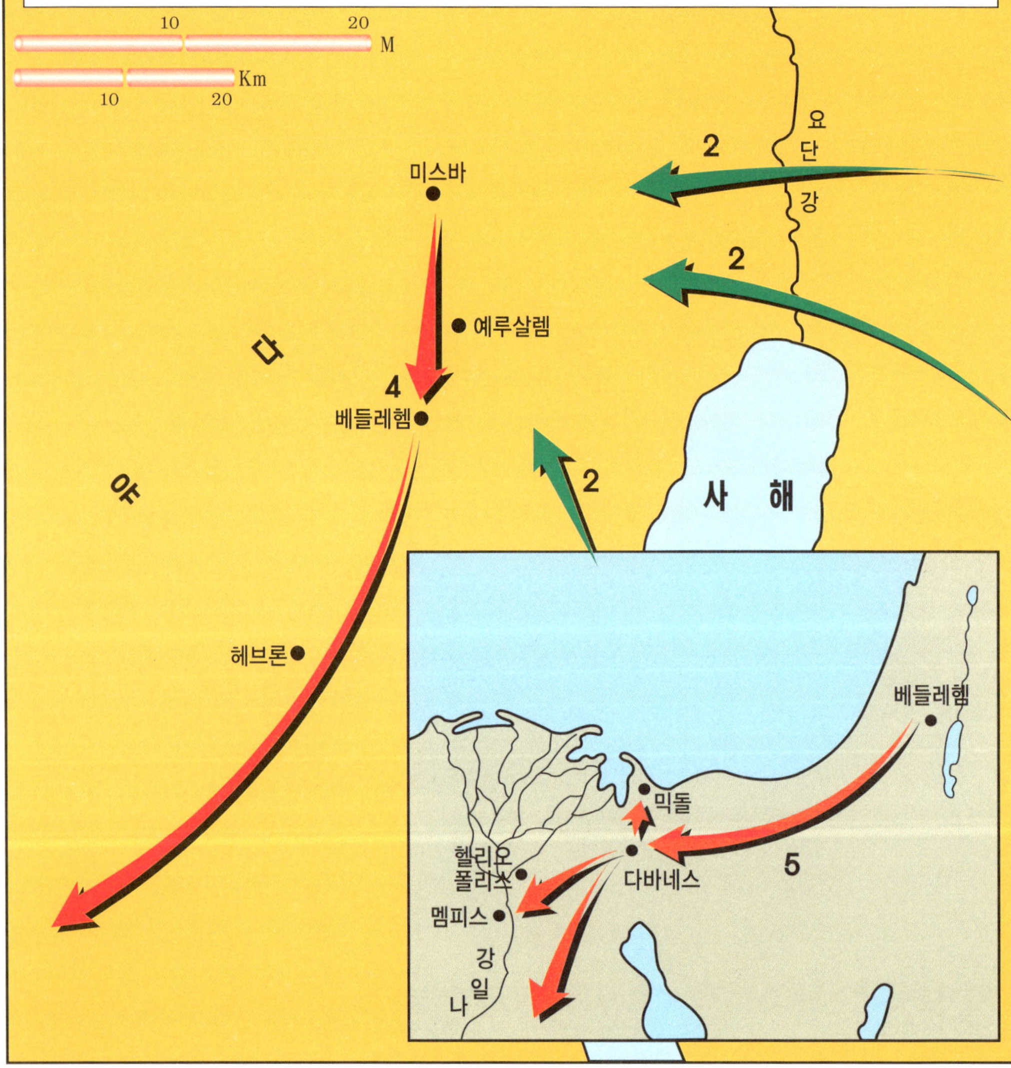

포로 생활을 한 사람들

여호야긴
그는 18세에 왕이 되어 예루살렘에서 3개월간 통치하다가 포로로 끌려왔다. 아마도 그는 37년 동안 옥에 갇혀 있다가 그 후 왕궁에 거하며 명예를 회복하였을 것이다. 그는 유대인 포로들에게 중요한 인물로 여겨졌다. 그는 포로 생활 중에 죽었을 것이다 (왕하 24:1-15절:27-30절).

다니엘
그는 여호야긴 왕과 함께 끌려왔다가 바벨론 왕궁에서 봉사하기 위하여 훈련받도록 선택되었다. 다니엘은 출세하여 왕립 박사의 우두머리가 되었다. 나중에 그는 바벨론 제국의 모든 통치자들을 뒷바라지하는 책임을 맡았다. 어떤 전승 자료에 따르면 그는 포로 생활 말엽에 예루살렘으로 돌아왔다고 한다.

에스겔
그는 여호야긴 왕과 함께 끌려왔다. 그는 예루살렘의 파괴를 예언하였으나 나중에는 포로민들이 예루살렘으로 돌아가 성전을 재건할 것이라고 예언하였다. 그는 포로생활이 끝나기 전에 죽었을 것이다.

에스더와 모르드개
이들은 여호야긴 왕과 함께 끌려왔다. 에스더는 느헤미야가 예루살렘으로 돌아오기 얼마전에 바사 황제 아하수에로의 왕비가 되었다. 그녀는 사촌 모르드개와 함께 바사 제국 전역에서 유대인들이 박해받지 않도록 하였다. 모르드개는 아하수에로 왕의 궁전에서 유력한 인물이 되었다.

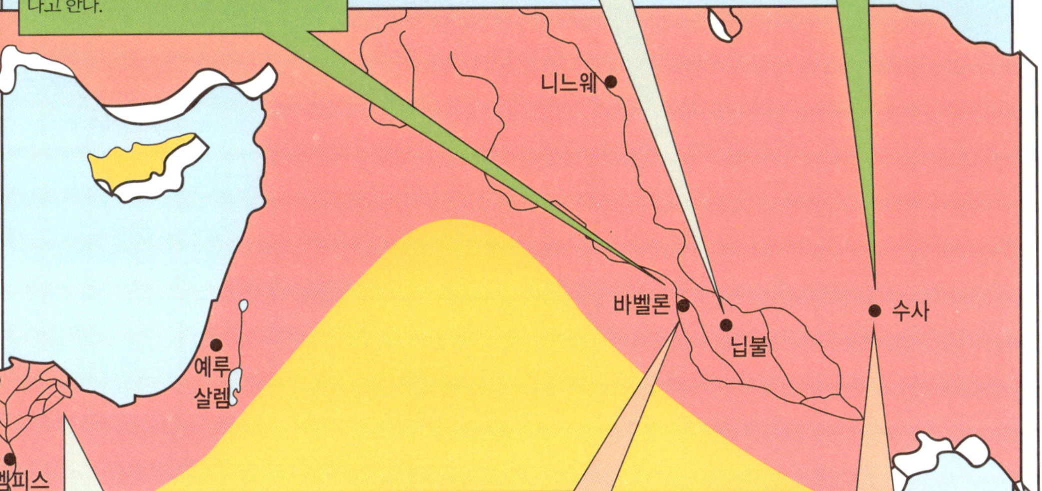

예레미야
그는 유다 백성들이 추방되기 시작할 무렵, 바벨론 사람들이 임명한 유다 통치자 그달리야를 죽이고 도망치는 무리들에게 납치되어 애굽으로 갔다. 그는 남은 여생을 애굽에서 보냈다 (렘 43장).

에스라
그는 바사 제국의 고위 관리 곧 '유대인의 일을 다루는 장관'이었다. 황제 아닥사스다1세는 그를 예루살렘으로 보내어 율법에 따라 백성을 개혁하도록 하였다. 그는 포로민들 중에 네 번째 집단을 이끌고 귀국하였다(스 7장).

느헤미야
아닥사스다 1세에게 술을 따라주는 관리인 느헤미야는 주전 445년 예루살렘 성벽을 재건하라는 황제의 허락을 받았다. 그는 세 번째 포로민 집단을 이끌고 귀국하였다(느 1-2장).

보통 사람들
포로로 끌려간 많은 유대인 들은 부자가 되었다(스 2:68-69절).
그들은 바벨론과 다른 지역에서 특별지구를 이루고 서로 모여 살았다. 그러나 부유해졌음에도 불구하고 그들은 땅과 유산의 상실로 인해 절망하였다. 시편 137편에는 그들의 느낌이 잘 표현되어 있다.

- 유배생활 초기
- 유배생활 중기
- 유배생활 말기

귀 향

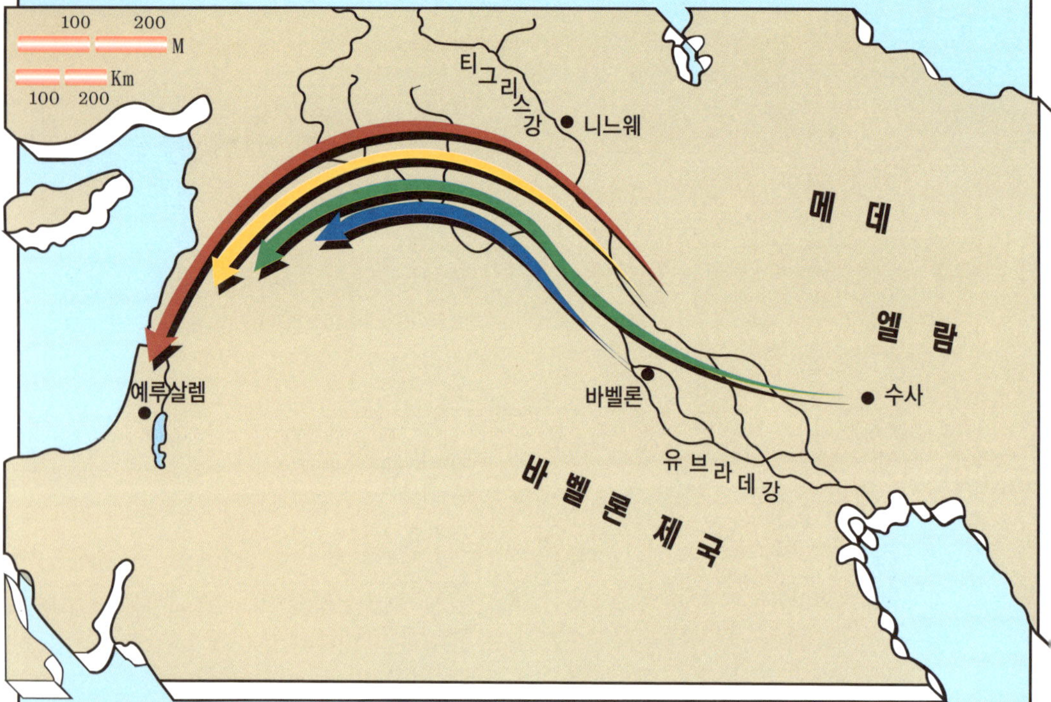

주전 539년 바벨론 제국은 바사왕 고레스에게 점령되었다. 그는 사로잡혀 온 모든 포로민들을 고국으로 돌려보내 그들의 신을 섬기도록 하는 포고령을 발표하였다. 포로민들은 자유롭게 유다로 돌아갔다.

1. 유대인 포로 세스바살은 주전 537년 유다의 장관이 되어 느브갓네살이 가져간 성전 보물들을 받아 한 무리의 포로민들과 함께 유다로 돌아온다(스 1장).
2. 스룹바벨(여호야긴 왕의 손자)과 제사장 예수아는 주전 525년 또 다른 집단을 이끌고 귀향한다.
3. 바사왕 아닥사스다 1세의 궁전에서 술을 따르는 관리인 느헤미야는 주전 445년 예루살렘으로 가서 예루살렘 성벽을 수축하도록 허락받았다. 이때 무장경비병들이 그를 호위한다(느 1-2장).
4. 유대인 학사요 제사장인 에스라는 왕명을 받아 예루살렘의 종교 관습을 개혁한다. 그는 주전 428년 포로민들을 이끌고 귀국한다(스 7:1-10).
주: 에스라의 예루살렘 도착 시기에 대해서는 의견이 엇갈린다. 어떤 학자는 주전 458년이라고 주장하고 다른 학자는 훨씬 후대인 주전 398년이라고 주장한다.

삽화
1. 제사장과 레위인과 다른 사람들은 예루살렘 안이나 근처에 정착한다.
2. 음악가들과 성전 경비병과 노동자들은 주변 성읍에 정착한다.
3. 돌아온 남은 포로민들은 그들의 조상들의 성읍에 정착한다.

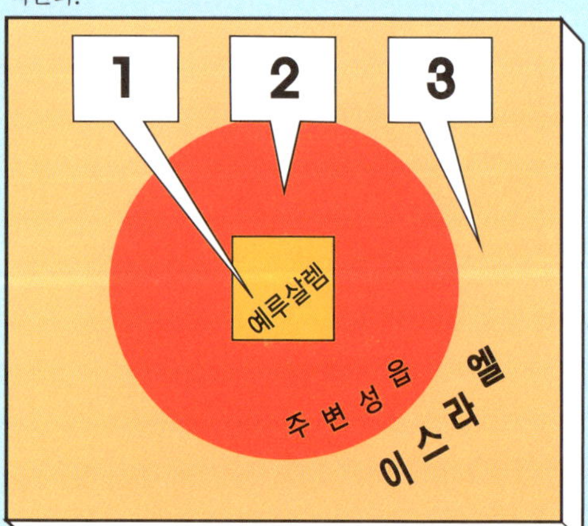

내 전을 재건하라 !

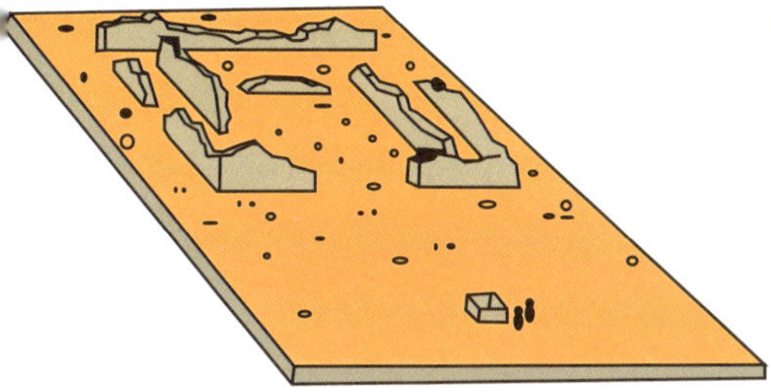

1. 에스라 3:1-6 포로 생활에서 돌아온 사람들은 솔로몬 성전이 파괴된지 50년 후 그 곳에 제단을 재건하고 다시금 날마다 하나님을 경배하기 시작한다.

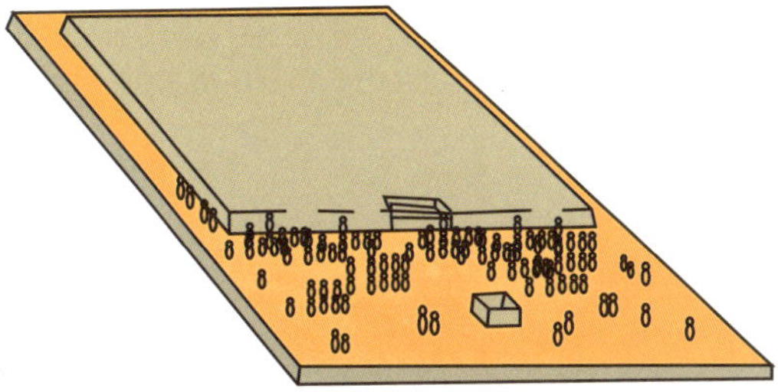

2. 에스라 3:7-13 성전이 있던 장소는 말끔히 치워지고 새 성전을 세우기 위한 기초가 놓여졌다. 백성들은 노래하며 기뻐 소리를 지른다. 어떤 백성들은 그 성전을 이전의 성전으로 간주하였다.

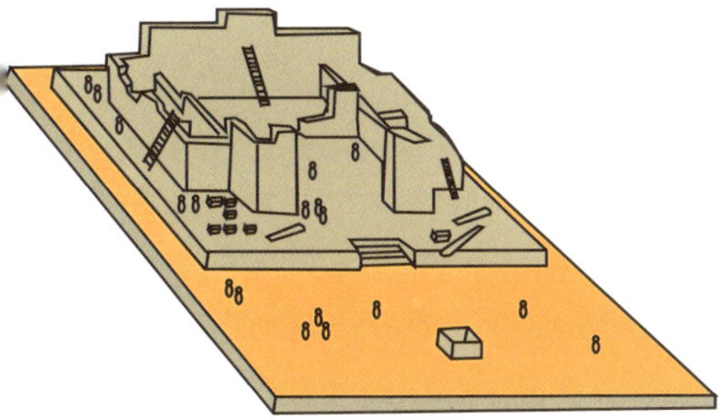

3. 에스라 4:1-5 공사가 계속되자 그 지역 거주자들은 포로 생활에서 돌아온 사람들이 공사를 계속하지 못하게 방해한다.

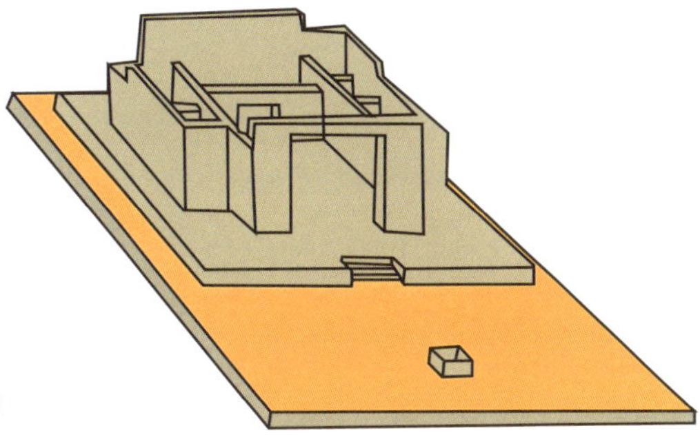

4. 에스라 4:24 성전 재건 공사는 16년 동안 중단된다. 그 원인은 반대자들 탓이기도 하지만 그들의 게으름 때문이기도 하다(학개1:2-8).

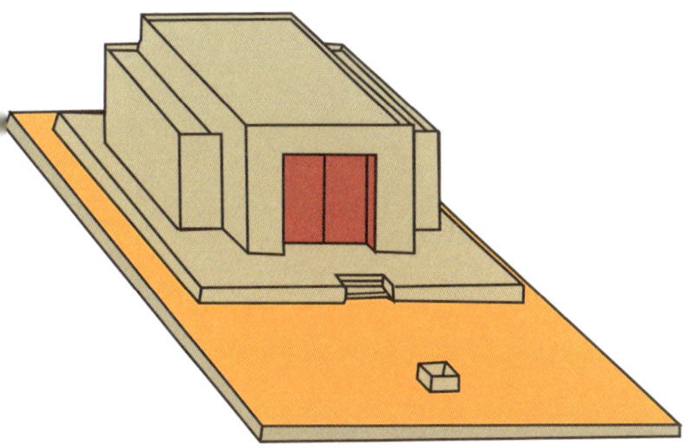

5. 에스라5:1-6:15 학개와 스가랴 선지자들의 격려를 받아 성전 건축공사는 다시금 계속된다. 그 지역의 관리들은 이 점에 대해 불평하지만 다리오 황제는 성전이 건축되어야 한다고 명령한다. 성전 건축은 4년 후에 드디어 완성된다.

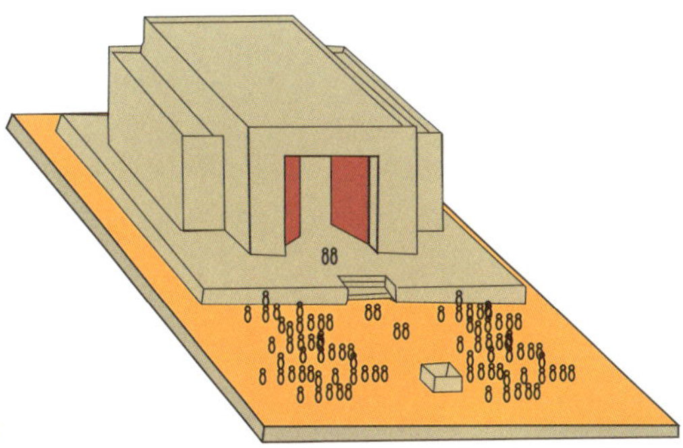

6. 에스라 6:16-22 성전은 기쁨으로 봉헌되고 그 곳에서 정기적으로 예배를 드리기 시작한다. 이 성전은 거의 500년 동안 존속하였다. 솔로몬의 성전이나 헤롯의 성전보다 오래 존속한 것이다.

검과 흙손

포로지에서 귀환한 각기 다른 집단들이
예루살렘에서 이룬 일은 무엇인가?

1. 성전 재건

세스바살과 스룹바벨이 이끄는 처음 두 집단들은 무너진 성전을 재건하기 시작했다. 그 자금의 일부는 바사 국고에서 조달되고 일부는 유대인 자신들에게서 조달되었다. 포로로 끌려가지 않았던 사람들의 반대에 부딪혔으나 성전은 대략 22년 후에 완성되었다 (스 3-6장).

2. 성벽 수축

느헤미야가 예루살렘으로 귀환함으로써 예루살렘 성벽 수축 공사가 시작되었다. 성벽 수축은 성전이 재건된지 약 70년 후에 시작되었다. 지방민들의 반대가 다시금 뒤따랐다. 건축 종사자들은 비록 한 손엔 흙손을 들고 한 손에 검을 들 때가 온다 할지라도 성벽 수축 공사는 완성되어야 한다고 결심하였다 (느 1:1-7:7).

3. 신앙개혁운동

에스라는 바사 황제에게서 유대인의 율법이 예루살렘과 유다에서 온전히 준수되도록 하라는 명령을 받았다. '수문앞 광장에서' 율법을 공중 앞에서 낭독함으로써 계약은 갱신되었다 (느 8:1). 에스라도 이방 결혼의 문제점을 지적하였다 (스 7-10장, 느 8-9장).

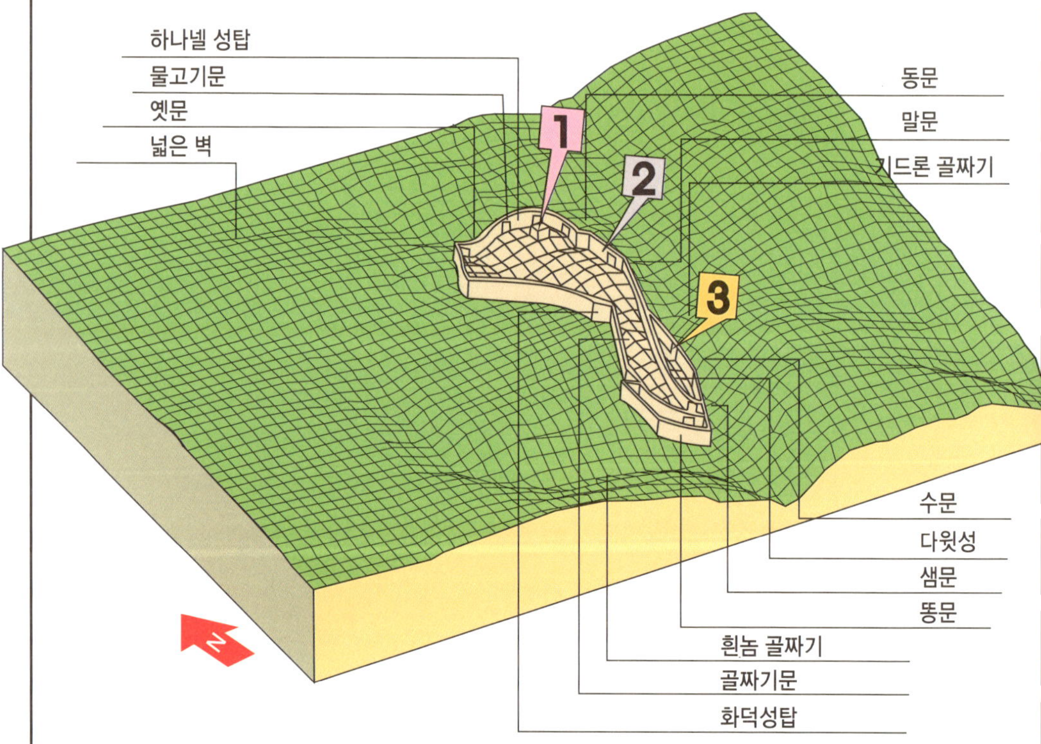

7

예수님의 생애와 교훈

구약성경의 마지막 음성이 울려퍼진 지 400년 후 유대인들은 다시금 강력한 제국의 통치를 받게 되었습니다. 유대는 세금과 점령군에 의해 엄력히 통제되어 있는 로마의 작은 속주에 불과 하였습니다. 많은 유대인들은 '메시야'(혹은 구세주)가 다윗왕의 모습으로나타나기를 기대하면서도 억눌림으로부터 해방되기를 갈망하였습니다.

세례요한과 예수님은 그들의 활동을 시작하였지만 대중들이 바라는 투쟁하는 메시야의 역할에 부합되지 못하였습니다. 그리하여 3년 이내에 요한은 목이 잘리우고 예수는 로마 권세자들의 손에 넘겨져 십자가에 못박혀 죽었습니다. 그러나 예수님은 죽음으로부터 부활하셨습니다. 그분은 오리라고 기대한 메시야요 어떤 사람이 그리던것보다도 더 큰 능력을 지닌 분이셨습니다.

예수님의 생애와 교훈

제7장의 개요

◆ **예수님의 탄생**(83면)
예수님은 주전4년 경에 탄생하셨다. 그의 부모는 그가 어렸을 때 그를 애굽으로 데려갔다. 헤롯 대왕의 유아 학살 때문이었다.

◆ **세례 요한**(84면).
요한은 백성에게 회개를 촉구하고 요단강에서 세례를 베풀면서 그의 사역을 시작한다.

◆ **헤롯의 생일**(85면).
세례 요한은 29년 경에 헤롯 안디바에게 붙잡혀 죽음을 당했다.

◆ **예수님의 공생애 시작**(86면).
나사렛 목수 예수님은 요한에게 세례를 받고 그의 첫 번째 제자들을 부른다.

◆ **북쪽 지방으로의 여행**(87면).
예수님의 사역초기에 사마리아와 갈릴리에서 일어난 사건들.

◆ **잠잠해진 폭풍**(88면).
예수님의 사역의 특징은 치유 활동과 자연의 힘을 넘어서는 기적과 악령 추방이었다.

◆ **이방 지역 활동**(89면).
예수님는 주로 유대인들에게 관심을 집중하였지만 어떤 경우에는 유대인이 아닌 사람들 가운데서도 활동하셨다.

◆ **너희는 나를 누구라고 하느냐?**(90면)
예수님은 자신에 대한 일반 사람들의 견해를 물은 다음 그의 제자들에게 자신이 누구라고 생각하는가 묻는다.

◆ **가버나움과 베다니**(91면).
예수님과 그의 일행은 오랫 동안 길에서 보냈지만 북쪽과 남쪽 지방에서 거처할 곳을 마련하였다.

◆ **나사로야 일어나라!**(92면).
예수님께서는 나사로의 목숨을 살려 주시자 그의 행동으로 인해 그의 적들은 적대적인 반응을 보인다. 그들은 예수를 죽일 음모를 꾸민다.

◆ **예수님의 예루살렘 입성**(93면).
예수님께서는 자신이 배반당할 것임을 아시고 결정적인 시기에 예루살렘으로 올라간다. 그는 영웅으로 환영을 받고 성전에서 도적질하는 상인들을 쫓아낸다.

◆ **마지막 24시간**(94면).
33년 예수님은 그의 제자들과 최후의 만찬을 나누고 배반을 당해 체포되며 고난을 받고 로마인들에게 죽임을 당한다.

◆ **우리는 그의 증인이라**(95면).
예수님께서는 부활하셨다는 첫 번째 그리스도인들의 믿음은 그가 사신 것을 보았다고 증거하는 많은 사람들에 의해서 뒷받침되었다.

◆ **예수님의 추종자들**(96면).
공생애 기간 동안 매우 많은 남녀들이 예수님을 따랐다.

"주의 성령이 내게 임하셨으니 이는 가난한 자에게 복음을 전하게 하시려고 내게 기름을 부으시고 나를 보내사 포로된 자에게 자유를 눈먼 자에게 다시 보게 함을 전파하며 눌린 자를 자유케 하고 주의 은혜의 해를 전파하게 하려 하심이라 이 글이 오늘날 너희 귀에 응하였느니라"(눅 4:18-19절).

공생애를 시작할 때의 예수

"나는 너희로 회개케 하기 위하여 물로 세례를 주거니와 내 뒤에 오시는 이는 나보다 능력이 많으시니 나는 그의 신을 들기도 감당치 못하겠노라. 그는 성령과 불로 너희에게 세례를 주실 것이요"(마 3:11).

세례 요한

"주는 그리스도시요 살아 계신 하나님의 아들이시니이다"(마 16:16).

예수님에 대한 베드로의 신앙고백

예수님의 탄생

1. 예수님은 베들레헴에서 마리아와 요셉 사이에서 탄생했다.
2. 점성가들이 동방(바벨론이나 페르시아로 추정되지만 아라비아일 가능성도 있다)으로부터 와서 왕이신 아기를 보려고 한다. 헤롯 왕은 그 소식을 듣고 불안해 한다.
3. 헤롯은 점성가들을 베들레헴으로 보낸다. 거기서 그들은 예수를 보고 예물을 드린다.
4. 그들은 다른 길로 해서 돌아간다.
5. 꿈의 경고에 따라 마리아와 요셉은 아기 예수를 애굽으로 안전하게 피신시킨다.
6. 헤롯은 베들레헴 근처의 2살 이하의 어린 아이들을 죽인다.

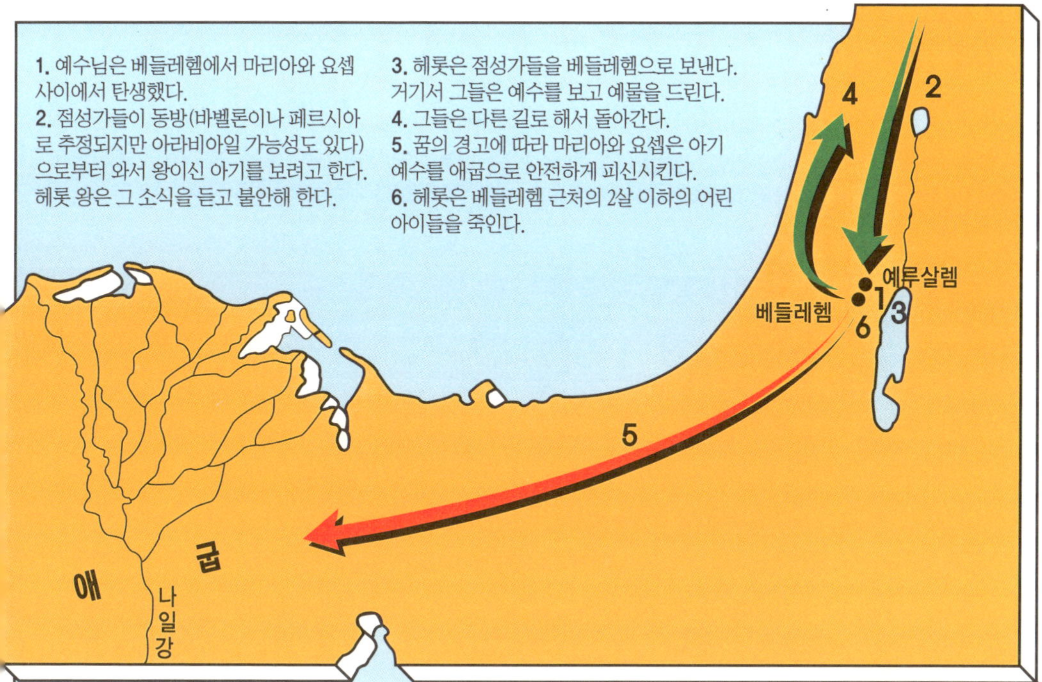

7. 1-2년이 지난 후 헤롯이 죽자 예수의 가족은 애굽으로부터 돌아온다.
8. 그들은 유대를 다스리는 헤롯의 아들이 두려워 갈릴리에 정착한다.

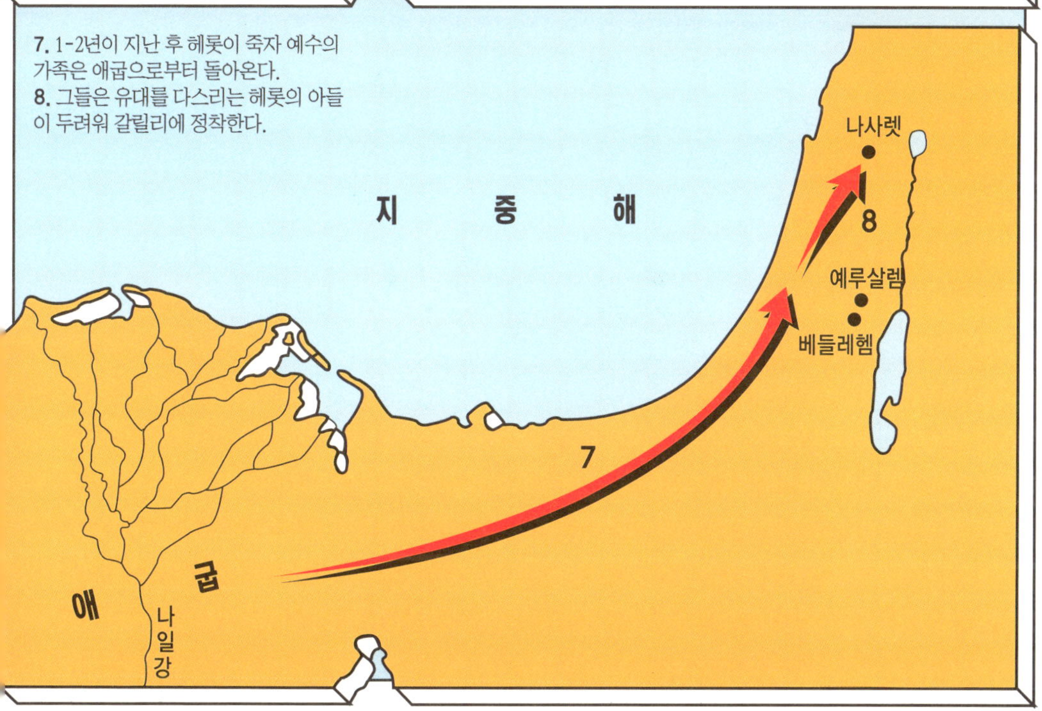

세례 요한

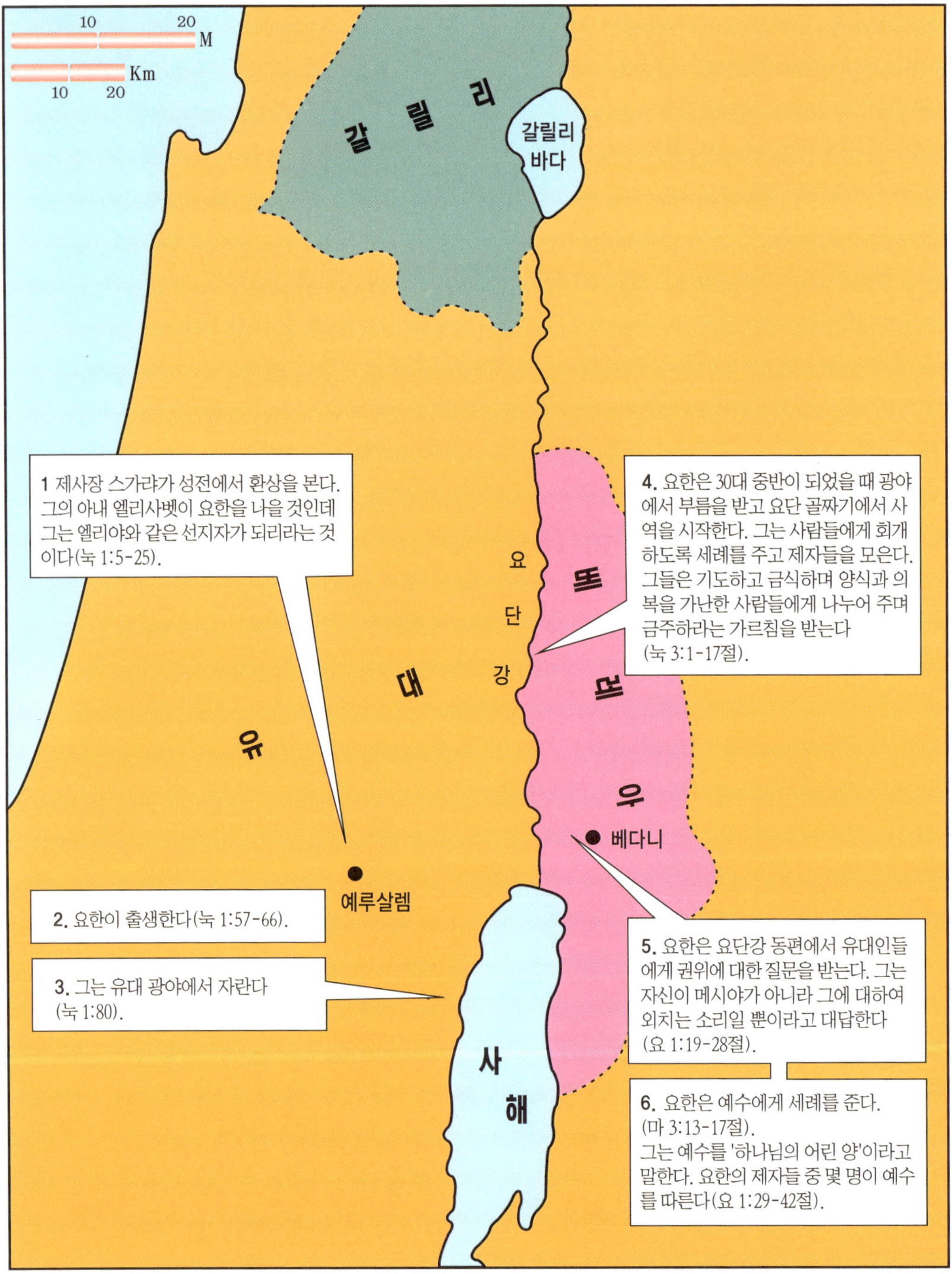
10 20 M
Km 10 20
갈릴리
갈릴리 바다
요단강
유대
뜨레아
베다니
예루살렘
사해
1 제사장 스가랴가 성전에서 환상을 본다. 그의 아내 엘리사벳이 요한을 나을 것인데 그는 엘리야와 같은 선지자가 되리라는 것이다(눅 1:5-25).
2. 요한이 출생한다(눅 1:57-66).
3. 그는 유대 광야에서 자란다 (눅 1:80).
4. 요한은 30대 중반이 되었을 때 광야에서 부름을 받고 요단 골짜기에서 사역을 시작한다. 그는 사람들에게 회개하도록 세례를 주고 제자들을 모은다. 그들은 기도하고 금식하며 양식과 의복을 가난한 사람들에게 나누어 주며 금주하라는 가르침을 받는다 (눅 3:1-17절).
5. 요한은 요단강 동편에서 유대인들에게 권위에 대한 질문을 받는다. 그는 자신이 메시야가 아니라 그에 대하여 외치는 소리일 뿐이라고 대답한다 (요 1:19-28절).
6. 요한은 예수에게 세례를 준다. (마 3:13-17절). 그는 예수를 '하나님의 어린 양'이라고 말한다. 요한의 제자들 중 몇 명이 예수를 따른다(요 1:29-42절).

헤롯의 생일

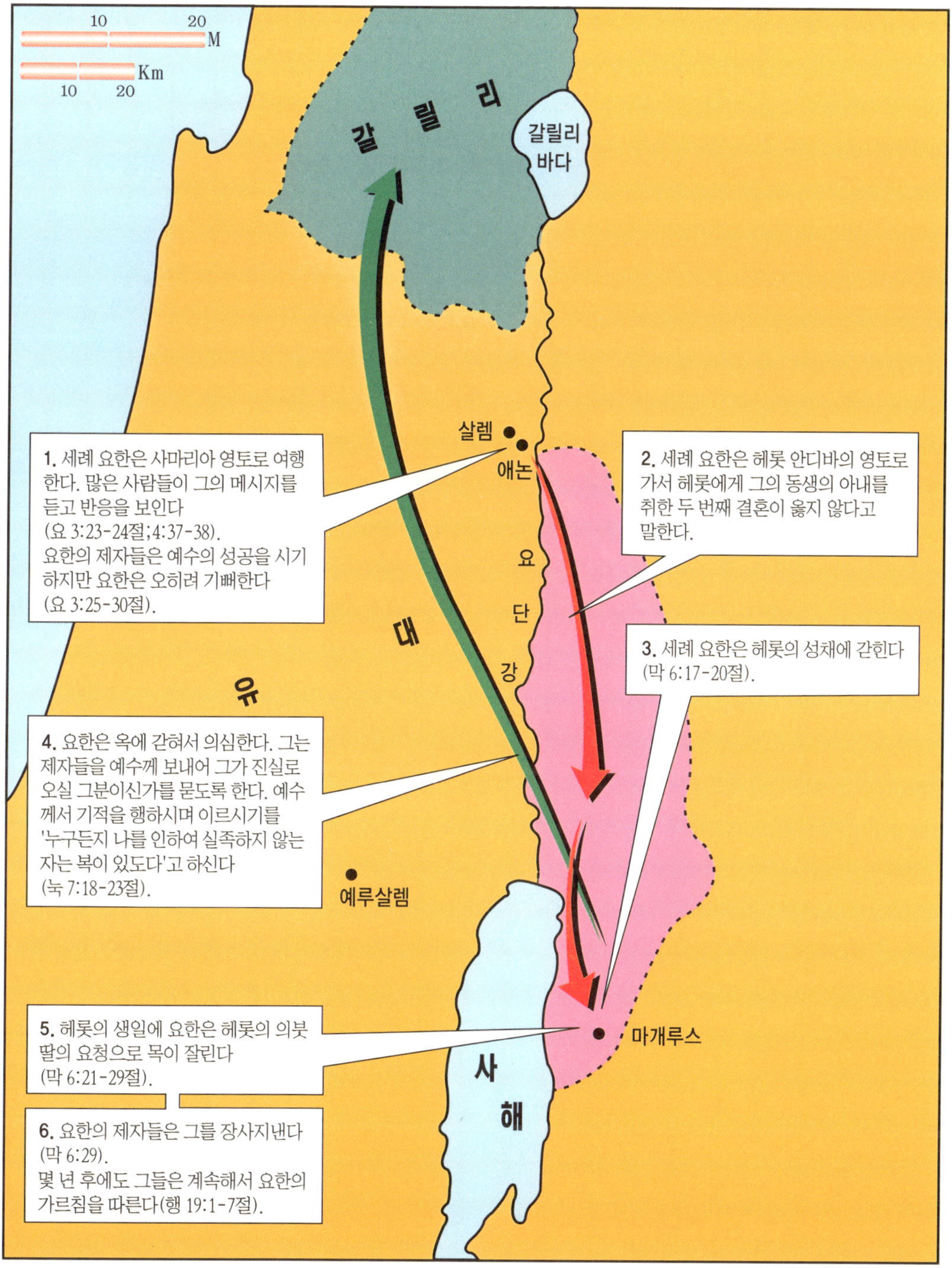
10 20 M
Km 10 20
갈릴리
갈릴리 바다
살렘
애논
요단강
유대
예루살렘
사해
마개루스
1. 세례 요한은 사마리아 영토로 여행한다. 많은 사람들이 그의 메시지를 듣고 반응을 보인다 (요 3:23-24절;4:37-38). 요한의 제자들은 예수의 성공을 시기하지만 요한은 오히려 기뻐한다 (요 3:25-30절).
2. 세례 요한은 헤롯 안디바의 영토로 가서 헤롯에게 그의 동생의 아내를 취한 두 번째 결혼이 옳지 않다고 말한다.
3. 세례 요한은 헤롯의 성채에 갇힌다 (막 6:17-20절).
4. 요한은 옥에 갇혀서 의심한다. 그는 제자들을 예수께 보내어 그가 진실로 오실 그분이신가를 묻도록 한다. 예수께서 기적을 행하시며 이르시기를 '누구든지 나를 인하여 실족하지 않는 자는 복이 있도다'고 하신다 (눅 7:18-23절).
5. 헤롯의 생일에 요한은 헤롯의 의붓딸의 요청으로 목이 잘린다 (막 6:21-29절).
6. 요한의 제자들은 그를 장사지낸다 (막 6:29). 몇 년 후에도 그들은 계속해서 요한의 가르침을 따른다(행 19:1-7절).

예수님의 공생애 시작

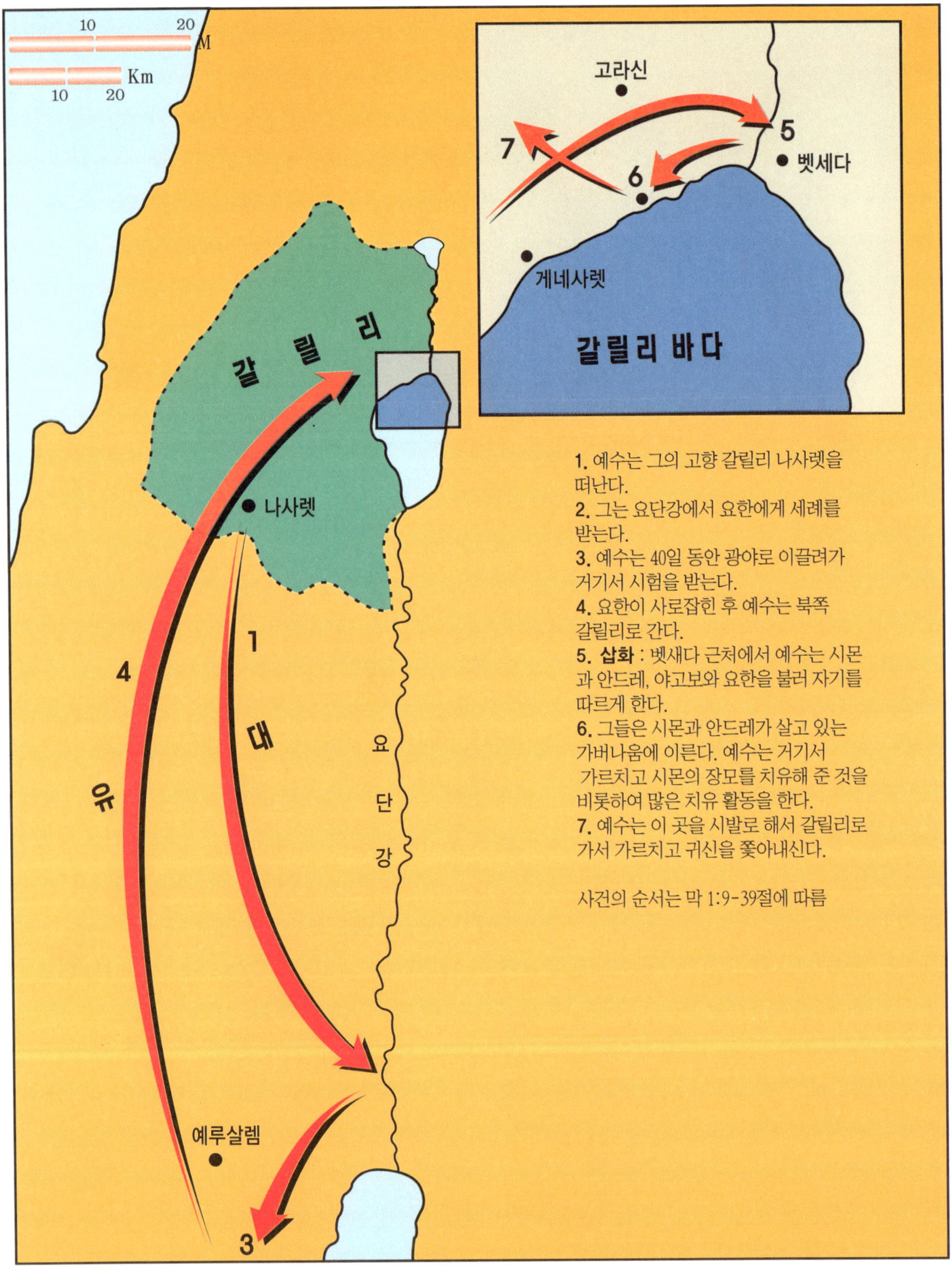

1. 예수는 그의 고향 갈릴리 나사렛을 떠난다.
2. 그는 요단강에서 요한에게 세례를 받는다.
3. 예수는 40일 동안 광야로 이끌려가 거기서 시험을 받는다.
4. 요한이 사로잡힌 후 예수는 북쪽 갈릴리로 간다.
5. **삽화** : 벳새다 근처에서 예수는 시몬과 안드레, 야고보와 요한을 불러 자기를 따르게 한다.
6. 그들은 시몬과 안드레가 살고 있는 가버나움에 이른다. 예수는 거기서 가르치고 시몬의 장모를 치유해 준 것을 비롯하여 많은 치유 활동을 한다.
7. 예수는 이 곳을 시발로 해서 갈릴리로 가서 가르치고 귀신을 쫓아내신다.

사건의 순서는 막 1:9-39절에 따름

북쪽 지방으로의 여행

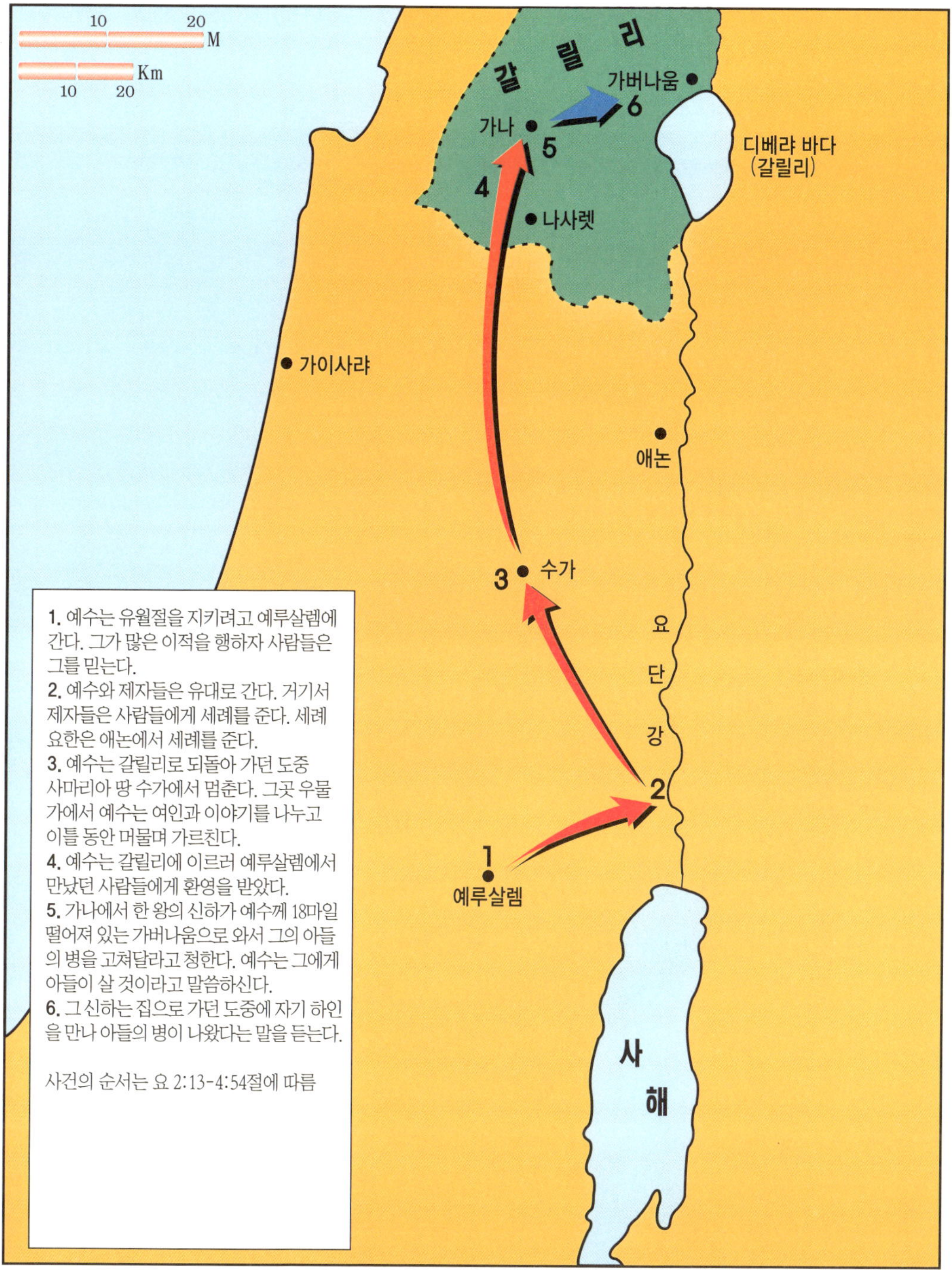

1. 예수는 유월절을 지키려고 예루살렘에 간다. 그가 많은 이적을 행하자 사람들은 그를 믿는다.
2. 예수와 제자들은 유대로 간다. 거기서 제자들은 사람들에게 세례를 준다. 세례 요한은 애논에서 세례를 준다.
3. 예수는 갈릴리로 되돌아 가던 도중 사마리아 땅 수가에서 멈춘다. 그곳 우물가에서 예수는 여인과 이야기를 나누고 이틀 동안 머물며 가르친다.
4. 예수는 갈릴리에 이르러 예루살렘에서 만났던 사람들에게 환영을 받았다.
5. 가나에서 한 왕의 신하가 예수께 18마일 떨어져 있는 가버나움으로 와서 그의 아들의 병을 고쳐달라고 청한다. 예수는 그에게 아들이 살 것이라고 말씀하신다.
6. 그 신하는 집으로 가던 도중에 자기 하인을 만나 아들의 병이 나왔다는 말을 듣는다.

사건의 순서는 요 2:13-4:54절에 따름

잠잠해진 폭풍

1. 예수는 12제자를 언덕으로 부른다.
2. 예수와 제자들은 예수가 활동 본부로 삼은 가버나움으로 '귀가했다.' 예수는 군중들을 가르치느라 매우 바빠서 음식 먹을 시간도 없다.
3. 예수와 제자들은 밤에 갈릴리 바다를 건넌다.
4. 큰 광풍이 불어 배를 침몰시키려 한다. 그러나 예수는 잠들어 있다. 제자들이 예수를 깨우자 그는 폭풍을 명하여 잠잠케 한다.
5. 그들은 거라사 혹은 가다라 지방에 도착한다. 거기서 예수는 한 사람으로부터 귀신 떼를 쫓아내 돼지들에게 들어가도록 한다.
6. 예수와 제자들은 호수를 다시 건너간다. 예수는 야이로의 딸을 살리고 그의 옷에 손을 댄 여인의 병을 고쳐준다.
7. 그들은 나사렛으로 가지만 예수는 그곳에서 배척된다. 그는 12제자들을 보내어 복음을 전하고 병을 고쳐주며 귀신을 쫓아내도록 한다.

사건의 순서는 막 3:16-6:13절에 따름. 많은 세부적인 내용들은 이 이야기들이 목격자의 보고임을 밝혀준다. 아마 베드로가 이 이야기들을 마가에게 말해주었을 것이다.

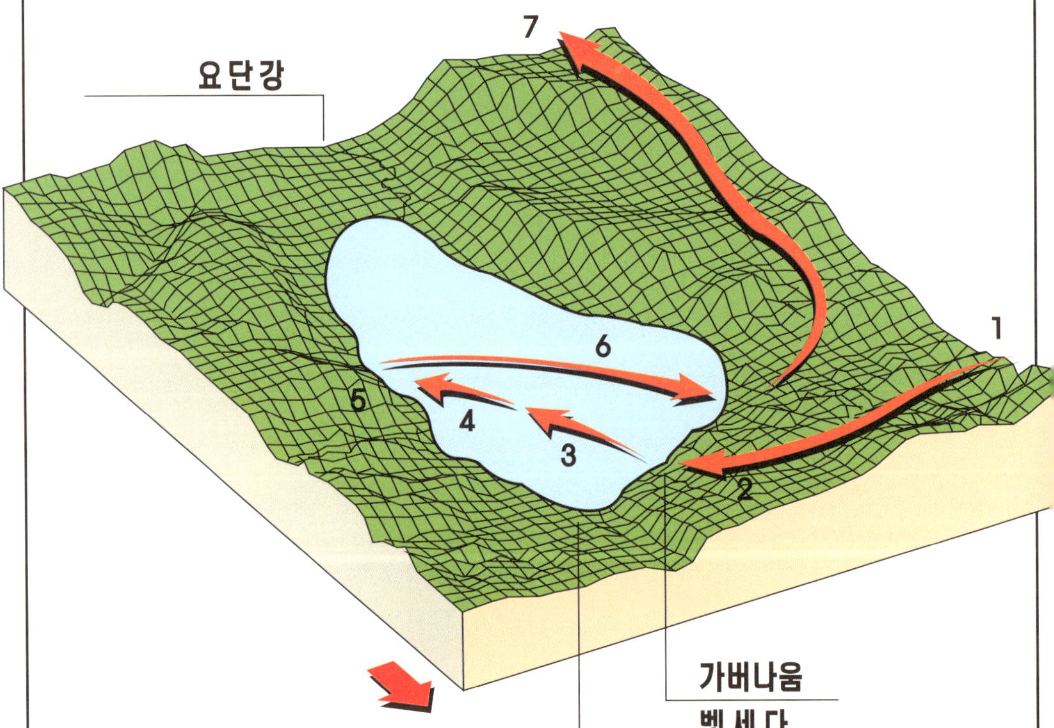

이방 지역 활동

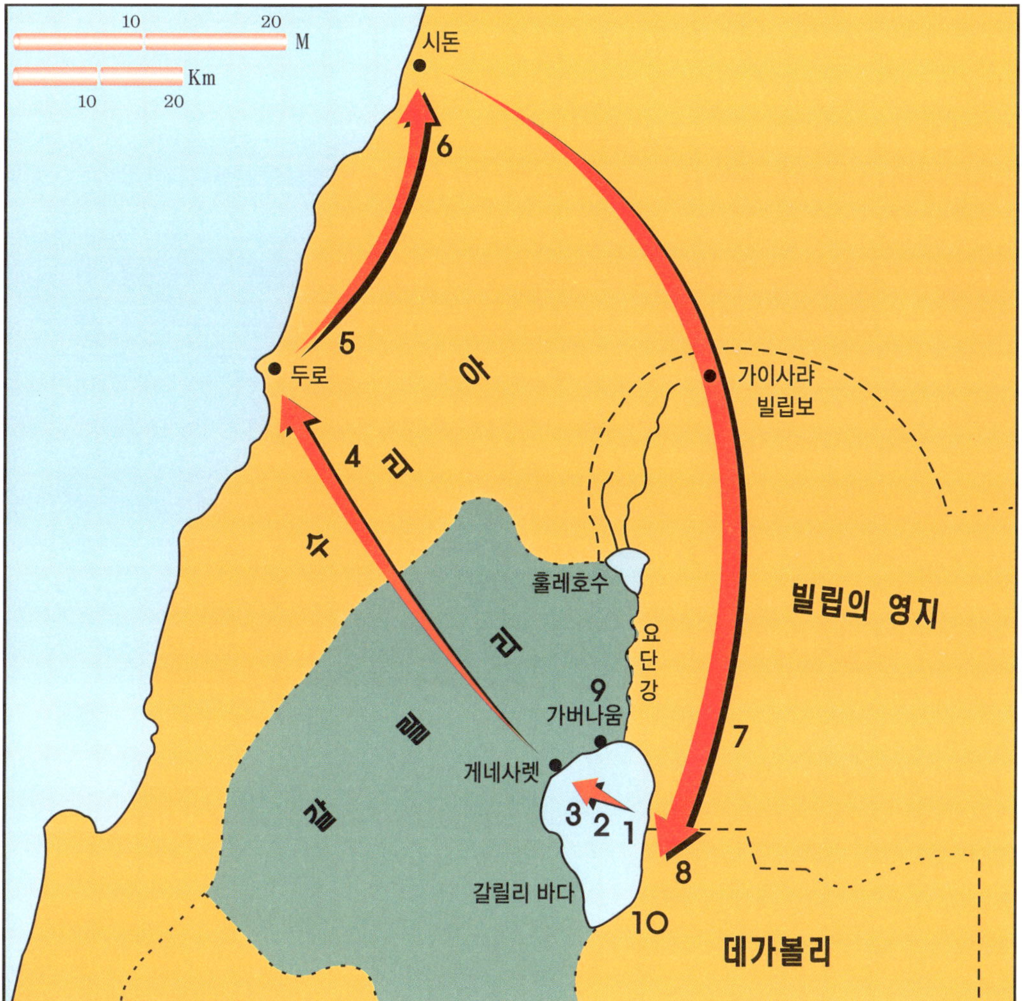

1. 예수는 5000명을 먹이신 후 제자들을 배에 태워 벳새다로 보낸다. **2.** 맞바람이 쳐 그들의 항해는 더디다. 밤 사경 즈음에 예수께서 물 위로 걸어 그들에게 오신다. **3.** 항로를 바꾸어 그들은 게네사렛에 도착하여 얼마 동안 머문다. 예수는 그 지방의 많은 병자들을 고쳐주신다. **4.** 예수는 비밀리에 두로 지경으로 간다. **5.** 한 점잖은 부인이 그에게 와서 자기 딸에게서 귀신을 쫓아주도록 간청한다. 예수는 거절하지만 그녀는 끝까지 간청한다. 예수는 잠시 후 그 소녀를 구해준다. **6.** 그는 북쪽의 시돈 근처로 간다. **7.** 그는 데가볼리('열 개의 성읍들')지경으로 내려온다. 거기서는 예수께서 들어 가셨다는 언급이 없다. **8.** 여기서 예수는 귀먹고 어눌한 자를 고쳐주신다. 그가 기적을 행한다는 명성이 두루 퍼진다(막 6:45-56절;7:24-37절에 따른 사건의 재구성임). 예수는 다음과 같이 두 번 비유대인들의 요구에 응답하였다. **9.** 예수는 믿음이 좋은 로마 백부장의 하인을 치유하신다(눅 7:1-10절). **10.** 예수는 데가볼리에 사는 한 남자에게서 귀신의 우두머리를 쫓아내신다(막 5:1-20).

너희는 나를 누구라고 하느냐?

1. 예수와 그의 제자들은 벳새다에서 소경을 고쳐준다.
2. 그들은 가이사랴 빌립보 지방으로 여행한다. 예수는 제자들에게 사람들이 자신을 누구로 생각하느냐고 묻는다. 베드로는 예수가 메시야이심을 믿는다고 대답한다. 예수는 그들에게 그의 죽음이 임박했음을 알려준다.
3. 6일 후 예수는 베드로와 야고보와 요한을 데리고 높은 산(아마도 헬몬산일 것이다)으로 올라가 거기서 변형된다. 산기슭에서 그는 한 아이로부터 악령을 쫓아낸다.
4. 예수와 제자들은 갈릴리를 통과한다. 예수는 그의 죽음에 대하여 이야기 한다.
5. 가버나움에서 예수는 서로 경쟁하는 그의 제자들에게 가장 위대한 제자가 되기 위한 방법을 일러준다.

사건의 순서는 막 8:22-9:37절에 따름

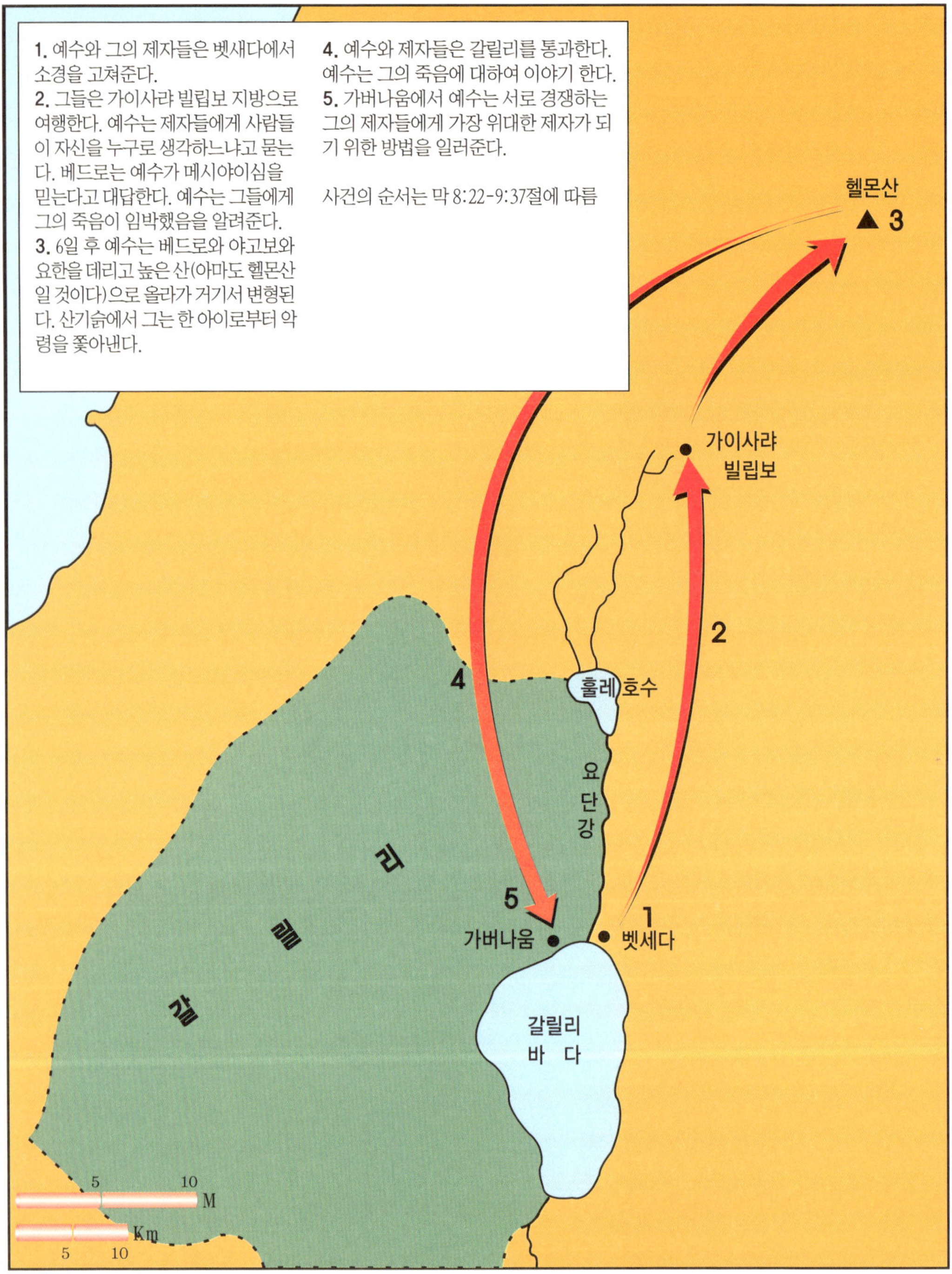

가버나움과 베다니

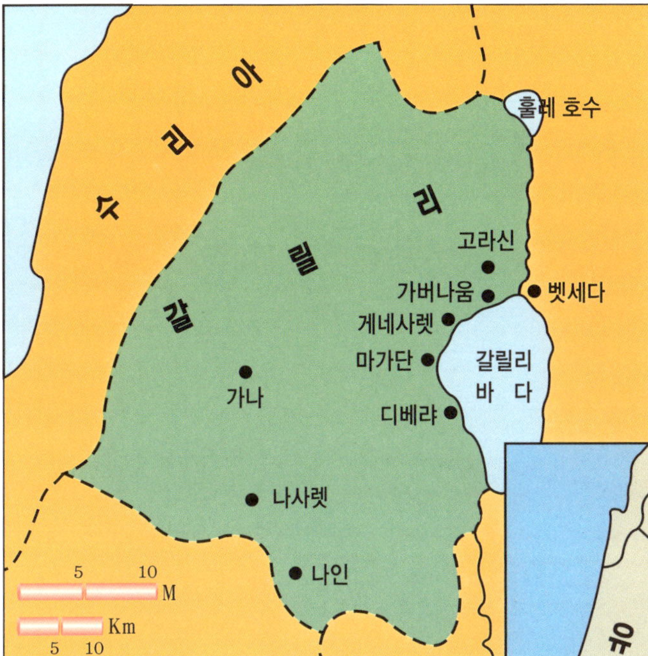

가버나움

예수의 공생애 초기에 그는 나사렛에서 거절당한 후 가버나움에 머무르셨다. 그는 그 성읍을 갈릴리로 여행하기 위한 거점으로 이용하였고 시몬과 안드레의 집에서 머물렀던 것 같다. 거기서 예수는 시몬의 장모의 병을 고쳐주었다. 그는 성읍에서 몰려나오는 많은 무리들의 병을 고쳐주었다. 그러자 그 성읍은 예수께서 기적을 행하신 곳이라는 명성을 얻었다(눅 4:23). 예수는 나중에 가버나움이 그에게 반응을 보이지 않자 이를 책망하셨다(눅 10:15).

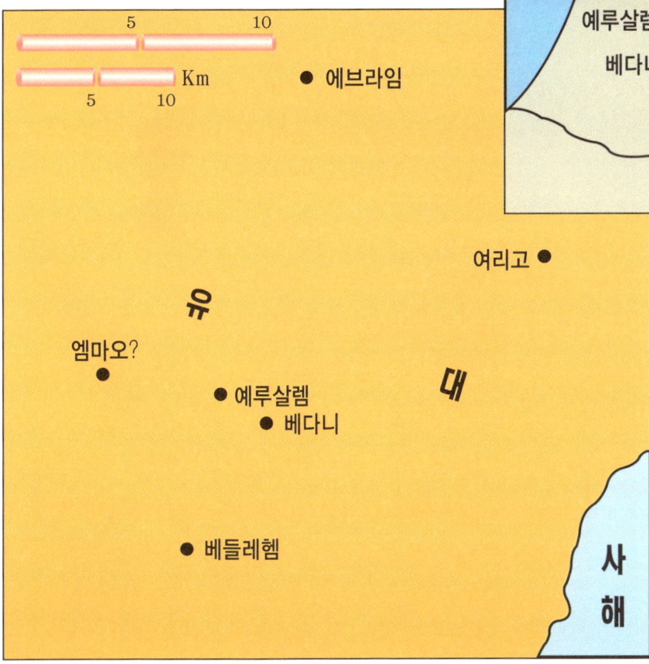

베다니

예수는 남쪽 여행 도중에 베다니에 있는 마리아와 마르다 자매의 집에 들러 환영을 받았다(눅 10:38). 베다니는 그의 남쪽 고향이 되었다. 그가 마지막으로 예루살렘에 여행할 때 그는 밤에는 베다니에서 머물다가 낮에는 성읍으로 들어갔다. 그는 죽기 직전에 베다니에서 기름부음을 받았는데 기름을 부은 사람은 마르다의 동생인 마리아였을 것이다(막 14:3-9절).

나사로야 일어나라!

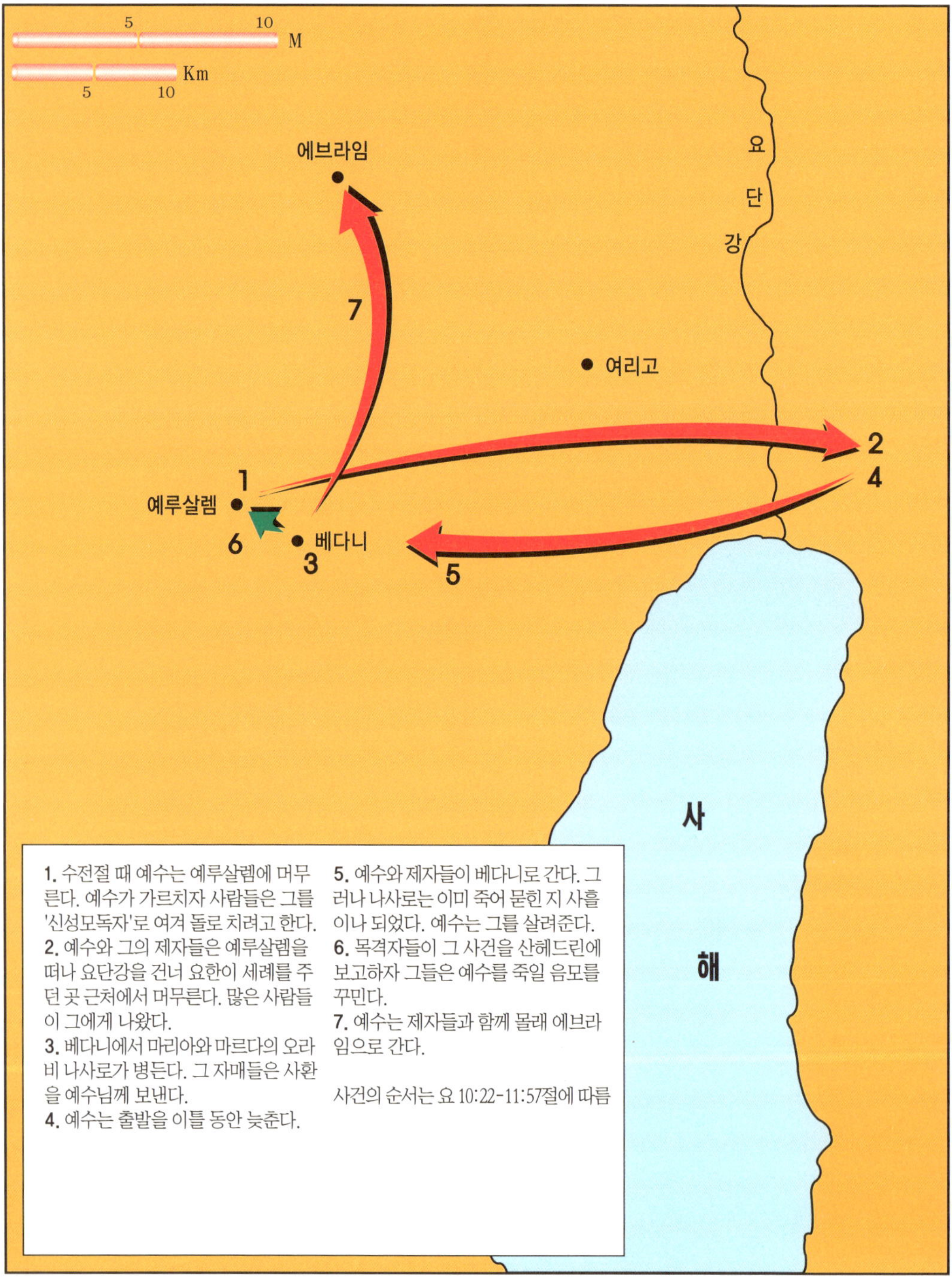

1. 수전절 때 예수는 예루살렘에 머무른다. 예수가 가르치자 사람들은 그를 '신성모독자'로 여겨 돌로 치려고 한다.
2. 예수와 그의 제자들은 예루살렘을 떠나 요단강을 건너 요한이 세례를 주던 곳 근처에서 머무른다. 많은 사람들이 그에게 나왔다.
3. 베다니에서 마리아와 마르다의 오라비 나사로가 병든다. 그 자매들은 사환을 예수님께 보낸다.
4. 예수는 출발을 이틀 동안 늦춘다.
5. 예수와 제자들이 베다니로 간다. 그러나 나사로는 이미 죽어 묻힌 지 사흘이나 되었다. 예수는 그를 살려준다.
6. 목격자들이 그 사건을 산헤드린에 보고하자 그들은 예수를 죽일 음모를 꾸민다.
7. 예수는 제자들과 함께 몰래 에브라임으로 간다.

사건의 순서는 요 10:22-11:57절에 따름

예수님의 예루살렘 입성

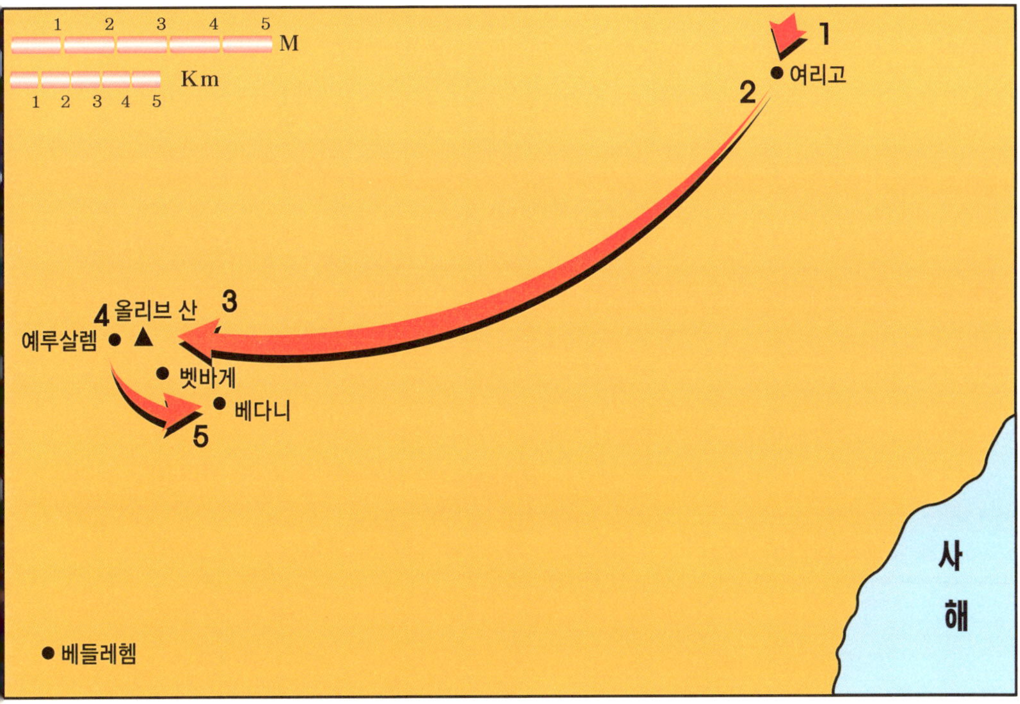

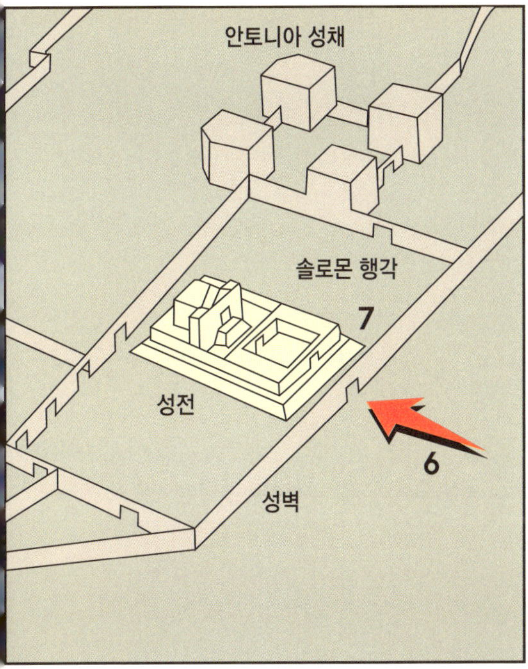

1. 예수와 그의 제자들은 여리고를 지나간다(누가는 예수가 여기서 삭개오를 만난다고 기록한다).
2. 여리고를 나갈 때 많은 무리들이 그를 따랐다. 예수는 소경 바디매오를 고쳐준다.
3. 올리브 산에서 예수는 2명의 제자를 벳바게 혹은 베다니로 보내 매어 있는 나귀를 골라 벳바게나 베다니에 있는 그 주인에게서 풀어 오도록 한다.
4. 예수께서 나귀를 타고 예루살렘으로 입성하자 군중들은 그를 메시야로 환영한다.
5. 그들은 베다니에서 밤을 보낸다.
6. 다음 날 아침 그들은 다시 예루살렘으로 들어간다.
7. 성전이 있는 솔로몬 행각에서 예수는 부정직한 상인들을 쫓아낸다.

사건의 순서는 막 10:46-11:29절에 따름.

최후의 24시간

1. 예수와 제자들은 비밀 장소 곧 다락방에서 유월절 식사를 한다 (막 14:12-26).
2. 유다는 밤에 나가 예수를 배반한다(요 13:21-30절).
3. 겟세마네에서 예수는 기도하지만 제자들은 잠든다(막 14:32-42절).
4. 유다가 로마 병사들과 성전 수비대를 이끌고와서 예수를 체포한다. 제자들은 도망친다(막 14:43-52절).
5. 예수는 가야바의 장인 안나스 앞에서 정죄 받는다(요 18:12-14절).
6. 예수는 대제사장 가야바와 유대인 공회앞에 선다. 증인들의 의견은 일치하지 않고 예수는 답변을 거부한다. 예수는 신성모독죄를 선고받는다. 베드로는 예수를 부인한다(막 14:53-72절).
7. 이른 아침에 빌라도의 관저에서 정치범죄 사건 공판이 열렸다. 빌라도는 예수가 결백하다고 생각한다(눅 23:1-5절).
8. 빌라도는 예수를 헤롯 안디바에게 보낸다. 그는 세례 요한을 살해했던 자다. 예수가 진술을 거부하자 헤롯과 병사들은 예수를 왕으로 꾸민다(눅 23:6-12절).
9. 빌라도가 예수를 풀어주도록 제안하지만 군중들은 바라바를 선택한다. 예수는 궁전 밖의 포장용 돌인 가바다 위에서 유죄 선고를 받는다(요 18:38-19:16절).
10. 유다는 이 소식을 듣고 자신이 배반한 대가로 받은 돈을 제사장들에게 돌려주려고 한다.
11. 유다는 자살한다(마 27:3-10).
12. 병사들이 예수를 조롱한다(마 27:27-31절).
13. '해골'곧 골고다에서 예수는 십자가에 못박힌다(눅 27:32-44절).

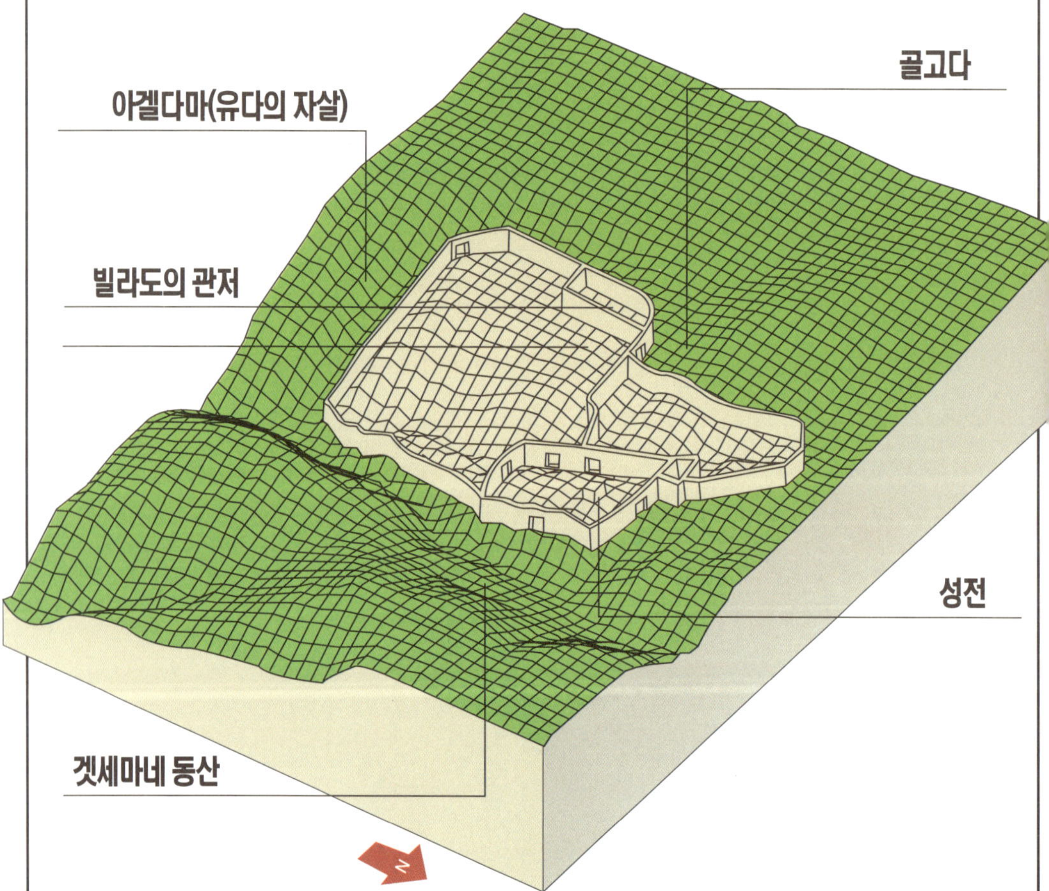

우리는 그 증인이라

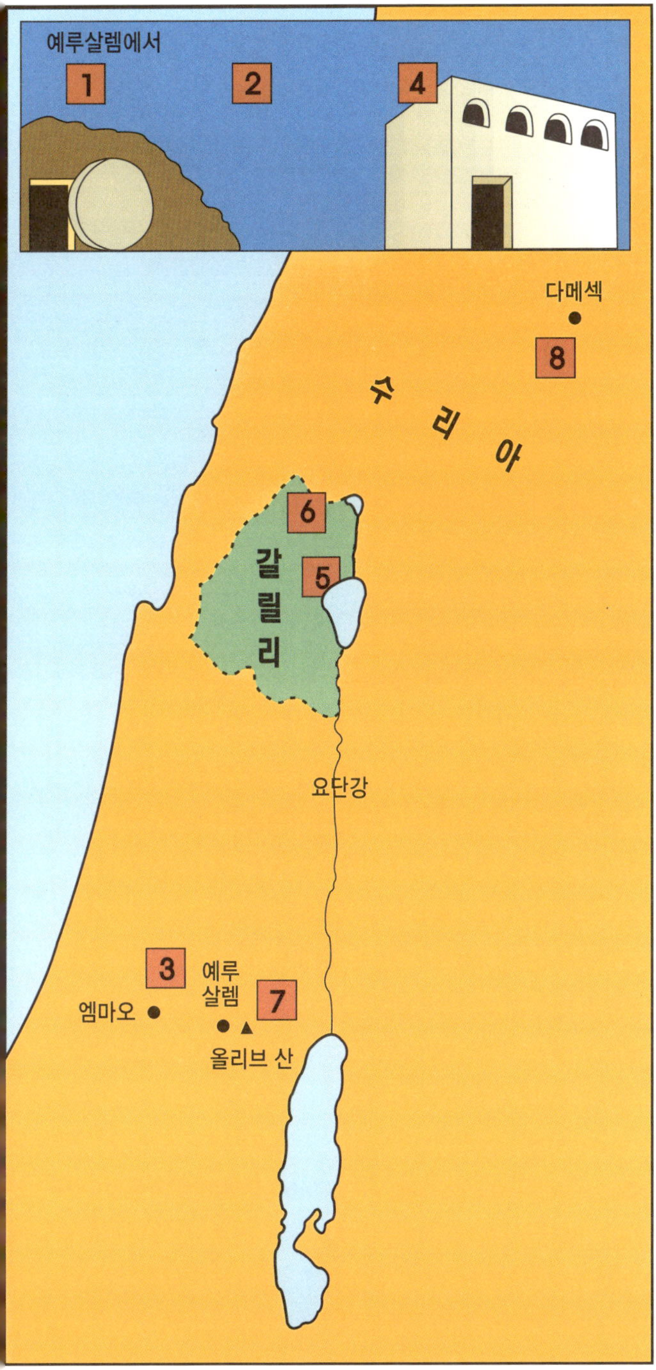

1. 무덤에서 막달라 마리아가 예수를 만난다(요 20:11-18, 막16:9-11절).
2. 무덤 근처에 있는 막달라 마리아와 '다른 마리아'(마28:9-10절).
3. 엠마오의 도상에서 글로바와 다른 제자에게 나타남(눅24:13-35, 막16:12-13절).
4. 다락방에서 제자들이 식사하고 있을 때(막16:14-18)예수께서 그들에게 나타나 그를 만져보도록 하고 고기를 먹는다(눅 24:36-49). 도마가 없을 때 잠긴 문을 넘어서 나타남(요 20:19-23절).도마에게 나타나심(요 20:24-29절).
5. 디베랴 호수(갈릴리 바다)가에서 베드로, 도마, 나다나엘, 야고보, 요한 그리고 다른 두 제자들이 예수께서 만드신 조반을 먹는다(요 21:1-22절).
6. '갈릴리 언덕'위에서 열두 제자들에게 나타남(마 28:16-20절).
7. 베다니만큼 떨어져 있는 올리브 산 위에서 예수는 하늘로 올리워 가신다(눅24:50-51절, 행 1:6-11절).
8. 다메섹 도상에서 예수는 사울에게 나타나신다(행 9:1절-9절).

바울은 고린도전서 15:5-7절에서 예수께서 베드로, 예수의 동생 야고보에게 따로 나타나셨고 '500여 문도에게 일시에' 나타나셨다고 기록한다.
행1:3절에는 예수께서 부활하신 후 40일 동안 여러번 나타나셨다고 기록되어 있다.

예수님의 추종자들

나다니엘(바돌로매로 알려짐)은 가나 출신으로 빌립의 인도로 예수의 제자가 되었다(요 1:45-51절).

시몬과 안드레는 벳새다 출신이지만 가버나움에서 살았다. 이 두 형제는 고기잡이 동업자였다(막 1:16-18절).

야고보와 요한은 가버나움이나 그 근처에서 살았다. 이 형제는 매우 유복한 가문 출신의 어부였다(막 1:19-20절).

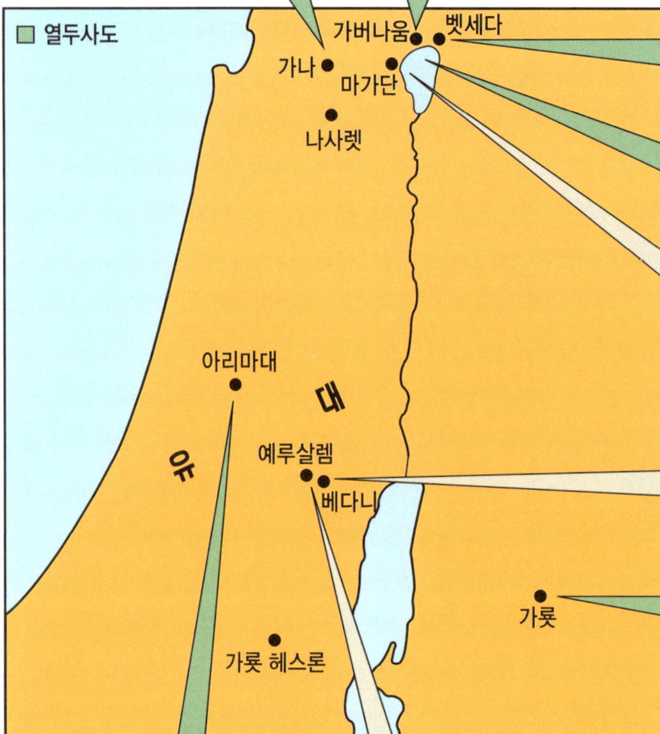

빌립은 벳새다 출신이었다(요 1:43-44절).

레위(마태로 알려짐)는 갈릴리 호수 근처의 세관에서 예수의 부름을 받았다(막 2:13-17절).

막달라 마리아는 마가단 출신으로서 예수는 그녀를 귀신으로부터 구해주셨다. 그녀는 다른 여인들과 함께 예수를 따랐다(눅 8:1-2절).

마리아와 마르다는 예수를 그들의 집으로 영접하였다. 이 자매들의 오라비는 나사로였는데 나중에 예수께서 그를 죽은 자 가운데서 일으키셨다(눅 10:38-42절).

가룟 유다는 예수를 팔았다. '가룟'은 아마 그가 가룟이나 가룟 헤스론 출신임을 의미할 것이다. 그는 제자들의 재정 담당자였다(요 12:4-6절).

아리마대 요셉은 유대인 산헤드린 회원으로서 예수의 은밀한 추종자였다(눅 23:50-54절).

니고데모도 밤에 예수께 왔던 예수의 은밀한 추종자였다(요 3:1-21절).

마가와 그 가족은 최후의 만찬을 행한 집 주인이었을 것이다. 그 집은 초대교회의 초기 집회 장소였다(행 12:12).

도마는 예수의 부활을 의심했다. **알패오의 아들 야고보, 셀롯인 시몬, 야고보의 아들 유다**(다대오로 알려짐)는 12사도의 일원이었다(막 3:18).

요안나(헤롯의 궁전 관리인 구사의 아내)와 **수산나**와 다른 여인들이 예수와 그 제자들을 따르며 그들을 재정적으로 후원하였다(눅 8:3).

바사바 요셉과 맛디아는 유다를 대신할 사도의 후보들이었다(행 1:15-26절).
그들은 처음부터 예수를 뒤따랐는데 사도로 뽑힌 사람은 맛디아였다.

8

제자들의 길

예수님께서 부활하신 후 7주 만에 교회가 설립되었습니다. 오순절에 예루살렘은 유대인 순례자들로 붐볐습니다. 그때 성령이 예수님의 제자들에게 임하였고 그 결과 3000명의 순례자들이 복음을 믿고 세례를 받았습니다. 스데반이 설교하다가 돌에 맞아 죽을 때까지 교회는 예루살렘에 남아 있었습니다. 그러나 박해가 시작되자 그리스도인들은 복음을 들고 각처로 흩어졌습니다.

베드로가 비유대인 백부장 고넬료를 회심시키자 복음이란 오직 유대인을 위해 존재한다고 믿던 사람들은 이것에 대하여 베드로를 비판하였습니다. 그러나 베드로는 그의 행동을 변명하면서 그리스도인이 되는 길이 모든 종족들에게 활짝 개방되어 있음을 밝혔습니다. 이리하여 유대교의 소종파로 시작 되었던 기독교는 신속하게 국제적인 운동이 되었던 것입니다.

제자들의 길

제8장의 개요

◆ **예루살렘의 신도들**(99면).
예수님이 승천한 때부터 스데반이 순교할 때까지 교회는 예루살렘에만 존재한다.

◆ **퍼져나가는 복음**(100면).
스데반이 죽고 교회에 대한 극심한 박해가 일어나지만 이로 인해 복음은 갑자기 여러 지역으로 퍼져 나간다. 20년 내에 복음은 지중해 주변 세계로 널리 퍼져 나간다.

◆ **빌립의 전도활동**(102면).
빌립은 복음을 사마리아와 가이사랴해안까지 전한다.

◆ **이방교회 안디옥**(103면).
복음은 곧 비유대인들에게도 전해진다. 안디옥은 신속하게 예루살렘 밖의 교회를 위한 가장 중요한 기지가 된다.

◆ **로마 세계의 여행로**(104면).
기독교 신앙은 좋은 도로 사정과 안전한 여행에 의해 퍼져 나갔다. 로마 제국으로 여행하는 것은 어떠했을까?

◆ **베드로의 선교여행**(106면).
베드로는 예수에 대하여 설교하면서 멀리 여행한다. 그는 로마에서 순교하였는데 아마도 64년 바울과 함께 순교하였을 것이다.

"그런즉 이스라엘 온 집이 정녕 알지니 너희가 십자가에 못박은 이 예수를 하나님이 주와 그리스도가 되게 하셨느니라"(행 2:36)

오순절 날에 행한 베드로의 설교

"우리가 이 이름으로 사람을 가르치지 말라고 엄금하였으되 너희가 너희 교를 예루살렘에 가득하게 하니 이 사람의 피를 우리에게로 돌리고자 함이로다"(행 5:28)

대제자상 가야바가 사도들을 고발하는 말

"보라! 하늘이 열리고 인자가 하나님 우편에 서신 것을 보노라"(행 7:56)

순교하는 스데반의 말

"사랑하는 자들아 너희를 시련하려고 오는 불 시험을 이상한 일 당하는 것 같이 이상히 여기지 말고 오직 너희가 그리스도의 고난에 참여하는 것으로 즐거워하라. 이는 그의 영광을 나타내실 때에 너희도 즐거워하고 기뻐하게 하려 함이라"(벧전 4:12-13)

베드로가 그가 세운 교회에 쓴 편지

예루살렘의 신도들

1. 제자들은 예수께서 올리브 산에서 승천하기 전에 그를 마지막으로 본다.
2. 약 10일 후 예루살렘은 오순절 축제에 참석하려는 순례자들로 가득찬다. 다락방에 모인 신도들은 성령의 충만함을 받는다. 군중들이 모이고 베드로가 설교하자 3000명이 회개한다.
3. 신도들은 소유를 나누고 기적을 행하며 날마다 성전에 함께 모인다.
4. 성전 '미문'에서 베드로와 요한이 앉은뱅이를 일으킨다. 그들은 군중들에게 설교하고 체포된다.
5. 유대인 공회는 그들에게 예수에 대하여 말하지 못하도록 경고한다.
6. 신도들은 성전의 솔로몬 행각에서 정규적으로 모인다. 많은 사람들이 그들 모임에 가담한다.
7. 사도들 모두가 체포되어 투옥된다. 그러나 그들은 밤에 기적적으로 풀려난다. 그들은 새벽에 성전에서 가르친다.
8. 그들은 유대인 공회에 붙잡혀 매질을 당하고 설교하지 못하도록 금지 당한다.
9. 교회는 기금을 관리하도록 7명을 뽑는다. 그들 중 한 사람인 스데반은 체포되어 성읍 밖에서 돌에 맞아 죽는다. 이 일이 계기가 되어 극심한 박해가 일어나 성도들은 복음을 들고 뿔뿔이 흩어진다.

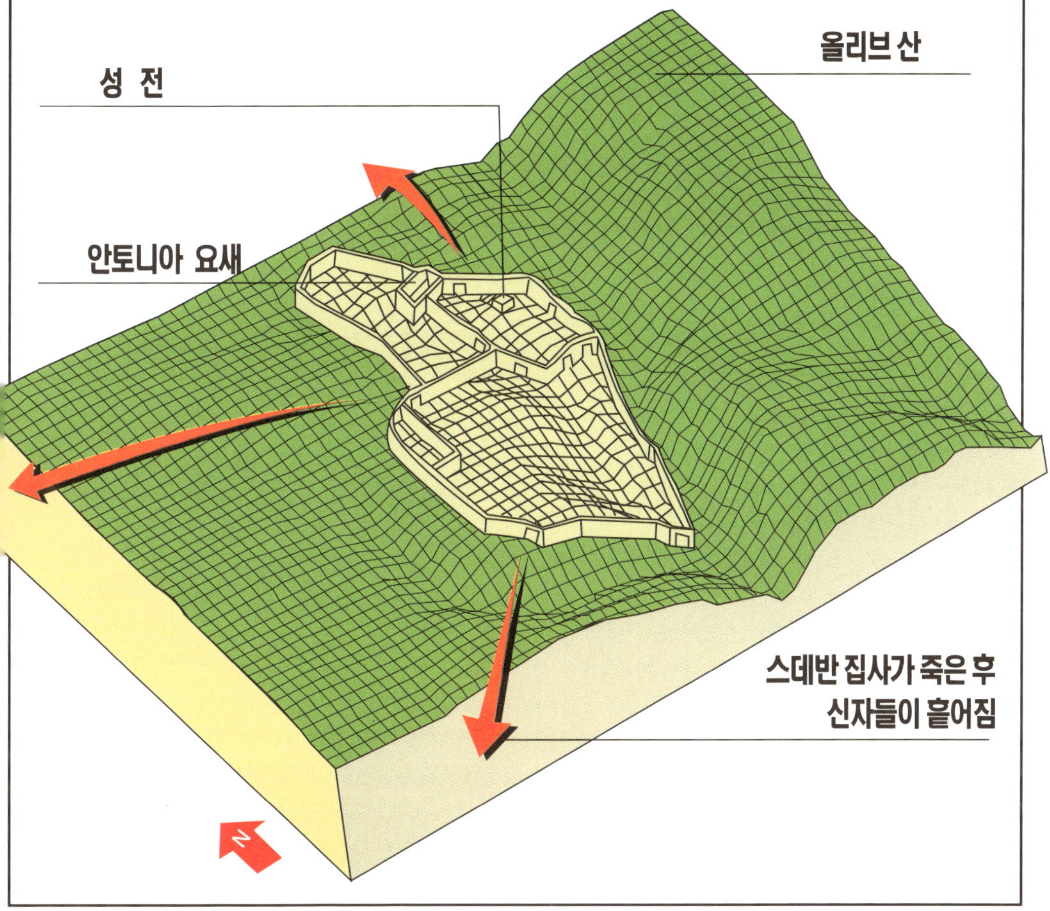

퍼져나가는 복음

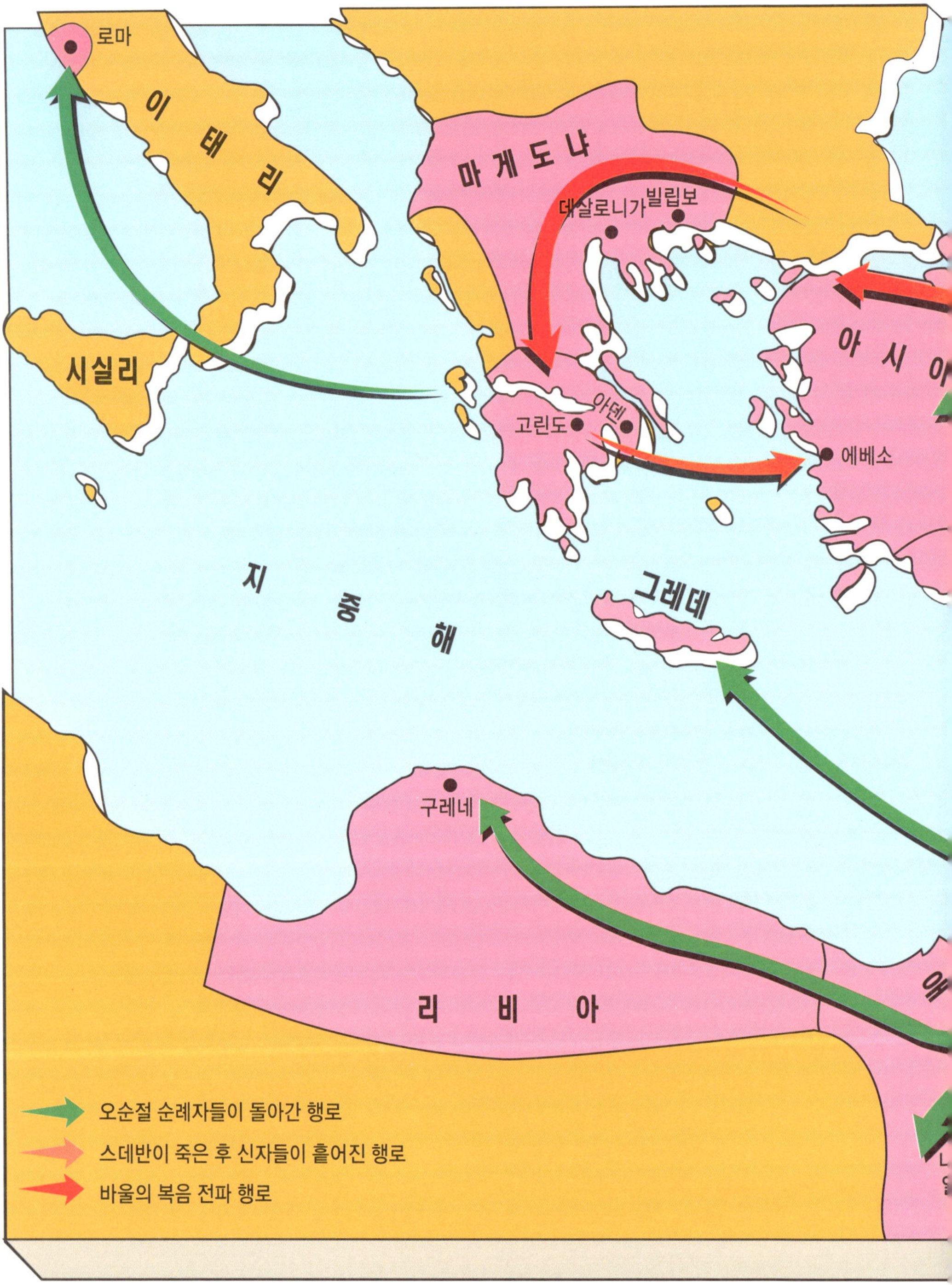
로마
이태리
시실리
마게도냐
데살로니가
빌립보
아시아
고린도
아덴
에베소
지중해
그레데
구레네
리비아
애
오순절 순례자들이 돌아간 행로
스데반이 죽은 후 신자들이 흩어진 행로
바울의 복음 전파 행로

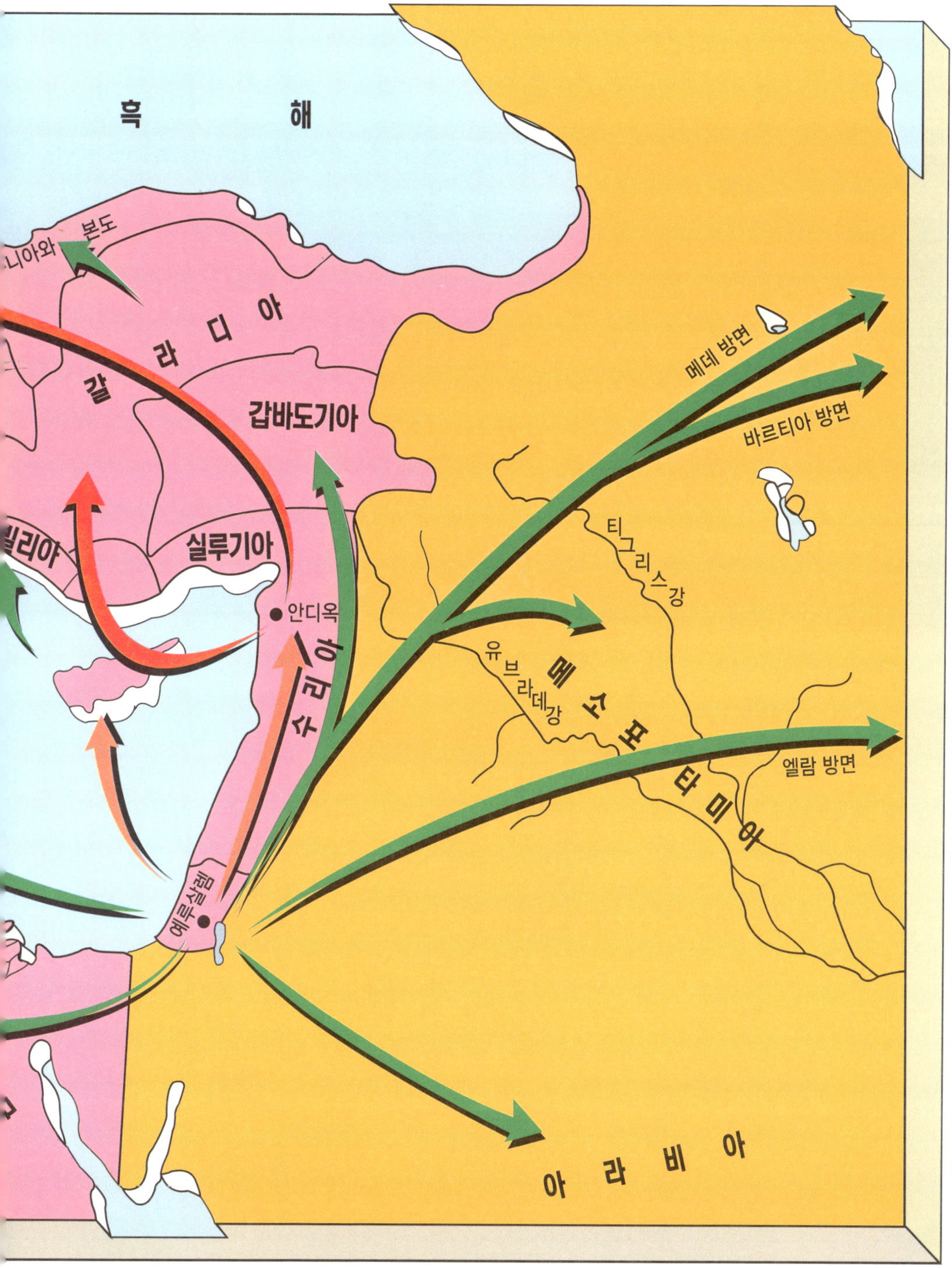
흑 해
니아와 본도
갈 라 디 아
갑바도기아
실루기아
길리아
안디옥
수 리 아
예루살렘
메데 방면
바르티아 방면
티그리스강
유브라데강
메 소 포 타 미 아
엘람 방면
아 라 비 아

빌립의 전도 활동

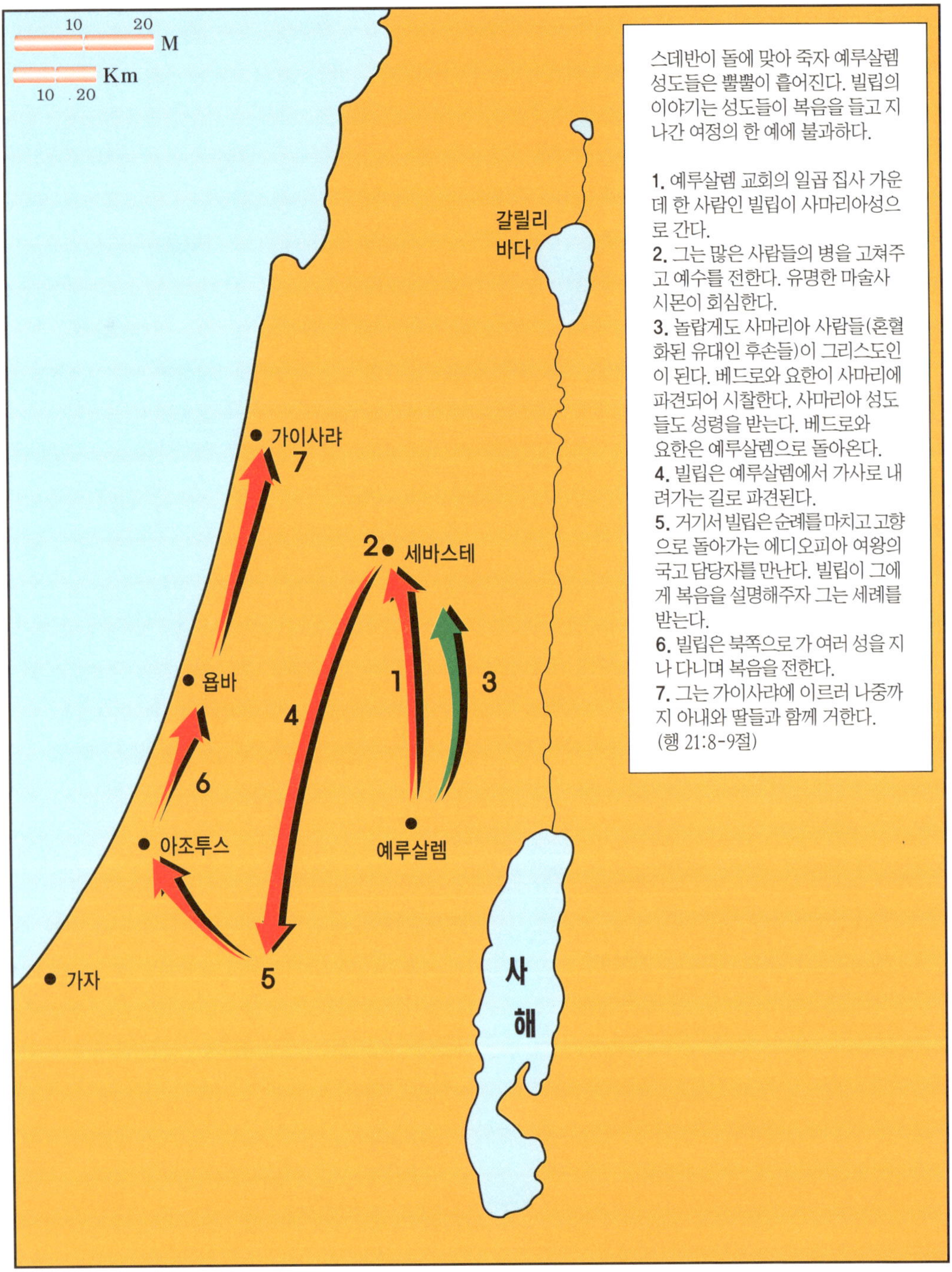

스데반이 돌에 맞아 죽자 예루살렘 성도들은 뿔뿔이 흩어진다. 빌립의 이야기는 성도들이 복음을 들고 지나간 여정의 한 예에 불과하다.

1. 예루살렘 교회의 일곱 집사 가운데 한 사람인 빌립이 사마리아성으로 간다.
2. 그는 많은 사람들의 병을 고쳐주고 예수를 전한다. 유명한 마술사 시몬이 회심한다.
3. 놀랍게도 사마리아 사람들(혼혈화된 유대인 후손들)이 그리스도인이 된다. 베드로와 요한이 사마리에 파견되어 시찰한다. 사마리아 성도들도 성령을 받는다. 베드로와 요한은 예루살렘으로 돌아온다.
4. 빌립은 예루살렘에서 가사로 내려가는 길로 파견된다.
5. 거기서 빌립은 순례를 마치고 고향으로 돌아가는 에디오피아 여왕의 국고 담당자를 만난다. 빌립이 그에게 복음을 설명해주자 그는 세례를 받는다.
6. 빌립은 북쪽으로 가 여러 성을 지나 다니며 복음을 전한다.
7. 그는 가이사랴에 이르러 나중까지 아내와 딸들과 함께 거한다. (행 21:8-9절)

이방교회 안디옥

안디옥은 로마 제국에서 세 번째로 큰 성읍이었다. 그 성읍은 비유대인들 즉 서로 다른 많은 인종들로 이루어졌다. 그 성읍은 곧 이방 기독교의 중심이 되었다.

1. 스데반이 순교하자 성도들은 각처로 흩어진다(행 8:1-4절).
2. 어떤 성도들은 멀리 안디옥까지 간다. 그들은 유대인에게만 복음을 전한다(행 11:19절).
3. 구브로와 북아프리카로부터 다른 성도들이 온다. 그들이 안디옥의 이방인들에게 복음을 전하자 극적인 결과가 벌어진다(행 11:20-21절).
4. 예루살렘 교회가 믿음이 좋은 지도자 바나바를 안디옥에 보내어 시찰하도록 한다.
5. 그는 안디옥 교회의 성장과정에 만족한다. 그가 다소에서 사울을 데려와 두사람은 안디옥에 머물며 가르친다(행 11:22-26절).
6. 안디옥에서 비로소 '그리스도인'이라는 이름이 붙여졌다.
7. 삽화 안디옥 교회는 곧 커진다. 안디옥 성도들은 예루살렘 모교회에 부조금을 보낸다(행 11:27-30절).
8. 안디옥 교회는 바울과 바나바를 택하여 파견한다. 그들은 외국에 복음을 전파하는 첫번째 선교사이다(행 13:1-3절).

안디옥 교회 지도자들은 세계적인 교회답게 여러 계층의 사람들로 이루어져 있다(행 13:1).
바나바 흑인이라 불리는 아프리카 출신
루기오 북아프리카의 성읍 구레네 출신
마나엔 헤롯 안디바의 젖동생
사울 로마 성읍 다소 출신의 유대인으로서 나중에 사도바울이 됨

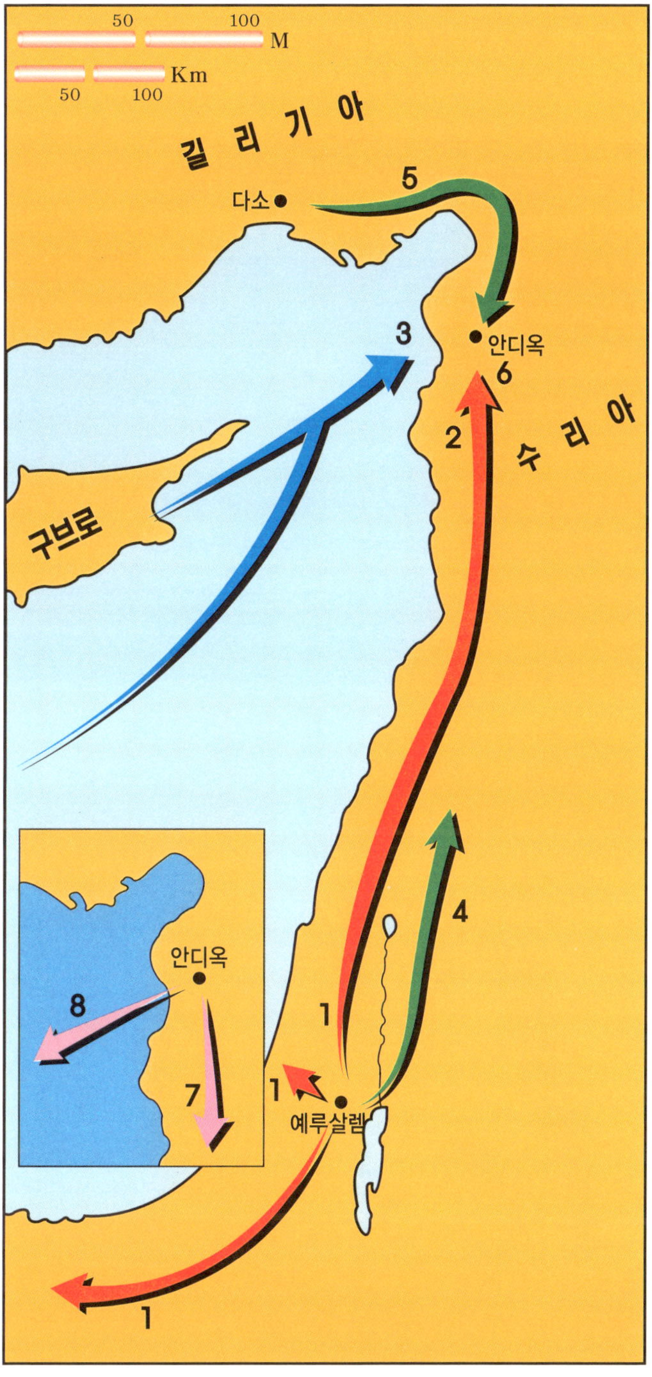

로마 세계의 여행로

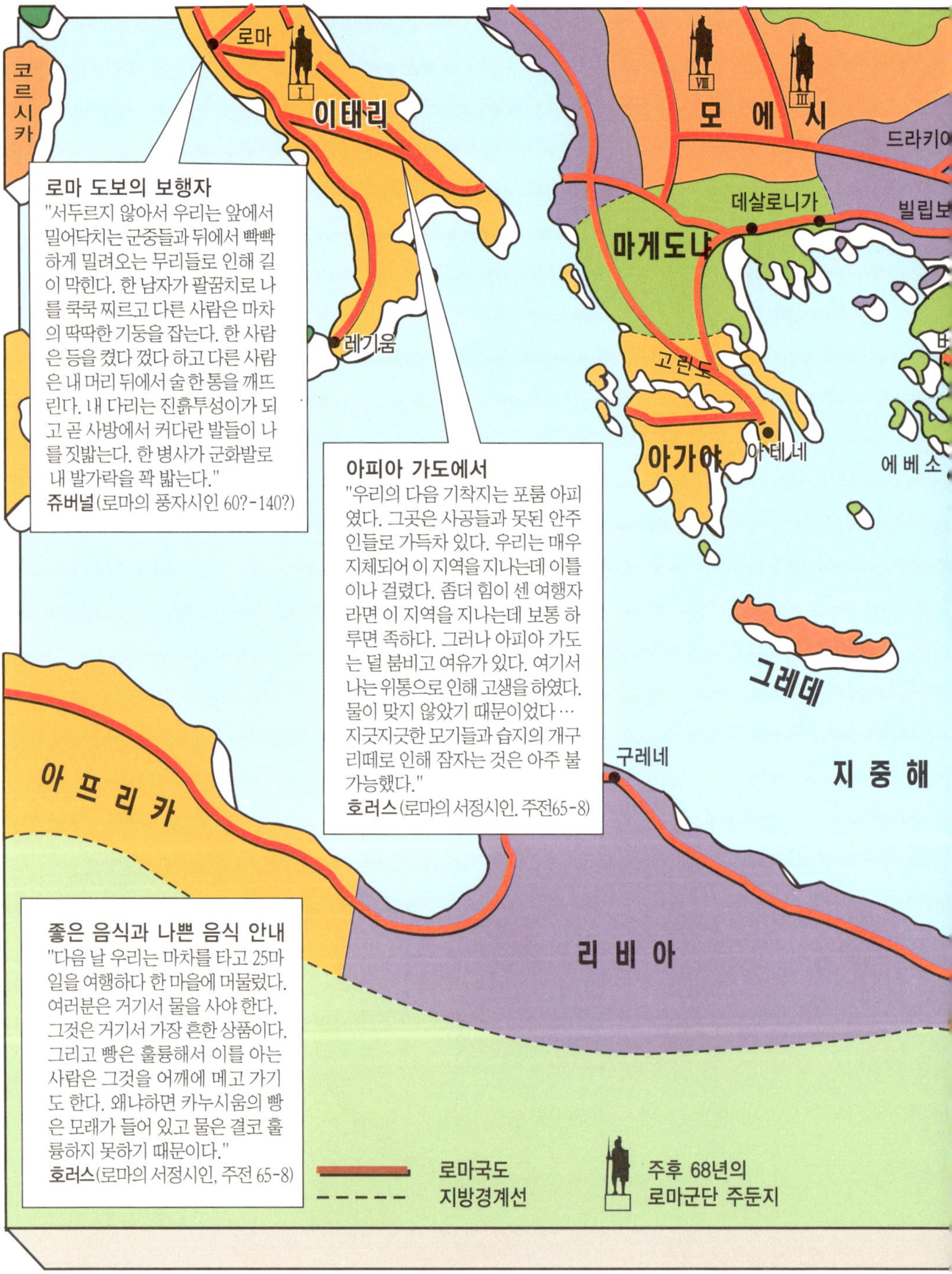

로마 도보의 보행자

"서두르지 않아서 우리는 앞에서 밀어닥치는 군중들과 뒤에서 빡빡하게 밀려오는 무리들로 인해 길이 막힌다. 한 남자가 팔꿈치로 나를 쿡쿡 찌르고 다른 사람은 마차의 딱딱한 기둥을 잡는다. 한 사람은 등을 켰다 껐다 하고 다른 사람은 내 머리 뒤에서 술 한 통을 깨뜨린다. 내 다리는 진흙투성이가 되고 곧 사방에서 커다란 발들이 나를 짓밟는다. 한 병사가 군화발로 내 발가락을 꽉 밟는다."

쥬버널(로마의 풍자시인 60?-140?)

아피아 가도에서

"우리의 다음 기착지는 포룸 아피였다. 그곳은 사공들과 못된 안주인들로 가득차 있다. 우리는 매우 지체되어 이 지역을 지나는데 이틀이나 걸렸다. 좀더 힘이 센 여행자라면 이 지역을 지나는데 보통 하루면 족하다. 그러나 아피아 가도는 덜 붐비고 여유가 있다. 여기서 나는 위통으로 인해 고생을 하였다. 물이 맞지 않았기 때문이었다… 지긋지긋한 모기들과 습지의 개구리떼로 인해 잠자는 것은 아주 불가능했다."

호러스(로마의 서정시인, 주전65-8)

좋은 음식과 나쁜 음식 안내

"다음 날 우리는 마차를 타고 25마일을 여행하다 한 마을에 머물렀다. 여러분은 거기서 물을 사야 한다. 그것은 거기서 가장 흔한 상품이다. 그리고 빵은 훌륭해서 이를 아는 사람은 그것을 어깨에 메고 가기도 한다. 왜냐하면 카누시움의 빵은 모래가 들어 있고 물은 결코 훌륭하지 못하기 때문이다."

호러스(로마의 서정시인, 주전 65-8)

중단된 여행
"정지, 진흙투성이 강이군요! 대열 가운데서 잠시 휴식하세요. 연인을 위해 서둘러 길을 마련하세요. 당신은 다리도 없고 연결된 나룻배도 없어 노잡이 없이는 나를 건네줄 수 없어요. 나는 당신이 쉽게 건널 수 있는 얕은 시내라고 기억해요. 그것은 별로 깊지 않아 물이 발목 정도에 찰 뿐이죠. 그런데 지금은 산에서 눈이 녹아 물이 불어 넘치고 붉고 탁한 물이 소용돌이 치며 흐르는군요."
오비드(로마시인, 주전43-주후17?)

어떤 여행자의 불편
"나는 세 번 파선하였고 24시간을 물속에서 지냈으며 여러 번 여행에 강의 위험과 강도의 위험과 동족의 위험과 이방인의 위험과 성읍의 위험과 광야의 위험과 바다의 위험과 거짓 형제 중의 위험을 당하고 또 수고하며 애쓰고 여러번 자지 못하고 주리며 목마르고 여러번 굶고 춥고 헐벗었노라."
바울

여행자들의 불평에도 불구하고 로마제국은 비교적 쉽게 여행할 수 있도록 지중해 주변 세계를 처음으로 개방하였다. 개척자들은 쉽게 통과하였고 로마의 도로 사정은 좋았다. 해적들은 바다로부터 사라지고 평화가 찾아왔다. 이 모든 요인들로 인해 기독교 복음은 신속하게 세계로 퍼져 나갈 수 있었다.

베드로의 선교 여행

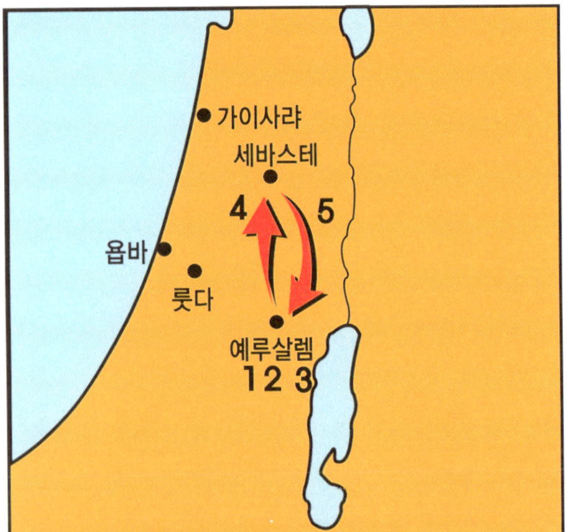

1. 오순절에 베드로가 설교하자 3000명이 신자가 된다(행 2:14-42절).
2. 베드로가 앉은뱅이를 일으킨다. 그는 요한과 함께 붙잡혀 복음을 전하지 못하도록 경고받는다(행 3:1-4:22).
3. 베드로는 예루살렘 교회의 지도자의 위치에 있다.
4. 베드로와 요한은 빌립을 따라 사마리아로 간다. 사마리아 사람들이 신자가 된다(행 8:4-24절).
5. 그들은 사마리아의 여러 마을에서 복음을 전하며 예루살렘으로 돌아온다(행8:25).

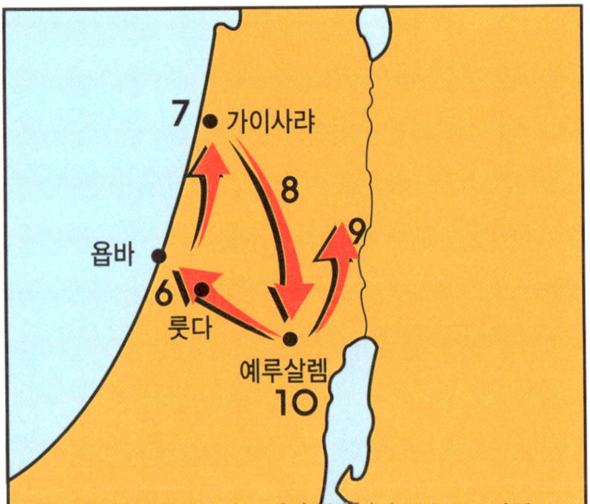

6. 베드로는 욥바로 가는 길에 룻다에서 죽은 도르가를 살린다. 그는 얼마 동안 그곳에 머문다(행 9:32-43절)
7. 가이사랴에 사는 고넬료는 환상을 보고 베드로를 부르러 사람을 보낸다. 한편 베드로는 욥바에서 환상을 본다. 베드로는 가이사랴로 간다. 이방인들이 신자가 된다(행 10장).
8. 베드로는 이방인들도 복음을 영접하였음을 예루살렘 교회에 보고한다(행 11:1-18).
9. 베드로는 사로잡히지만 기적적으로 풀려나 예루살렘에서 도망친다(행 12:1-19).
10. 베드로가 예루살렘 공의회에서 연설한다(행15:1-21). 야고보가 이제 교회의 지도자로 등장한다.

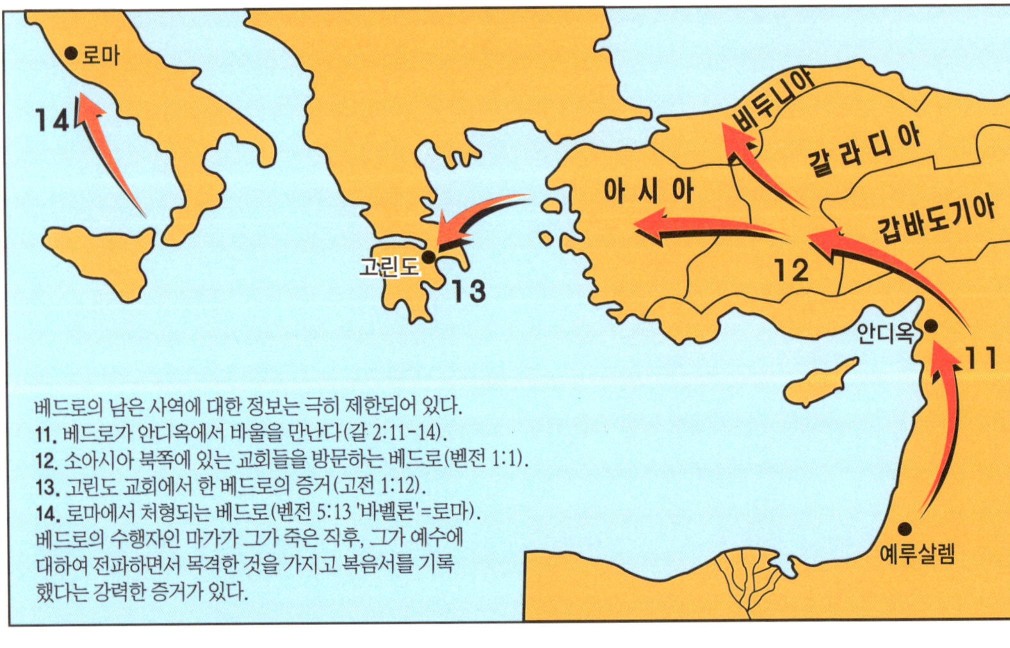

베드로의 남은 사역에 대한 정보는 극히 제한되어 있다.
11. 베드로가 안디옥에서 바울을 만난다(갈 2:11-14).
12. 소아시아 북쪽에 있는 교회들을 방문하는 베드로(벧전 1:1).
13. 고린도 교회에서 한 베드로의 증거(고전 1:12).
14. 로마에서 처형되는 베드로(벧전 5:13 '바벨론'=로마). 베드로의 수행자인 마가가 그가 죽은 직후, 그가 예수에 대하여 전파하면서 목격한 것을 가지고 복음서를 기록했다는 강력한 증거가 있다.

9

바울의 선교 여행

사울(그는 회심 후 바울로 개명함)은 다소에서 로마 시민으로 출생하였습니다. 그는 예루살렘에서 엄격한 바리새파 사람이 되었고 교회성장 초기에는 예수님을 믿는 믿음을 박멸시키는 이로 악명 높았습니다. 그의 갑작스런 회심을 보고 처음에는 많은 그리스도인들이 의심하며 자신들을 박해하기 위한 또 다른 술책으로 생각했습니다.

그러나 바울은 부활하여 살아 계신 예수님을 다메섹 도상에서 만남으로써 변화되었습니다. 그는 예수님의 복음을 예루살렘 거리로부터 로마 제국의 궁전으로 전하는 이방인의 사도가 되었습니다. 그는 20년 동안 여행하면서 복음을 전하고 교회를 세우며 용기를 북돋아 주고 가르쳤습니다. 그리고 이 기간 동안 신약성경의 주요 부분을 이루게 된 바울 서신을 기록하였습니다.

바울의 선교 여행

제9장의 개요

◆ **정오에 다메섹 외곽에서**(109면).
그리스도인들을 열심히 박해한 바울이 다메섹 도상에서 예수와 만난다. 그는 34년 혹은 35년에 회심한다.
◆ **이방인의 사도**(110면).
바울의 회심과 그의 첫 번째 소아시아 선교 사이에는 14년이란 기간이 존재한다. 그는 이 기간 동안 무엇을 했을까?
◆ **갈라디아 지방 선교**(111면).
46년이나 47년에 바울과 바나바는 로마 영토 갈라디아에 복음을 전하도록 파견된다.
◆ **희랍 선교**(112면).
바울과 실라는 오늘날의 터어키를 지나 희랍으로 여행하면서 교회를 굳게 한다. 선교는 48-51년까지 계속된다.
◆ **고린도 교회에서 일어난 일**(114면).
고린도 교회에서 바울은 분쟁에 연루되었다가 계속 여행한다. 그 사건은 53-59년에 발생한다.
◆ **예루살렘행**(116면).
친지들의 경고에도 불구하고 바울은 결연히 예루살렘으로 향한다.
◆ **내가 가이사께 호소하노라!** (117면).
바울은 소동이 벌어지는 동안 체포되고 감옥에서 2년이 지난 후 로마 황제 앞에서 재판을 받기 위해 로마로 호송된다.
◆ **광풍과 파선**(118면).
바다에 심한 폭풍이 일어나 바울을 로마로 몰고간다.
◆ **로마에 온 바울**(119면).
바울은 로마에 이르러 집 안에 구금된다.
◆ **교회들에 보내는 편지**(120면).
신약성경 서신의 대부분은 바울이 쓴 것이다. 그 서신들의 궁극적인 목적은 무엇인가?
◆ **바울이 분쟁 해결사**(121면).
바울은 그의 동역자 가운데 한 사람 디도로 하여금 교회들의 심각한 상황을 진정시키도록 한다.
◆ **바울의 마지막 발자취**(122면).
로마로 간 이후 바울은 짧은 기간 동안 자유를 누렸을 것이다. 그는 무엇을 했을까?

"다만 우리를 핍박하던 자가 전에 잔해하던 그 믿음을 지금 전한다."(갈 1:23)

초대 교회에서 행한 바울의 회심에 대한 보고

"나는 사도 중에 지극히 작은 자라 내가 하나님의 교회를 핍박하였으므로 사도라 칭함을 받기에 감당치 못할 자로라. 그러나 나의 나 된 것은 하나님의 은혜로 된 것이니 내게 주신 그의 은혜가 헛되지 아니하며"(고전 15:9-10)

바울

"내가 선한 싸움을 싸우고 나의 달려갈 길을 마치고 믿음을 지켰으니 이제 후로는 나를 위하여 의의 면류관이 예비되었으므로 주 곧 의로우신 재판장이 그 날에 내게 주실 것이니 내게만 아니라 주의 나타나심을 사모하는 모든 자에게니라"(딤후 4:7-8)

바울이 죽기 직전에 디모데에게 쓴 편지

정오에 다메섹 외곽에서

사울이 회심하기 전의 생애

1. 사울(바울)은 로마의 중요한 성읍 다소에서 태어나 유년기를 보낸다. 그는 나면서부터 로마 시민이었다(행 22:25,29).
2. 그는 어린 아이 때 예루살렘에 와서 유명한 율법사 가말리엘에게 배우고 (행 22:3), 바리새인이 된다.
3. 스데반이 돌에 맞아 순교할 때 사울은 돌로 치는 자들의 옷을 들고 있었다. 그는 열렬한 교회 박해자가 되어 그리스도인들을 잡아 넣을 권한을 위임받는다(행 26:9-11절). 그는 그리스도인들을 발본색원하기 위하여 외국 성읍으로 간다.
4. 사울이 신자들을 잡기 위해 다메섹으로 가던 도중 정오에 성읍 근처에서 그는 예수의 환상을 보고 소리를 듣는다. "사울아, 사울아, 네가 어찌하여 나를 핍박하느냐?"
5. 다메섹에서 아나니아라 불리는 신자가 사울을 방문한다. 사울은 다시 보게 되고 세례를 받는다(행 9:1-19절).
6. 사울은 3년 동안 다메섹에 머물면서 회당에서 복음을 전파한다. 그는 사도행전 9:19-22절에 나오는 한 기간 동안 아라비아 사막에 있다가(갈 1:15-17절) 다메섹으로 돌아와 그의 사역을 계속하였다.

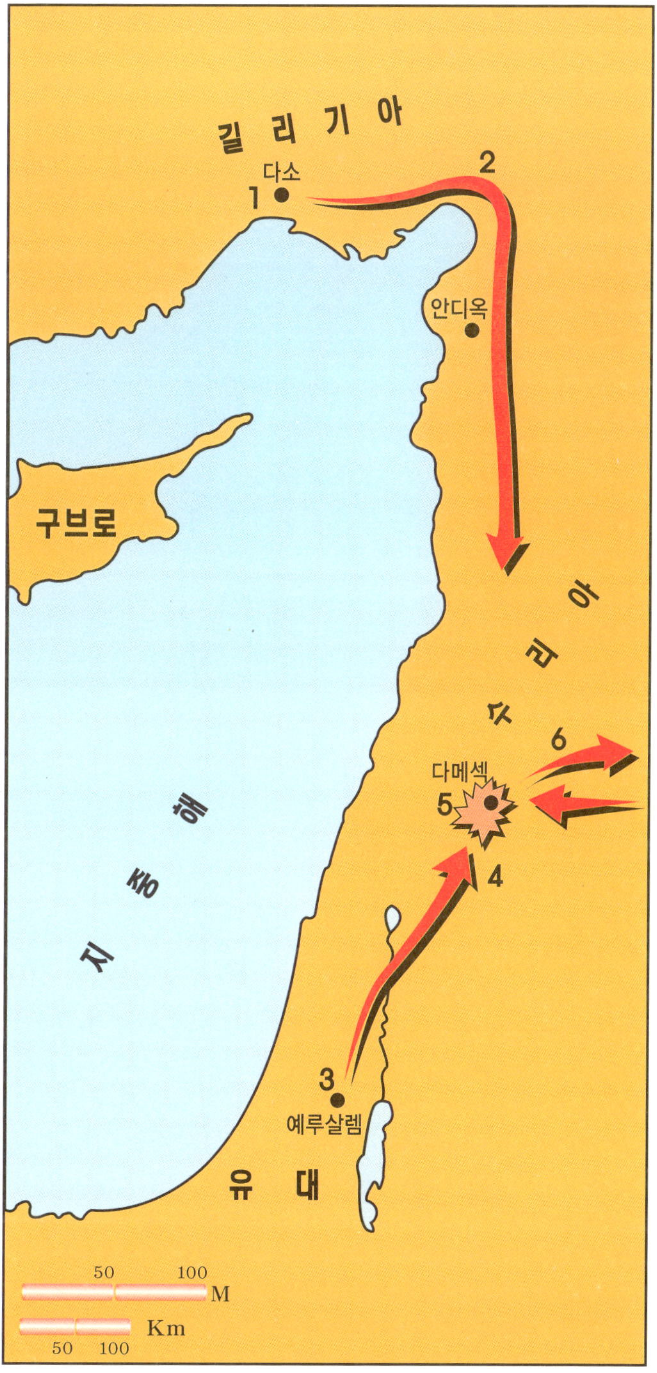

이방인의 사도

다메섹 사건 이후부터 첫번째 선교여행 이전까지의 사울의 행적.

1. 회심한 지 3년 후 사울은 다메섹에 사는 유대인들을 피해 광주리를 타고 도망친다(행 9:23-25절).
2. 그는 예루살렘으로 가 베드로를 만난다. 신자들이 여전히 그를 의심하지만 바나바가 그를 신자들에게 소개한다. 그는 베드로와 이야기를 나누고 야고보를 만난다. 그러나 그는 일부 유대인들의 반대로 2주만에 몰래 출국한다.(행 9:26-30절;갈 1:18-20절).
3. 사울은 가이사랴로 간다.
4. 그는 가이사랴를 떠나 그의 고향 다소로 간다(행 9:30).
5. 그는 다소에서 10년을 지낸다. 이 기간 동안 그는 길리기아 지방과 수리아 지방을 방문한다. 그는 아직 유대에 있는 신자들에게 개인적으로 알려지지 않았다(갈 1:21-24절).
6. 안디옥 교회에서 사역하도록 파견되었던 바나바가 사울을 만나러 다소로 간다. 그는 사울을 데리고 안디옥으로 돌아온다. 그들은 거기서 1년 동안 함께 가르친다(행 11:25-26절).
7. 사울과 바나바와 디도는 유대에서 굶주리는 형제들을 위한 부조금을 가지고 예루살렘으로 간다. 그들은 사적으로 교회 지도자들과 만난다. 약간의 견해 차이에도 불구하고 그 지도자들은 사울의 이방인 선교 사역을 인정한다(행 11:27-30절, 갈 2:1-10절).

갈라디아 지방 선교

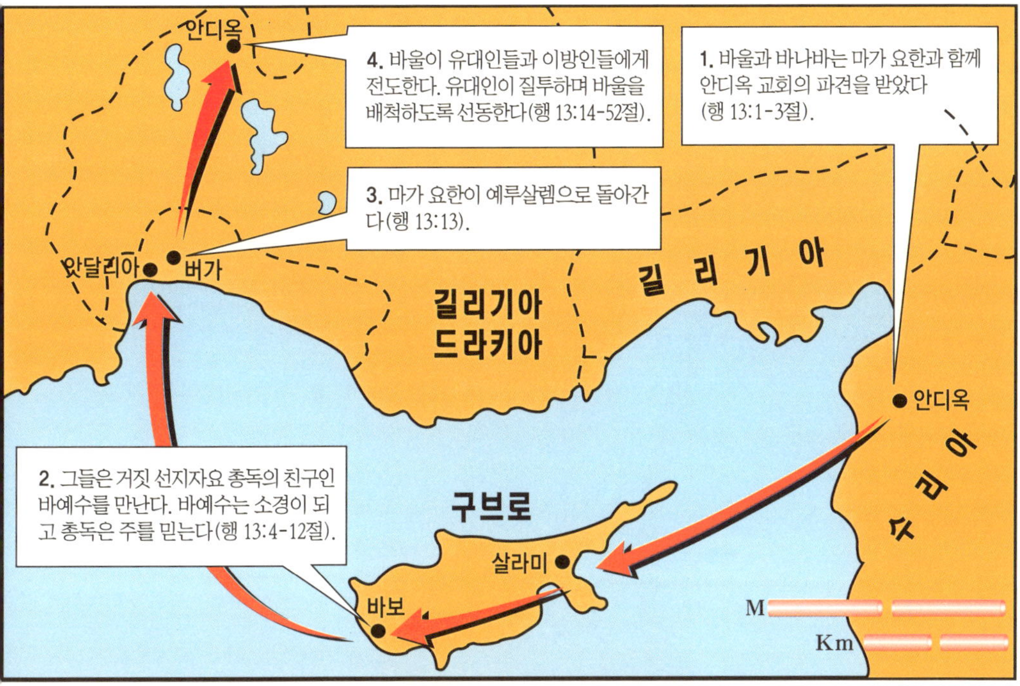
안디옥
4. 바울이 유대인들과 이방인들에게 전도한다. 유대인이 질투하며 바울을 배척하도록 선동한다(행 13:14-52절).
1. 바울과 바나바는 마가 요한과 함께 안디옥 교회의 파견을 받았다 (행 13:1-3절).
3. 마가 요한이 예루살렘으로 돌아간다(행 13:13).
앗달리아
버가
길리기아 드라키아
길 리 기 아
안디옥
수 리 아
2. 그들은 거짓 선지자요 총독의 친구인 바예수를 만난다. 바예수는 소경이 되고 총독은 주를 믿는다(행 13:4-12절).
구브로
살라미
바보
M
Km

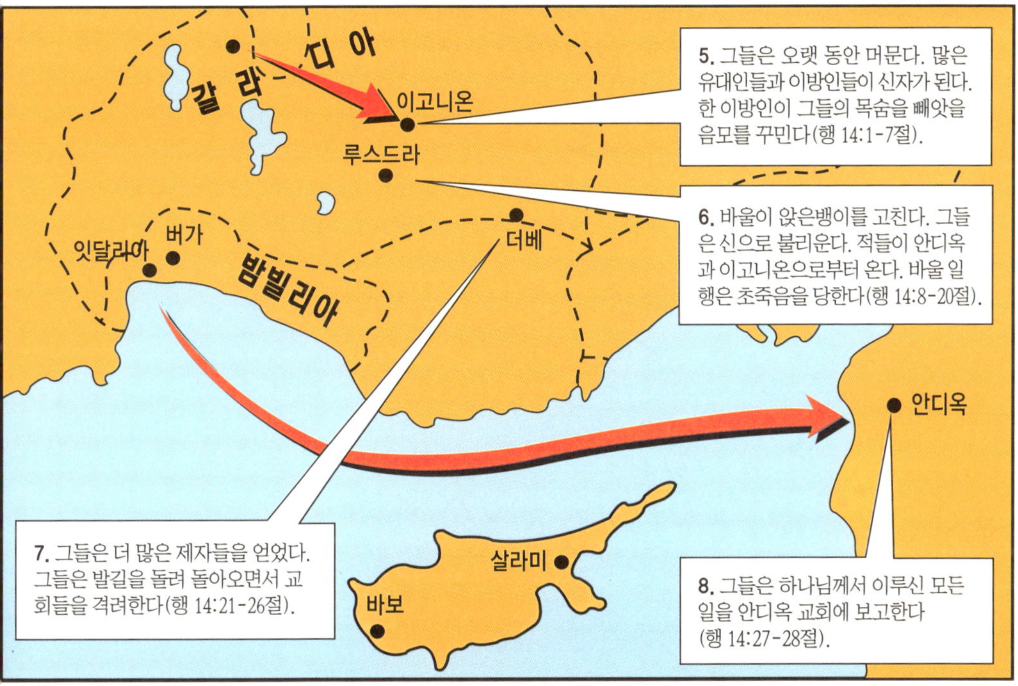
갈 라 디 아
이고니온
5. 그들은 오랫 동안 머문다. 많은 유대인들과 이방인들이 신자가 된다. 한 이방인이 그들의 목숨을 빼앗을 음모를 꾸민다(행 14:1-7절).
루스드라
6. 바울이 앉은뱅이를 고친다. 그들은 신으로 불리운다. 적들이 안디옥과 이고니온으로부터 온다. 바울 일행은 초죽음을 당한다(행 14:8-20절).
버가
잇달리아
밤빌리아
더베
안디옥
7. 그들은 더 많은 제자들을 얻었다. 그들은 발길을 돌려 돌아오면서 교회들을 격려한다(행 14:21-26절).
살라미
바보
8. 그들은 하나님께서 이루신 모든 일을 안디옥 교회에 보고한다 (행 14:27-28절).

희랍 선교

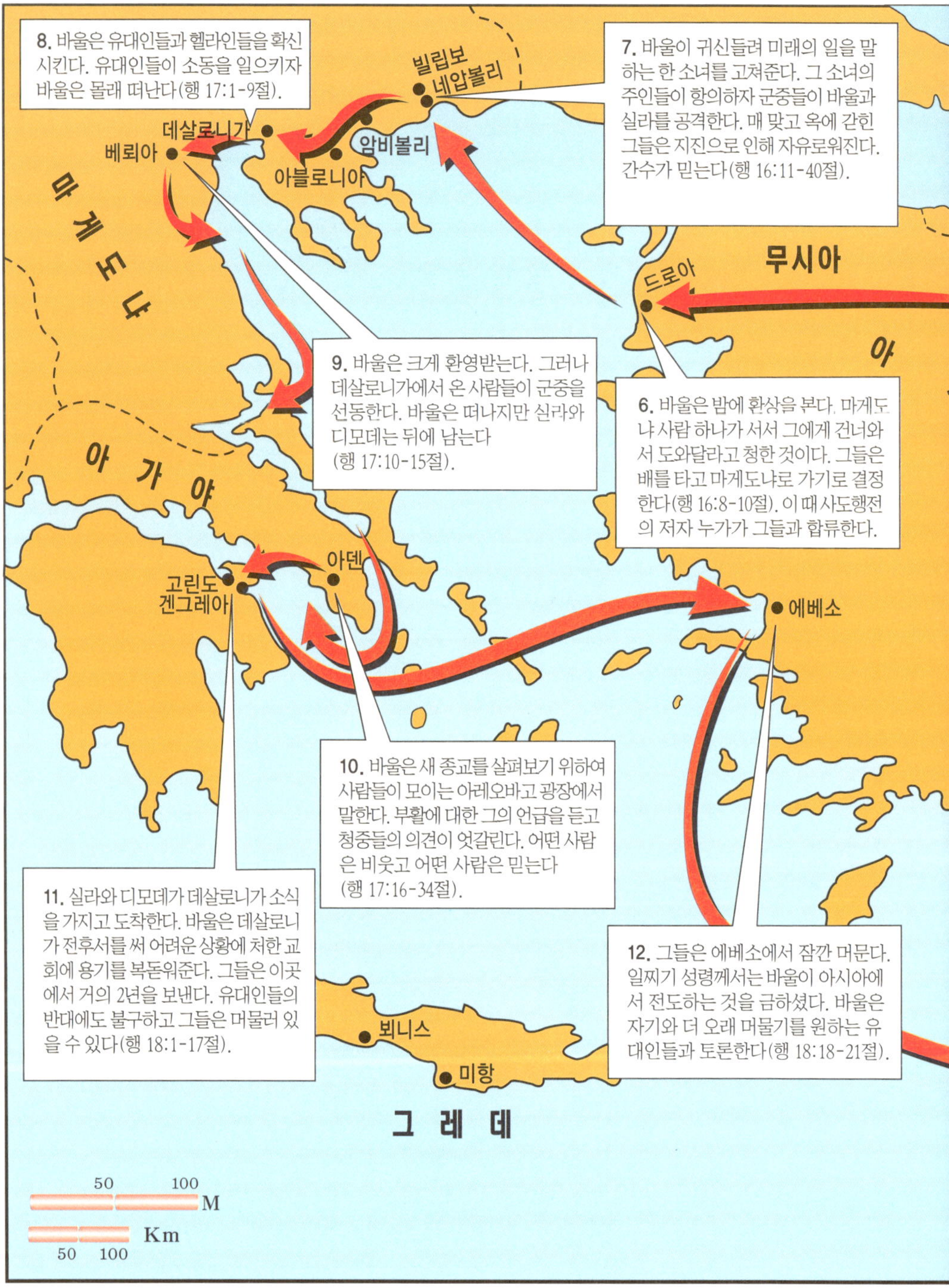
8. 바울은 유대인들과 헬라인들을 확신시킨다. 유대인들이 소동을 일으키자 바울은 몰래 떠난다(행 17:1-9절).
7. 바울이 귀신들려 미래의 일을 말하는 한 소녀를 고쳐준다. 그 소녀의 주인들이 항의하자 군중들이 바울과 실라를 공격한다. 매 맞고 옥에 갇힌 그들은 지진으로 인해 자유로워진다. 간수가 믿는다(행 16:11-40절).
빌립보
네압볼리
데살로니가
암비볼리
아블로니아
베뢰아
마게도냐
무시아
드로아
아
9. 바울은 크게 환영받는다. 그러나 데살로니가에서 온 사람들이 군중을 선동한다. 바울은 떠나지만 실라와 디모데는 뒤에 남는다 (행 17:10-15절).
6. 바울은 밤에 환상을 본다. 마게도냐 사람 하나가 서서 그에게 건너와서 도와달라고 청한 것이다. 그들은 배를 타고 마게도냐로 가기로 결정한다(행 16:8-10절). 이 때 사도행전의 저자 누가가 그들과 합류한다.
아 가 야
아덴
고린도
겐그레아
에베소
10. 바울은 새 종교를 살펴보기 위하여 사람들이 모이는 아레오바고 광장에서 말한다. 부활에 대한 그의 언급을 듣고 청중들의 의견이 엇갈린다. 어떤 사람은 비웃고 어떤 사람은 믿는다 (행 17:16-34절).
11. 실라와 디모데가 데살로니가 소식을 가지고 도착한다. 바울은 데살로니가 전후서를 써 어려운 상황에 처한 교회에 용기를 복돋워준다. 그들은 이곳에서 거의 2년을 보낸다. 유대인들의 반대에도 불구하고 그들은 머물러 있을 수 있다(행 18:1-17절).
12. 그들은 에베소에서 잠깐 머문다. 일찌기 성령께서는 바울이 아시아에서 전도하는 것을 금하셨다. 바울은 자기와 더 오래 머물기를 원하는 유대인들과 토론한다(행 18:18-21절).
뵈니스
미항
그 레 데
50 100 M
Km 50 100

5. 바울은 비두니아로 가려고 하지만 성령이 허락지 않는다(행 16:6-7절).
갈라디아
비두니아와 본도
4. 그들은 여러 성을 방문하고 이방인의 회심에 대한 예루살렘 공의회의 결정을 신자들에게 알려준다(행16:4-5절).
아브루기아
안디옥
갑바도기아
이고니온
루스드라
더베
길리기아
밤빌리아
다소
길리기아 속주
루기아
안디옥
3. 바울은 실라와 동행한다. 더베와 루스드라에서 바울은 디모데에게 그들과 합류하도록 요청한다(행 16:1-3절).
2. 심히 논쟁한 다음 바나바는 마가를 데리고 구브로로 간다(행 15:39절).
살라미
수리아
바보
구브로
13. 그들은 가이사랴와 예루살렘을 거쳐 안디옥으로 돌아온다(행 18:22).
1. 바울과 바나바는 갈라디아 교회들을 방문하기로 동의한다. 그러나 그들은 이전의 선교 여행 시 그들을 떠났던 마가 요한과의 동행 여부를 놓고 의견이 엇갈린다(행 15:36-38절).

고린도 교회에서 일어난 일

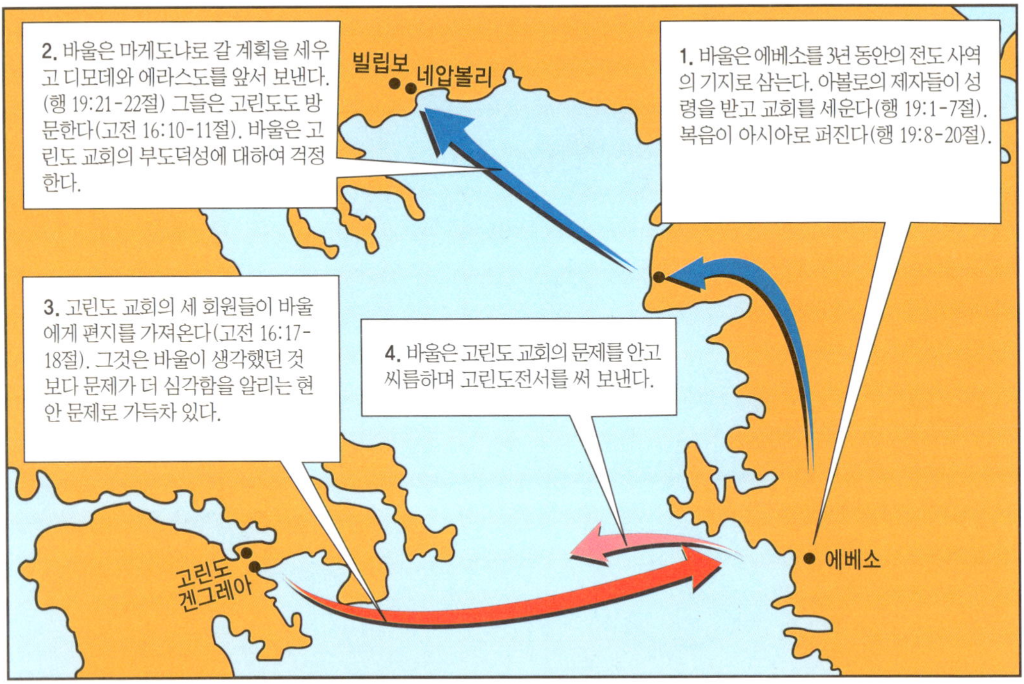

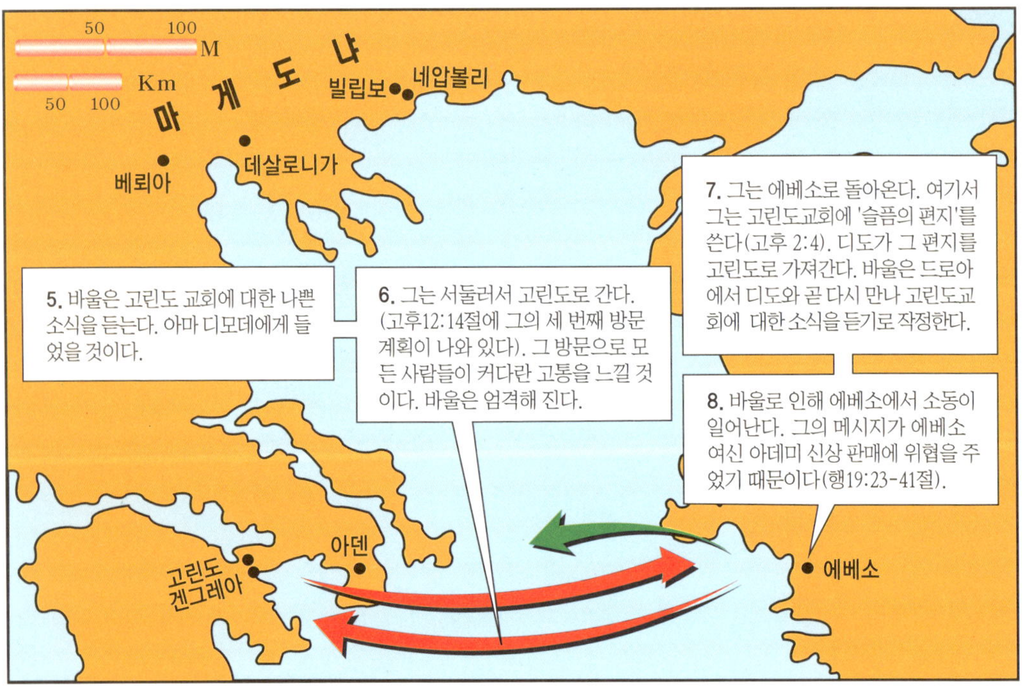

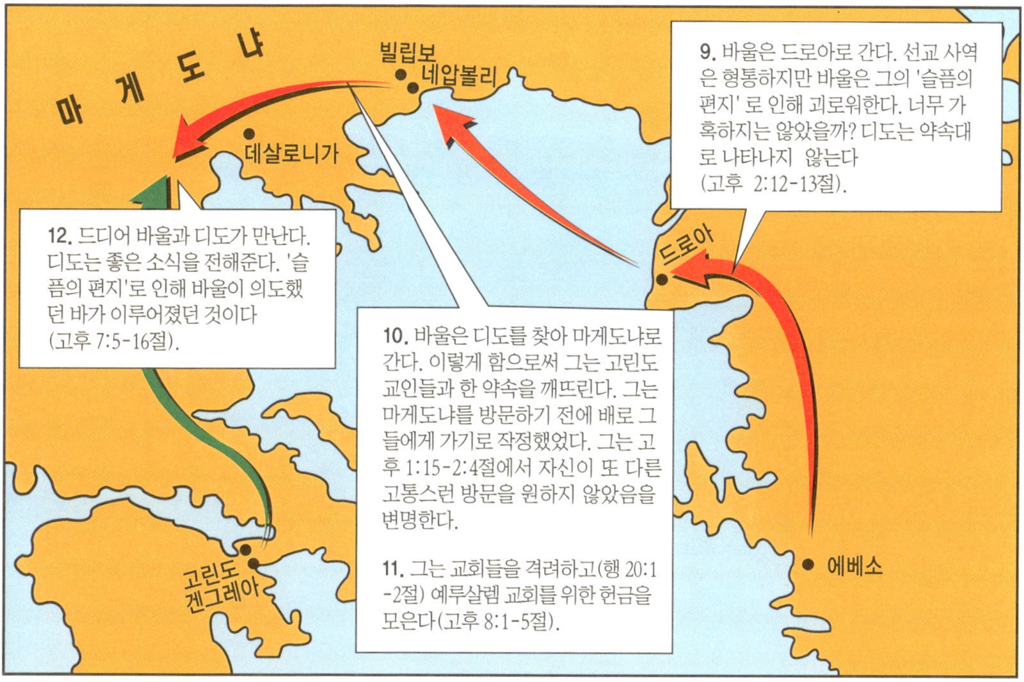
마게도냐
빌립보
네압볼리
데살로니가
9. 바울은 드로아로 간다. 선교 사역은 형통하지만 바울은 그의 '슬픔의 편지' 로 인해 괴로워한다. 너무 가혹하지는 않았을까? 디도는 약속대로 나타나지 않는다 (고후 2:12-13절).
드로아
12. 드디어 바울과 디도가 만난다. 디도는 좋은 소식을 전해준다. '슬픔의 편지'로 인해 바울이 의도했던 바가 이루어졌던 것이다 (고후 7:5-16절).
10. 바울은 디도를 찾아 마게도냐로 간다. 이렇게 함으로써 그는 고린도 교인들과 한 약속을 깨뜨린다. 그는 마게도냐를 방문하기 전에 배로 그들에게 가기로 작정했었다. 그는 고후 1:15-2:4절에서 자신이 또 다른 고통스런 방문을 원하지 않았음을 변명한다.
11. 그는 교회들을 격려하고(행 20:1-2절) 예루살렘 교회를 위한 헌금을 모은다(고후 8:1-5절).
고린도
겐그레아
에베소

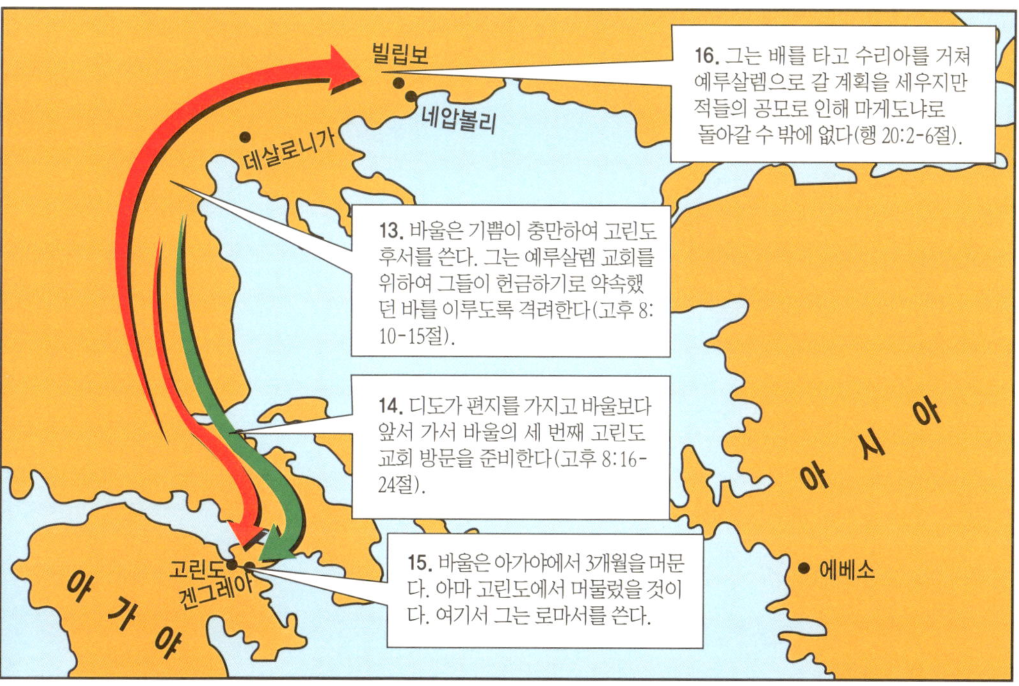
빌립보
네압볼리
데살로니가
16. 그는 배를 타고 수리아를 거쳐 예루살렘으로 갈 계획을 세우지만 적들의 공모로 인해 마게도냐로 돌아갈 수 밖에 없다(행 20:2-6절).
13. 바울은 기쁨이 충만하여 고린도후서를 쓴다. 그는 예루살렘 교회를 위하여 그들이 헌금하기로 약속했던 바를 이루도록 격려한다(고후 8:10-15절).
14. 디도가 편지를 가지고 바울보다 앞서 가서 바울의 세 번째 고린도 교회 방문을 준비한다(고후 8:16-24절).
아시아
15. 바울은 아가야에서 3개월을 머문다. 아마 고린도에서 머물렀을 것이다. 여기서 그는 로마서를 쓴다.
고린도
겐그레아
에베소
아가야

예루살렘행

바울은 오순절까지 7주를 남겨놓고 예루살렘에 도착하기를 몹시 바랐다.

1. 바울은 빌립보를 떠나 드로아에 도착한다. 그가 밤중까지 계속 설교하는 동안 유두고가 졸다가 3층 누각에서 떨어진다. 그러나 그는 살아서 집으로 돌아간다.
2. 바울은 에베소 교회에서 온 장로들과 만나 고별 연설을 한다. 그는 그들이 다시는 자신을 보지 못할 것이라고 말한다. 바울은 크게 감동을 받고 떠난다.
3. 바다라에서 그들은 배를 갈아탄다.
4. 그들은 전도자 빌립의 집에 머문다. 아가보 라는 선지자가 바울에게 예루살렘에서 유대인들에게 붙들려 이방인의 손에 넘기울 것이라고 말한다. 그러나 바울은 경고와 간청에도 불구하고 예루살렘으로 가기로 결심한다.
5. 예루살렘에서 바울은 교회의 환영을 받는다.

내가 가이사께 호소하노라

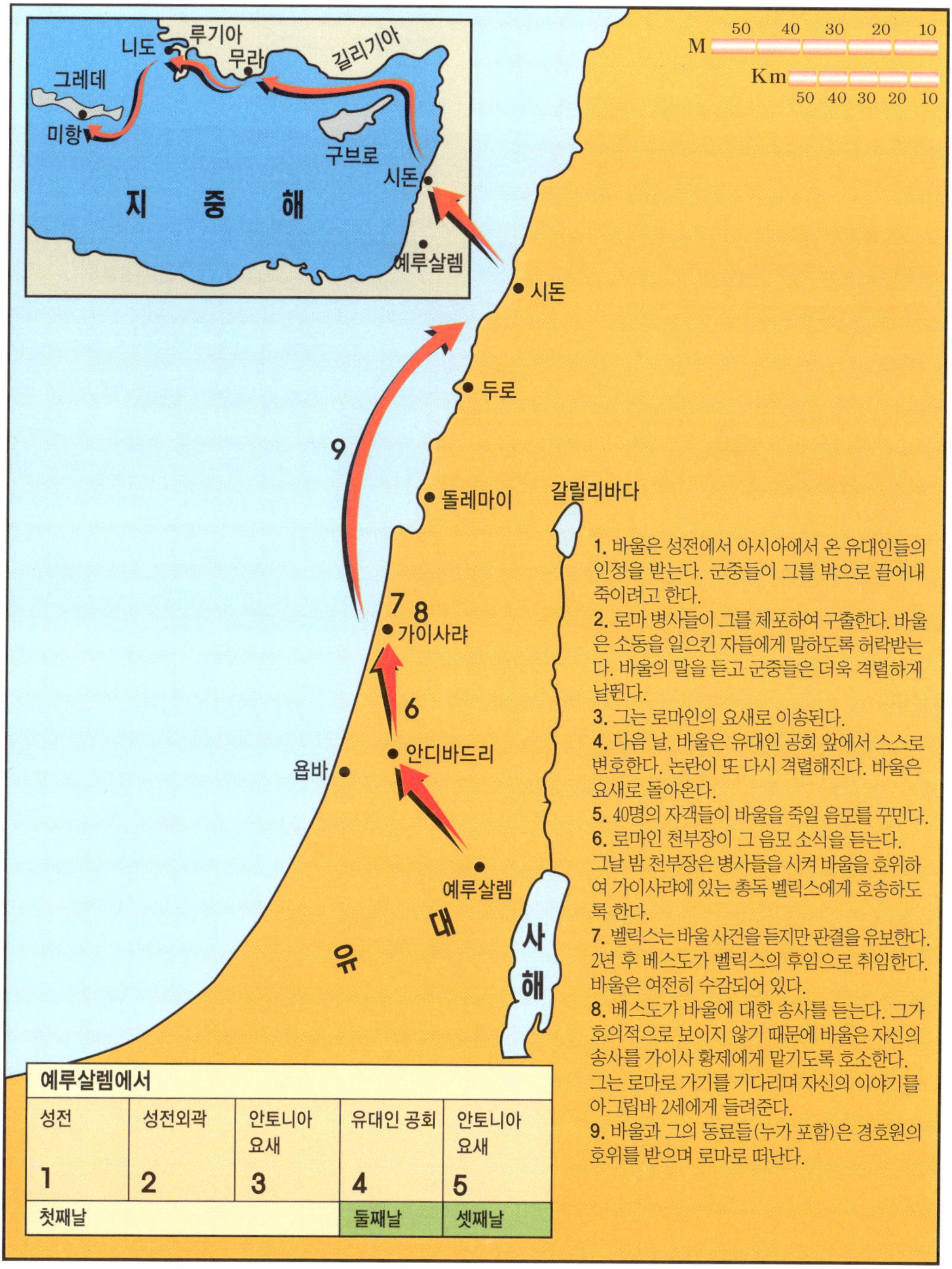

1. 바울은 성전에서 아시아에서 온 유대인들의 인정을 받는다. 군중들이 그를 밖으로 끌어내 죽이려고 한다.
2. 로마 병사들이 그를 체포하여 구출한다. 바울은 소동을 일으킨 자들에게 말하도록 허락받는다. 바울의 말을 듣고 군중들은 더욱 격렬하게 날뛴다.
3. 그는 로마인의 요새로 이송된다.
4. 다음 날, 바울은 유대인 공회 앞에서 스스로 변호한다. 논란이 또 다시 격렬해진다. 바울은 요새로 돌아온다.
5. 40명의 자객들이 바울을 죽일 음모를 꾸민다.
6. 로마인 천부장이 그 음모 소식을 듣는다. 그날 밤 천부장은 병사들을 시켜 바울을 호위하여 가이사랴에 있는 총독 벨릭스에게 호송하도록 한다.
7. 벨릭스는 바울 사건을 듣지만 판결을 유보한다. 2년 후 베스도가 벨릭스의 후임으로 취임한다. 바울은 여전히 수감되어 있다.
8. 베스도가 바울에 대한 송사를 듣는다. 그가 호의적으로 보이지 않기 때문에 바울은 자신의 송사를 가이사 황제에게 맡기도록 호소한다. 그는 로마로 가기를 기다리며 자신의 이야기를 아그립바 2세에게 들려준다.
9. 바울과 그의 동료들(누가 포함)은 경호원의 호위를 받으며 로마로 떠난다.

예루살렘에서				
성전 1	성전외곽 2	안토니아 요새 3	유대인 공회 4	안토니아 요새 5
첫째날			둘째날	셋째날

광풍과 파선

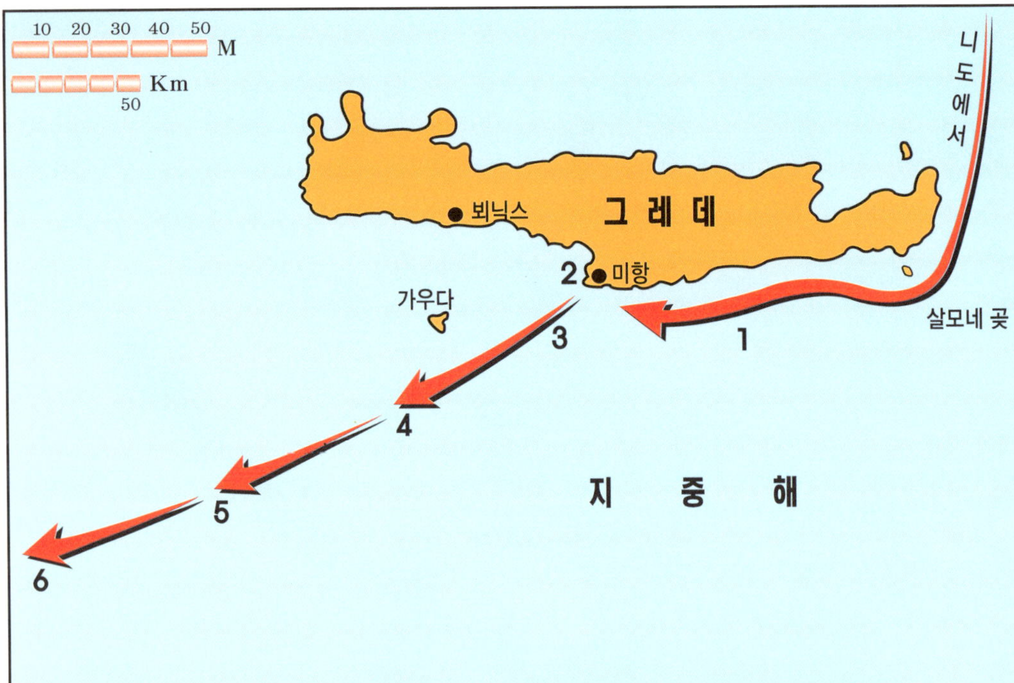

1. 날씨가 좋지 않아 바울이 탄 배는 미항에 도착한다.
2. 그들은 안전하게 항해하는 계절 무렵인 9월 말까지 거기서 피난한다. 선장은 더 좋은 항구인 뵈닉스에서 과동하기로 결정한다.
3. 뵈닉스를 향하던 도중에 그들은 광풍을 만난다..
4. 가우다 섬 남쪽에서 그들은 배 안에서 거루를 끌어올리고 돛을 내리고 배가 가는대로 놔둔다.
5. 다음 날 그들은 배의 짐을 풀어 바다에 버린다.
6. 다음 날 그들은 배의 장비들을 내어 버린다.
7. 배가 만에서 모래 언덕에 부딪혀 깨어지기 시작한다. 모든 사람들이 구출된다.

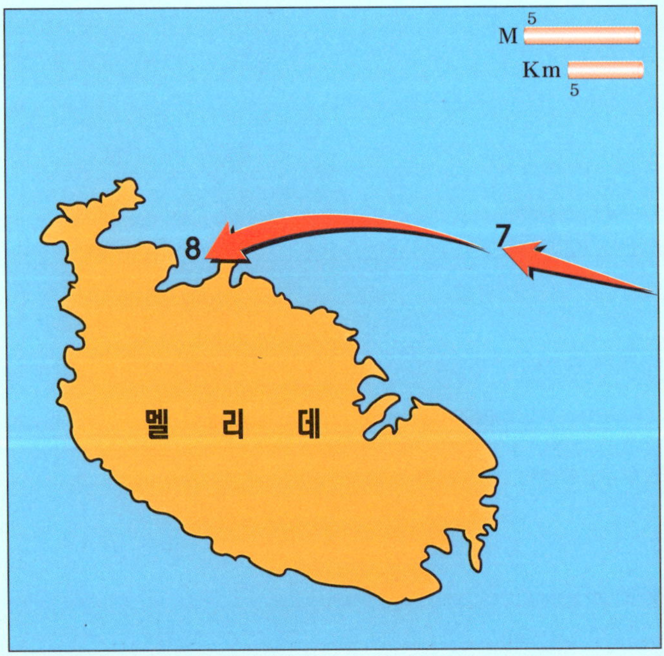

로마에 온 바울

1. 멜리데에서 바울은 뱀에게 물리지만 회복되고 다른 병자들도 고쳐 준다. 그들은 궂은 날씨가 지날 때까지 3개월 동안 머문다.
2. 그들은 수라구사에서 3일 동안 머문다.
3. 그들은 로마제국의 가장 큰 항구 중 하나인 보디올에 도착한다. 바울과 동료들은 한 주 동안 그지역 신자들과 머문다.
4. 그들은 100마일을 여행하여 로마에 이른다. 바울은 근심하고 걱정하지만 신자들이 로마에서 와서 그를 영접하자 용기를 얻는다.
5. 바울은 로마에서 한집에 억류되어 재판받기를 기다린다. 그는 2년 동안 셋집을 얻어 상당한 자유를 누리며 복음을 전파한다.

교회들에게 보내는 편지

로마
1
빌립보
데살로니가
7
5
갈라디아
고린도
에베소
3
8
골로새
2
4
6
10
그레데 9
구브로
구레네
예루살렘
1. 로마서
2. 고린도전후서
3. 갈라디아서
4. 에베소서
5. 빌립보서
6. 골로새서
7. 데살로니가전후서
8. 디모데전후서
9. 디도서
10. 빌레몬서

바울의 분쟁 해결사

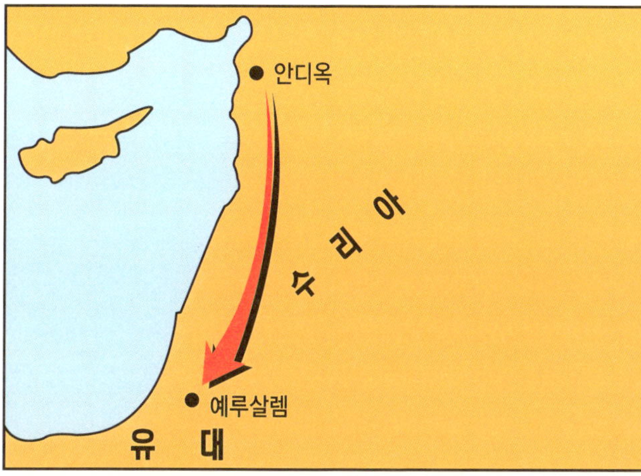

디도는 바울이 가장 신임하는 일꾼 가운데 하나였다. 바울은 그로 하여금 미묘한 문제를 해결하도록 한다. 바울은 안디옥 교회에서 사역하고 있으면서 까다로운 문제로 예루살렘을 방문할 때 바나바와 디도를 데리고 갔다. 그들은 비유대인이 교회에서 차지하는 지위에 관하여 지도자들과 토론했다. 아마도 디도는 유일한 헬라인이었을 것이다(갈 2:5).

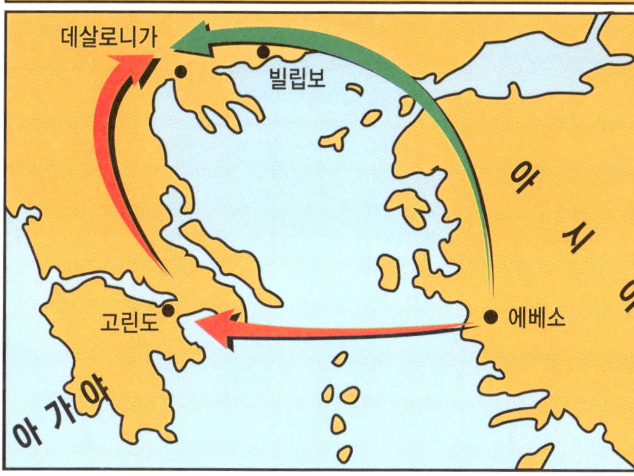

바울은 디도에게 외교 사역을 맡겨 고린도 교회로 보냈다. 디도는 엄격하게 표현된 바울의 편지를 고린도 교회에 전하며 그들이 규율을 지키지 않는 것에 대해 일깨워주었다. 그는 바울의 지시를 받아들여 고린도 교회에서 강력하게 주장하였다. 바울과 디도가 마게도냐에서 만났을 때 디도는 바울이 요구한 대로 많은 일들을 해냈다. (고후 2:12-13;7:5-16)

바울과 디도는 그레데로 여행하였다. 거기서 바울은 디도를 남기고 갔다. 나중에 바울은 로마에서 디도에게 편지를 썼다. 이것을 보면 디도가 또 다른 어려운 상황을 돌보았음을 알 수 있다. 바울은 디도로 하여금 그의 청중들을 책망하고 질서를 수립하도록 부여된 그의 직권을 사용함으로써 언쟁을 벌이는 자들과 대결하며 책망하도록 권유하였다.

바울의 마지막 발자취

신약성경의 세 권은 사도행전에 나오지 않는 바울의 활동을 암시해 주는 몇 개의 편지로 되어 있다. 그 서신들은 바울 밑에서 일했던 두 명의 젊은 교회 지도자들에게 쓰여진 것이다.

디모데전서

사도행전 끝머리에 보면 바울은 로마에서 구금 상태에 있다가 그가 붙잡혀 있던 집에서 풀려났던 것 같다. 그는 최근에 마게도냐로 향하던 중에 에베소에 머물렀다. 그는 에베소에 디모데를 남겨두고 떠나 그의 사역을 계속했다(딤전 1:3).

디도서

이 서신에 보면 바울은 구금 상태에서 벗어나 있다. 그는 디도와 함께 그레데로 여행했던 것 같다. 그는 그레데의 형편을 잘 알고 있으므로 한동안 그레데에 머물러 있었다. 그는 디도를 그곳에 두고 떠났다가 지금 그에게 니고볼리에서 만나자고 요청한다. 그는 니고볼리에서 과동하려고 한다(딛 3:12). 니고볼리는 그레데에서 달마디아로 가는 길목에 있다. 디모데후서 4:10절에 디도가 나중에 달마디아로 갔다고 언급되어 있듯이 바울과 디도는 여행을 계속하기 전에 약속대로 서로 만났을까?

디모데후서

바울은 로마에서 다시 체포되어 옥에 갇혀 편지를 쓴다. 그는 이미 재판을 한 번 받았고(딤후 4:16-17)곧 처형되리라고 예상하는 것 같다. 그러나 그는 근자에 여행한 적이 있었다. 그는 드로아에 외투와 책들을 놓고 왔던 것이다(딤후 4:13). 또한 그는 밀레도와 고린도에도 갔다가 동료들을 두고 왔다(딤후 4:20)

또한 그는 문제가 발생했던 에베소에 있었을 것이라는 암시도 찾을 수 있다(딤후 4:14-15). 이것은 바울의 마지막 서신인 것 같다.

아마 바울은 자유를 누리고 이 기간 동안 서바나도 방문했을 것이다. 그는 맨 처음 체포되기 전에 서바나를 방문할 계획을 세웠었다(롬 15:24,25). 초기 전승은 그의 서바나 방문에 대해 보도해 준다.

색인

ㄱ

가나 11(B2), 예수님께서 방문한 곳 87,91, 96
가나안 점령되기 전의 가나안 족속은 도시국에서 살고 있는 여러 족속들로 이루어졌다. 23,-점령27-31
가다라 11(B2), 88
가데스 10(B1),도피성 33
가데스바네아 21, 23
가룟 96
가룟유다 예수님의 제자로서 스승을 판 자 94, 96
가룟 헤스론 96
가말리엘 유명한 유대인 교법사 109
가바다 예수님께서 판결을 받은 곳 '박석' 94
가버나움 11(B2), 86, 87, 88, 90, 예수의 근거지 91, 96
가야바 예수님을 심리한 대세사장 94
가우다 118
가이사랴 11(A2), 102, 이방 그리스도인 106, 110, 113, 116, 바울이 체포됨 117
가시사랴 빌립보 11(B1), 89, 90
가자 10, 11(A4), 블레셋 성읍 34, 102
갈그미스 전쟁터 73
갈라디아 101, 105,-선교 111, 113, 120
갈라디아서 120
갈릴리 지방명, 11(B2), 86-91
갈릴리 바다 11(B2), 13, 폭풍 88, 89
갈멜 10(B4)
갈멜산 10, 11(B2), 엘리야가 바알 선지자들을 쳐부순 곳 58
갑바도기아 101, 105
갓 이스라엘의 지파 32
갓 10(A4), 블레셋 성읍 34, 언약궤가 머문 곳 38
거라신 11(C2), 88
게네사렛 11(B2), 89, 91
게바 42-43
게셀 10(A3), 솔로몬의 축성 52
게하시 속임수를 쓴 엘리사의 종 60
겐그레아 112, 114-115
겟세마네 기드론 골짜기의 동산 94
고넬료 맨 처음 회심한 이방인 106
고라신 11(B2), 86
고레스 바벨론 제국을 정복한 바사 황제 78
고린도 8, 베드로 106, 바울 112, 114-115, 120-122
고린도전후서 114-115, 120
고모라 17
고센 21, 22
고스 116
골고다 '해골', 십자가 처형지 94
골란 10(C2), 도피성 33
골로새 120
골로새서 120
구레네 8, 100
구브로 9, 34, 103, 바울의 방문지 111, 113
구산리사다임 메소보다미아 왕 35
그데못 10(C3)
그달리야 유다에 임명된 바벨론 총독 75,-의 살해 76
그랄 10(A4)
그레데 8, 34, 바울 118, 121, 122
그리심산 10, 11(B3)
그릿 시냇가 10(C2), 엘리야의 은신처 58
그모쉬 모압의 신, 53, 72
글로바 예수님의 제자 95
기드론 골짜기 46,72
기드온 이스라엘 사사 35, 미디안 군사를 물리침 37
기랴여아림 10(B3), 38
기랏하임 10(B4)
기브아 10(B3) 사울의 고향 41, 42-43, 44
기브온 10(B3) 여호수아가 구해 준 성읍 30, 31
기손강 10(B2), 36
기오 116
긴네렛 10(B2)
긴네렛 호수 10(B2)
길갈 10(B3), 13, 이스라엘의 진영 27, 30
길르앗 14, 24
길르앗 라못 10(C4), 13, 도피성 33, 59
길르앗 야베스 10(B2)
길리기아 105, 바울의 방문지 110
길보아산 10(B2), 사울이 죽은 곳 45
길하레셋 10(B4)

ㄴ

나다나엘 예수님의 제자, 부활의 증인 95, 96
나바테 왕국 11(B4 C4)105
나사렛 11(B2) 14, 예수님의 고향 83, 86, 예수님을 거부함 88, 91
나사로 마리아와 마르다의 오라비 92
나아만 엘리사에게 치유받은 나병 환자 60
나인 11(B2), 91
나일강 8, 22, 105
나폴리 8
나훔 선지자 67
납달리 이스라엘이 지파 32
네압볼리 112, 114-116
누가 바울의 동역자:사도행전의 저자 112, 117
느고 애굽의 왕 73
느보산 10(B2)
느브갓네살 바벨론 황제 74-75, 76
느헤미야 포로 시대 이후 예루살렘 성벽을 수축한 사람 77, 78, 80
니고데모 예수님의 비밀 제자 96

니고볼리 122
니느웨 앗수르 제국의 수도 9, 63, 65, 멸망 67
니도 117
닙불 77

ㄷ

다니엘 바벨론 왕국 관리인 선지자 67, 77
다대오 (야고보의 아들 유다) 예수님의 제자 96
다락방 최후의 만찬 94, 부활 현현 95
다리오 바사 황제 79
다메섹 10, 11,(C1), 13, 다윗에 점령됨 48, 58, 60, 64, 앗수르에 멸망됨 64, 65, 사울 95, 109, 110
다바네스 76
다볼산 10, 11(B2), 드보라의 공격 36, 37
다소 9, 103, 바울의 출생지 109, 110
다아낙 10(B2), 36
다윗 사울의 뒤를 이은 왕, 사울에게 쫓김 44, 예루살렘을 점령함 46, 블레셋과의 전투 47, 승리 48, 자식들 49, 반역을 당함 50
단 10(B1), 18
단 이스라엘의 지파 32
달마디아 104, 119, 122
더베 111, 113
데가볼리 11(C2 C3), 89
데살로니가 8, 112, 120
데살로니가전후서 112, 120
도단 10(B2)
도르가 베드로가 일으켜 준 여 성도 106
도마 예수님의 제자, 부활의 증인 95, 96
돌 10(A2), 13
두로 10, 11(B1) 13, 솔로몬과의 무역 51, 예수님의 방문 89, 116
드고아 10(B3)
드라키아 104
드라키나 119
드로아 112, 115, 116, 122
드보라 이스라엘의 여사사 35, 시스라를 쳐부숨 36
드빌 10(A4) 31
디글랏빌레셀 3세 앗수르 황제 64, 65
디도 바울의 지도를 받은 동역자 110 114-115
디도서 120, 121-122
디르사 10(B2)
디모데 바울이 지도를 받은 동역자 112-113, 114
디모데전후서 120, 122
디베랴 11(B2), 87, 91
디베랴 바다 87, 95(갈릴리 바다를 보라)
디본 10(C4)
디셉 10(B2) 엘리야의 출생지 58
딤나 10(B3)

ㄹ

라기스 10(A4), 13, 30, 31, 71
라마 사무엘의 고향 41
라반 야곱의 외삼촌 19
라세아 121
랍바 10(C3), 13, 49
레기온 119
레위 이스라엘의 제사장 지파 32
레위 (마태) 예수님의 제자 96
로도 8, 116
로마 8, 104, 베드로 106, 바울 119, 120, 122
로마 도로 104-105
로마서 115, 120
로마 제국 8, 지도 104-105
롯 10(A3)
롯 아브라함의 조카 17, 구출됨 18
루기오 안디옥 교회의 지도자 103
루스드라 111, 113
루시아 105
룻다 11(A3), 베드로의 방문 106
르바임 골짜기 47
르신 수리아 왕 64
르호보암 솔로몬의 아들 57
리비아 8, 100, 104
랍바 10(A3), 31, 71

ㅁ

마가 (마가 요한을 보라)
마가단 11(B2), 91, 96
마가 요한 바울과 바나바의 동역자, 마가복음 저자 88, 106, 111, 바울에 의해 거부됨 113
마개루스 11(B4), 요한이 투옥됨 85
마게도냐 100, 104, 112, 114-115
마나엔 안디옥 교회의 지도자 103
마라 22
마르다 마리아의 언니 : 베다니 91, 나사로 92, 예수님의 추종자 96
마리아 예수님의 모친 83
마리아 마르다의 동생 : 베다니 91, 나사로 92, 예수님의 추종자 96
마술사 시몬 빌립의 전도를 받아 회심함 102
마사다 11(B4)
마태 (레위) 예수님의 제자 96
마하나임 13, 19, 다윗을 환영함 50
막게다 30, 31
막달라 마리아 부활의 첫 증인 95, 예수님의 추종자 96
말라기 포로 시대 이후의 선지자 67
말타 바울의 방문 118, 119
맛디아 예수님의 추종자 96

메대 9
메롬 10(B1)
메소보다미아 101
멤피스 76, 77
모레 언덕 10(B2), 기드온의 공격 37
모르드개 포로로 끌려간 에스더의 사촌 77
모압 구약 성경 전반에 걸쳐 군사적으로 활동하며 조직이 잘 된 강력한 왕국으로 소개됨 24, 35, 다윗에게 점령됨 48, 76
모세 이스라엘의 영도자 21-24
몰렉 암몬 신 53, 72
뫼시아 104
무라 117
무시아 112
므깃도 10(B2), 13, 솔로몬이 축성함 52, 요시아의 전투 73
므낫세 이스라엘의 반지파 32
미가 이스라엘과 유다의 선지자 67
미가야 아합과 선지자 59
미그론 43
미둘레네 116
미디안 미디안 족속들은 전투시 낙타를 사용하는 호전적인 사막 종족 21, 35
미스르봇 마임 31
미스바 10(B3), 사울을 왕으로 삼음 41, 76
미항 118
믹돌 76
믹마스 42-43
밀레도 116, 122

ㅂ

바나바 바울의 동역자 103, 110, 111, 113
바다라 116
바돌로매 예수님의 제자로 나다나엘과 동일인일 가능성이 큼 96
바디매오 예수님께서 고쳐주신 소경 93
바라바 예수님 대신 풀려난 죄수 94
바락 이스라엘의 사사 35, 36
바벨론 바벨론 제국의 수도 9
바벨론 제국 9, 62, 지도 63, 예언 67, 앗수르 제국을 물려받음 73, 예루살렘을 멸망시킴 74-75, 포로들 77, 제국의 멸망 78
바보 111
바사바 요셉 예수님의 추종자 96
바사 제국 9, 진출상황 62, 지도 63, 바벨론 제국을 접수함 78
바산 10, 24
바알 가나안 우상 58, 72
바알랏 솔로몬에 의해 보강됨 52
바예수 구브로에 사는 유대인 마술사 111
바울 (사울) 100-101, 103, 106, 초기 생애 109-110 ,제1차 선교 여행 111, 제2차 선교여행 112-113, 제3차 선교 여행 114-116, 로마로 끌려감 117-119, 바울서신 120, 디도 121, 마지막 여행 122
밤빌리아 101, 105, 111
밧모 116
밧세바 다윗의 마지막 아내 49
버가 111
버가모 104, 116
베가 이스라엘 왕 64, 65
베냐민 요셉의 동생 20
베냐민 이스라엘의 지파 32, 사울의 지파 41, 유다와 더불어 남왕국이 됨 57
베다니 11(B3), 예수님의 본거지 91-93
베드로 예수님의 제자 : 부르심 86, 예수님에 대한 고백 90, 91, 예수님을 부인함 94, 부활의 증인 95, 96, 99, 102, 선교여행 106, 110
베들레헴 10, 10(B3), 47, 예레미야가 납치된 곳 76, 예수의 출생지 83
베레아 11(B3), 84-85
베뢰아 112
베셀 10(C3), 도피성 33
베스도 벨릭스 후임의 로마 총독 117
벤하닷 수리아 왕 59, 사마리아를 포위 함 61
벧산 10(B2), 13
벧세메스 10(A3),38
벧엘 10(B3), 13, 17
벧호론 10(B3), 30, 31, 솔로몬이 축성함 52
벨릭스 가이사랴에 있던 로마 총독 117
벳바게 93
벳새다 10(B2), 86, 89-91, 96
보디올 119
본도 101, 105
봄베이 119
뵈닉스 118
브누엘 10(B3), 19
브두엘 10(A4)
브루기아 113
브엘세바 10(A4) 13, 58
블레셋 32, 34, 35, 다윗에 정복됨 48
블레셋 족속 8, 34, 35, 사울과의 전투 42-43 사울을 죽임 45, 다윗에게 멸망됨 47
비두니아 101, 105, 106, 112-113
비스가산 10(B3)
비시디아 안디옥 111, 113
비잔티움 105
빌라도 예수님에게 사형을 선고한 로마 총독 94
빌레몬서 120
빌립 예수님의 제자 96
빌립보 8, 112, 114-116, 120
빌립보서 120
빌립의 영지 11(C1 C2), 89

ㅅ

사라 (사래) 아브라함의 처 17
사렙다 10(B1), 엘리야의 방문 58
사마리아 10(B2), 13, 14, 북왕국의 수도 57-60, 수리아의 포위 공격 61, 64, 앗수르에 멸망됨 65, 66
사모 116
사무엘 이스라엘의 지도자 41, 67
사사들 34-37
사울 이스라엘의 초대왕 41-43, 다윗을 추격함 44, 전투에서 죽음 45
사해 11(B4), 14
산헤립 앗수르 황제 65, 예루살렘 공격 71
살라미 111
살렘 85
살리사 41
살만에셀 5세 앗수르 황제 65
살모네 곶 118
삼갈 이스라엘의 사사 35
삼손 이스라엘의 사사 35
서머나 116
서바나 122
세 개의 여관 119
세겜 10(B3); 13, 17, 도피성 33, 57
세례요한 84-85, 86, 87
세바스테 11(B2), 빌립의 방문 102, 106
세스바살 포로민들을 이끌고 귀환한 유다 총독 78, 80
셀롯인 시몬 예수님의 제자 (베드로를 보라)
소고 10(B2), 13
소돔 17
솔로몬 다윗 왕이 후계자 : 무역51, 조세와 왕실 비용 52, 왕비와 후궁들 53
솔로몬행각 93, 99
수가 87
수넴 10(B2), 45
수리구사 119
수리아 9, 11(B1, C1)다윗에게 정복됨 48, 이스라엘과의 전투 59, 유다를 공격함 64, 예수님의 방문 89, 바울의 방문 110
수사 바사 왕의 동계 거주지 9, 63, 포로지 77, 78
수산나 예수님의 추종자 96
숙곳 10(B3)
스가랴 포로 시대 이후의 선지자 67, 79
스가랴 제사장, 세례 요한의 아버지 84
스데반 첫 순교자, 99-103, 109
스룹바벨 포로민들을 이끌고 귀환한, 여호야긴 왕의 손자 78, 80
스바 솔로몬을 방문한 여왕 51
스바냐 유다의 선지자 67
스불론 이스라엘의 지파 32
시글락 10(A4)
시내산 21, 율법 수여 22-23, 엘리야의 방문 58
시돈 10, 11(B1), 13, 31, 71, 예수님의 방문 89, 117
시드기야 유다의 마지막 왕 74-75
시몬 예수님의 제자(베드로를 보라)
시므론 31
시므온 이스라엘의 지파 32
시므온 (니게르)안디옥 교회의 지도자 103
시스라 드보라와 바락에 격퇴됨 36
시혼 아람 왕 24
실라 바울의 동역자 112-113
실로 10(B3), 13, 38
십 10(B4), 44
싯딤 (아가키아) 10(B3), 이스라엘 진영 27
싯딤 골짜기 18

ㅇ

아가보 가이사랴의 선지자 116
아가야 104, 112, 115
아가키아 (싯딤) 10(B3)
아겔다마 94
아그립바 2세 헤롯 아그립바의 아들 117
아나니아 다메섹에 사는 성도로 바울의 눈을 고쳐줌 109
아닥사스다 1세 바사 황제 77, 78
아담 10(B3), 27
아덴 8, 바울의 방문 112
아둘람 10(B3), 다윗의 은신처 47
아라비아 사막 109
아람 족속 사사 시대의 강대한 민족 48
아랏 10(B4)
아레오바고 112
아로엘 10(C4)
아르 10(C4)
아르논강 24
아리마대 96
아리마대 요셉 예수님의 비밀 추종자 96
아말렉 족속 가나안 남쪽 사막 출신의 유목민으로 출애굽부터 다윗 시절까지 이스라엘과 격렬하게 싸움 22-23, 35
아모스 이스라엘의 선지자 67
아벡 10(A3), 13, 38
아볼로 선구적인 그리스도교 사역자 114
아볼로니아 112
아브라함 (아브람) 이삭의 아버지 17, 18
아세가 30
아셀 이스라엘의 지파 32
아스글론 10(A3), 블레셋 도성 34
아스다롯 시돈의 우상 53, 72
아스돗 10(A3), 13, 블레셋 도성 34, 언약궤가 지나간 곳 38
아시아 100, 105, 106
아얄론 10(B3), 아얄론 골짜기 30

아이 10(B3), 27, 여호수아의 아이성 공격 29
아조투스 11(A3), 102
아피아 가도 고대 로마의 유명한 군용 도로 104
아하스 유다왕 64
아하수에로 바사 황제 77
아합 이스라엘의 왕 58, 죽음 59
악고 10(B1), 13, 71
악삽 31
안나스 대제사장, 가야바의 장인 94
안드레 예수님의 제자 : 부르심 86, 91, 부활의 증인 95, 96
안디바드리 11(A3), 117
안디옥 9,-교회 103, 106, -의 바울 110, 111, 113, 121
안토니아 요새 99, 117
알렉산드리아 8, 105
알패오의 아들 야고보 예수님의 제자 96
암몬 구약 성경 전반에 걸쳐 이스라엘과 불편한 관계에 있던 주변국 35, 다윗에 의해 정복됨 48, 76
암비볼리 112
압비오 저자 119
압살롬 반역을 일으킨 다윗의 아들 50
앗달리아 111
앗소 116
앗수르제국 9, 62,-의 판도 63, 아하스의 도움 요청에 응함 64, -의 공격 65, 포로로 끌려간 이스라엘 66, 나훔의 고발 67, 예루살렘을 포위함 71, 제국의 멸망 73
애굽 8, 아브라함의 방문 17, 요셉 20, 히브리 노예들 21, 이스라엘의 도망 22-23, 솔로몬과의 무역 51, 패권 변동 62, 73, 74, 예레미야가 거함 76, 예수님이 거함 83
애논 11(B2), 요한이 세례를 준 곳 85, 87
야고보 예수님의 제자 : 부르심 86, 예수님의 변형 때 참여함 90, 부활의 증인 95, 96
야고보 예수님의 아우, 예루살렘 교회의 지도자 106, 바울과의 만남 110
야고보의 아들 유다 (다대오) 예수님의 제자 96
야곱 아브라함의 손자 19, 20, 21 이스라엘 12지파의 아비 32
야르뭇 30
야빈 하솔 왕 35
야이로 그의 딸이 예수에게 치유됨 88
야하스 24
압복강 10(C3), 19, 24
에게해 8, 34
에글론 10(A3), 블레셋 성읍 34, 언약궤를 놓아둠 38
에글론 모압왕 35
에돔 이스라엘 백성과 친척 관계에 있었으나 주전 100년 경까지 서로 대립함 19, 다윗에게 정복됨 48, 67, 76
에드레이 10(C2), 24
에라스도 디모데와 동역한 일꾼 114
에베소서 120
에베소 8, 112, 바울의 선교 기지 114-115, 116, 120-122
에벤에셀 38
에벨산 10, 11(B3)
에브라임 이스라엘의 반지파 32
에브라임 91, 92
에서 야곱의 형 19
에스겔 바벨론으로 포로로 끌려간 선지자 67, 77
에스더 바사 황제 아하수에로의 유대인 왕비 77
에스라 포로기가 끝난 후 유대교의 개혁자 77-80
에훗 이스라엘의 사사 35
엑바타나 66
엔돌 10(B2), 사울이 방문한 곳 45
엘드게 71
엘리사 이스라엘의 선지자 60, 사마리아성의 포위 61, 67
엘리사벳 세례요한의 모친 84
엘리야 이스라엘이 선지자 58, 67
엠마오 지역명 91, 95
여로보암 북왕국이 첫 왕 57
여리고 10, 11(B3), 14, 정탐 27, 멸망 28, 예수님의 방문 93
여부스 족속 이스라엘이 점령하기 전의 예루살렘 원주민 46
여호사밧 유다왕 59
여호수아 모세의 후계자 27-31
여호아하스 유다 왕 73
여호야긴 바벨론으로 끌려간 유다 왕 77
여호야김 유다 왕 73
염해 10(B3, B4)
예레미야 유다의 선지자 67, 포위된 예루살렘 속에서 74-75, 애굽으로 끌려감 76, 77
예루살렘 9, 10, 11(B3), 13, 14, 30, 다윗에게 점령당함 46, 50, 솔로몬의 성벽 건축 52, 이스라엘과 수리아에 포위됨 64, 산헤립에 포위됨 65, 71, 73, 느부갓네살에 멸망됨 74-75, 성전 재건 79, 성벽 수축 80, 84, 87, 92, 예수님 께서 죽으신 곳 93, 94, 부활 현현 95, 오순절 사건 99, 101, 102, 103, 공의회 106, 110, 바울이 사로잡힘 116-117
예루살렘 성전 71, 72 바벨론 사람들에 의해 파괴됨 75, 재건 79, 80, 예수님의 입성 93, 신도들의 회합 99, 바울이 체포됨 117
예수그리스도 탄생과 애굽 피신 83, 세례 84, 사역 86-92, 예루살렘 입성 93, 재판과 십자가 형 94, 부활 95, 제자들 96, 승천 99
예수아 포로민을 이끌고 귀환한 제사장 78
오바댜 선지자 67
오브라 37
오순절 99, 106
옥 바산 왕 24
올리브산 93, 95, 승천 장소 99
옷니엘 이스라엘의 사사 35
왕의 도로 13, 18, 24
요나 선지자 67
요나단 사울의 아들 42-43, 죽음 45
요단강 10, 11(B2, B3), 14, 여호수아가 건넘 27, 다윗이 건

넘 50, 나아만이 몸을 담금 60, 예수님의 수세 84, 86
요단강 건너편 베다니 11(B3), 84
요셉 야곱의 아들 20, 21
요셉 예수님의 어머니 마리아의 남편 83
요시아 유다왕 72, 죽음 73
요안나 예수님의 추종자 96
요압 다윗의 군대 장관 46, 49, 압살롬을 죽임 50
요엘 선지자 67
요한 예수님의 제자 : 부르심 86, 예수님의 변형 현장에 있음 90, 부활의 증인 95, 96, 베드로와 여행함 106
욕느암 33
욥바 10, 11(A3), 13, 14, 71, 102, 106
우르 9, 17
우리아 밧세바의 남편 49
유다 11(A3, B3)
유다 이스라엘의 지파 32, 남왕국 57, 유다의 선지자들 67, 포로시대 이후의 이스라엘 역사 71-80
유두고 바울의 설교를 졸며 듣다가 떨어져 죽을 뻔한 인물 116
유브라데 강 9, 66, 101, 105
이고니온 111, 113
이두래 11(B1)
이두매 11(A4, B4)
이방인들 교회에 포함됨 103, 106, 이방교회 안디옥 103-의 사도 110
이블르암 10(B2)
이사야 아모스의 아들, 유다의 선지자 64, 67, 71
이세벨 아합 왕의 왕비 58
이스라엘 유다와 갈라진 나라 57, 해외추방 66, -의 선지자들 67
이스르엘 10(B2)-골짜기 37, 45, 58
이스마엘 그달리야의 살해자 76
이태리 8, 100, 104, 119
입다 이스라엘의 사사 35
잇사갈 이스라엘의 지파 35

ㅈ

전도자 빌립 초기 기독교 전도자 102, 106, 116
정복 27-31
죄악의 산 거짓 우상의 언덕 53, 요시야의 척결 72
지중해 8-9 '대해' 10, '지중해' 104-105

ㅊ

출애굽 21, 22-23

ㅋ

카스피해 9

ㅌ

티그리스강 9, 66, 101, 105

ㅍ

페르세폴리스 바사 제국의 수도 63
펠라 11(B2)
포로생활 이스라엘의-65, 66, 유다의 75-77, 귀환 78, 80
프톨레메오 11(B1), 116

ㅎ

하길라산 44
하나냐 거짓 선지자 74
하닷에셀 아람왕 48
하란 9, 17, 19
하로셋 36
하맛 66
하박국 선지자 67
하볼강 66
하솔 10(B1), 13, 31, 35 솔로몬의 축성 52
학개 포로 시대 이후의 선지자 67, 79
헤라글리온 121
헤롯 대왕 예수님 탄생 시의 유대 왕 83
헤롯 안디바 헤롯 대왕의 아들로 갈릴리와 베레아의 왕, 왕국 11(A1), 요한의 살해 85, 예수를 심문함 94
헤브론 10(B4), 13, 17, 18, 20, 30, 31, 도피성 33, 압살롬이 반역 음모를 꾸민 곳 50
헤스본 10(C3), 13
헬리오볼리 76
헬몬산 10, 11(C1), 31, 예수님의 변형 90
헷족속 9, 솔로몬과 무역함 51
호르마 10(A4)
호세아 이스라엘의 예언자 66, 67
홍수 9
훌레 호수 10(B1), 91
흑해 8-9
희랍 8, 바울의 희랍 선교 112-113
희랍제국 8
히람 솔로몬과 무역한 두로 왕 51
히스기야 유다 왕 65, 71
힌놈의 골짜기 46, 72
힙보 11(B2)

성경과 함께 보는 지도

사이몬 젠킨스